宁夏回族自治区"十三五"重点专业（群）项目成果

法学实训系列丛书

法理学导读

FALIXUE DAODU

闻立军◎编

中国政法大学出版社

2020·北京

图书在版编目（ＣＩＰ）数据

法理学导读/闻立军编.—北京：中国政法大学出版社，2020.11
ISBN 978-7-5620-9749-5

Ⅰ.①法… Ⅱ.①闻… Ⅲ.①法理学－高等学校－教学参考资料 Ⅳ.①D903

中国版本图书馆 CIP 数据核字(2020)第 232026 号

出 版 者	中国政法大学出版社
地　　址	北京市海淀区西土城路 25 号
邮寄地址	北京 100088 信箱 8034 分箱　邮编 100088
网　　址	http://www.cuplpress.com (网络实名：中国政法大学出版社)
电　　话	010-58908285(总编室) 58908433 （编辑部）58908334(邮购部)
承　　印	固安华明印业有限公司
开　　本	720mm×960mm　1/16
印　　张	18.25
字　　数	300 千字
版　　次	2020 年 11 月第 1 版
印　　次	2020 年 11 月第 1 次印刷
定　　价	75.00 元

出版说明

　　北方民族大学法学院法学专业 2012 年被确定为宁夏回族自治区重点建设专业，2015 年被批准为宁夏回族自治区"十三五"重点建设专业，专业建设项目负责人为余成刚。为支持专业建设，自 2016 年开始，宁夏回族自治区教育厅按年度批准立项一批"十三五"重点建设专业（群）及子项目，其中，闻立军负责子项目"法理学导读"，本书是子项目成果，由法学专业建设项目经费资助出版。

编写说明

法理学课程是法学的一门基础理论课，内容枯燥、深奥，诚如德国法学家考夫曼所言"是法学家问，哲学家答"，颇为初入法学门径的法科学生头疼。

本书是一本法理学课程教学辅助教材，是宁夏回族自治区"十三五"重点建设专业子项目"法学专业教辅材料建设——《法理学导读》"的教研成果，属北方民族大学法学院"法学实训系列丛书"。本书力求通过深入浅出的语言、经典的案例、明晰易懂的知识结构图解析法理学深奥的知识及相关逻辑联系，另附近年相关司法考试真题及解析供学有余力的学生研习。时下，市面流行的法理学教材颇多，知识、体例亦有所区别。本书以张文显先生主编的《法理学》（高等教育出版社、北京大学出版社，2011 年第 4 版）教材的知识、体例为基础，结合相关法理学教材编写而成。希望本书对法理学知识的解读能够减轻法科学生学习法理学的"痛苦"，也希望本书能够为教授法理学课程的同行提供些许借鉴。

本书内容、体系简洁明了，篇幅较短，这也是编写者有意而为之，唯恐"长篇累牍"的阅读又成为学生学习法理学新的负担，特此说明。

编　者

2020 年 3 月 20 日

目 录
CONTENTS

第一编　法学导论

第二编　法的本体论

第五编　法的价值

第六编　法律与社会

第一编 法学导论

第一章

法学导论

知识结构图

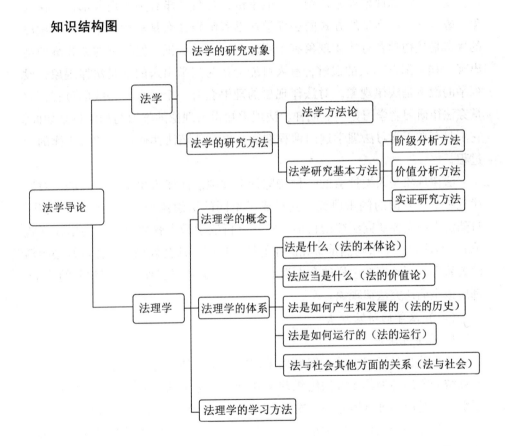

知识解析

一、法学

（一）法学的研究对象

法学是以法律现象为研究对象的各种科学活动及其认识成果的总称。法学的研究对象是法律现象，法律现象是社会现象的一部分，是受法律调整的社会现象。法律现象非常广泛，一般来讲，凡与法律有关的现象都是法律现象。曾有学者以列举的方式向法理学初学者解释什么是法律现象，这种做法的优点是让初学者对法律现象有个明确、直观的认识。但列举的方式难免会出现"挂一漏万"式的误解，有人可能会认为列举出来的就是法律现象，没列举的就不是法律现象。对法律现象的理解会有一个长期、持续的过程，它贯穿法律研习者学习始终。同样，法理学知识与理论的学习与理解也是如此，它不只存在于学习法理学这门课程期间，也会伴随法律研习者学习法律的全过程。

法律现象是人类社会的一种特殊社会现象。法律现象是多方面的，对法律现象某一方面的侧重研究，就形成了不同的法学流派。如在西方近现代，自然法学派主要研究法律的价值，实证分析法学派主张研究法律的形式（规范），而社会法学派则侧重研究法律的社会功能、社会效果、法律和社会生活的关系等。无论存在怎样的个人学术主张与学派差异，作为一门学科的法学，都应该全面研究法律现象。

（二）法学的研究方法

1. 法学方法论

方法就是为了解决某种问题而采取的特定的活动方式。方法论就是把某一领域分散的各种具体方法组织起来并给予理论上的说明。方法论包括两个层次，一是由各种具体方法组成的方法体系，二是关于方法的理论。

法学方法论就是由各种法学研究方法组成的方法体系以及对这一方法体系的理论说明。法学方法论也包括两个层次，一是法学研究方法组成的方法体系，法学基本的研究方法主要有阶级分析方法、价值分析方法、实证分析方法几大类；二是对各种法学研究方法的理论说明，即法学方法论原则。

马克思主义法学方法论原则主要有：（1）坚持实事求是的思想路线；（2）坚持社会存在决定社会意识的观点；（3）坚持社会现象普遍联系和相互

作用的观点；（4）坚持社会历史的发展观点。

马克思主义法学方法论原则比较抽象，法理学初学者可以联系一些具体的问题加以理解。如在看待改革开放以来我国的法治建设时，就要坚持实事求是的思想路线，既要看到改革开放以来我国法治取得的伟大成就，也不应忽视法治建设中存在的不足。学者朱苏力认为我国古代社会早婚现象是合理的，要理解这一命题，就不能忽略社会存在决定社会意识的观点，就要从我国古代社会的医疗、生活条件、人的寿命以及香火延续、家族传承等问题展开思考。孟德斯鸠在《论法的精神》一书中详细论述了法律与政体、气候、土壤、人口、宗教等的关系，这其实就是在坚持社会现象普遍联系和相互作用的观点。亚里士多德曾经认为"奴隶不是人，妇女只是半个人"，在理解亚里士多德的观点时，我们不能仅以现在的眼光对亚里士多德大加批判，而是要考虑到亚里士多德所处的是奴隶社会，在奴隶社会，可能不仅奴隶主、平民认为"奴隶不是人"，甚至连一些奴隶也这样认为，所以看待历史上的法律现象，就要坚持社会历史的发展观点，联系当时的社会状况加以理解，而不能从当下的立场出发一味批判。

2. 阶级分析方法

阶级分析方法是用阶级和阶级斗争的观点去观察和分析阶级社会中各种社会现象的方法。只要在阶级社会，存在着不同阶级，阶级分析方法就永远不会过时。

3. 价值分析方法

价值分析方法是通过认知和评价社会现象的价值属性，揭示、批判和确证一定社会价值或理想的方法。价值分析方法是一种重要的法学研究方法，因为"任何国家与法律制度的变化都是以价值观、世界观以及意识形态的变化为基础的。"[1]

价值分析方法比较抽象，不太好理解，需要结合生活中的鲜活事例加以体会。比如，在2008年汶川地震时，四川省什邡市师古镇民主中心小学一年级女教师袁文婷为了拯救学生献出了自己的生命，而四川都江堰光亚学校的语文教师范美忠却在地震之时第一个冲出教室并由此落得了"范跑跑"的名声。于是，就产生了这样一个问题——地震时，教师应不应该救学生？对这

---

〔1〕 ［德〕魏德士：《法理学》，丁晓春、吴越译，法律出版社2005年版，第23页。

个问题的思考就会用到价值分析方法。从道德角度讲，教师是有保护学生安全的道德义务的，特别是未成年的学生。但从当时的法律来讲，没有任何一个法律明确规定教师的此种义务，换句话来讲，从当时的法律来看，地震时教师没有法律义务救学生。[1]价值分析方法的使用一般要先选取某种价值标准，然后以该种价值标准为依据来分析相关的法律现象。

4. 实证研究方法

实证研究方法是在价值中立条件下，以对经验事实的观察为基础来建立和检验知识性命题的各种方法的总称。实证研究方法是一大类方法，主要包括社会调查方法、历史研究方法、比较研究方法、逻辑分析方法、语义分析方法等。费孝通先生所著的《江村经济——中国农民的生活》一书就是采用实证研究方法的典范。

二、法理学

（一）法理学的概念

对法理学的含义，人们历来存在着不同的理解与主张。从法理学在法学体系中的地位出发，可以认为，法理学是法学的一般理论、基础理论、方法论和意识形态。法理学是法学的一般理论，是指法理学以整体法律现象为研究对象，法理学研究法的普遍问题和根本问题，如法的概念、特征、本质、作用、价值、历史、运行，等等。法理学是法学的基础理论，是说法理学是对法律现象的基本概念、基本理论、基本理念、基本知识的阐述，比如法律行为、法律关系、法律责任，这些概念都是学习其他部门法学的基础和前提。法理学是法学的方法论，是说法理学关注研究法律现象的方法，既包括法学研究者法学研究的方法，也包括法律职业从业人员解决法律问题的法律方法。法理学是法学的意识形态，是说法理学具有强烈的阶级性、浓厚的意识形态色彩。

（二）中国法理学的体系

目前，中国法理学的知识体系主要包含对五个基本理论问题的探讨。

---

〔1〕 汶川地震后，教育部于2008年9月修订了《中小学教师职业道德规范》，增加了"保护学生安全，关心学生健康，维护学生权益"的内容。2014年1月，教育部印发了《中小学教师违反职业道德行为处理办法》。

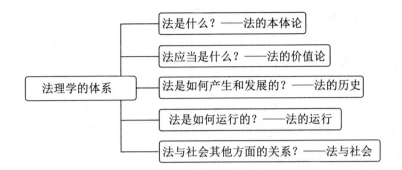

法是什么？——这个问题通常被称为法的本体论。

法应当是什么？——这个问题通常被称为法的价值论。

法是如何产生和发展的？——这个问题通常被称为法的历史。

法是如何运行的？——这个问题通常被称为法的运行论。

法与社会其他方面的关系？——这个问题通常被称为法与社会。

其中"法是什么"和"法应当是什么"是法理学的核心问题。

法理学初学者，如果暂时无法理解"法理学是法学的一般理论、基础理论、方法论和意识形态"，建议先从法理学的知识体系进行把握，法理学其实就是研究这样一些问题的一门学科。

（三）法理学的学习方法

法理学课程是法学的一门基础理论课，内容枯燥、深奥，颇令法学师生头疼。分析实证主义法学家奥斯汀曾于1828年在伦敦大学讲授法理学课程，因他的课程概念分析过多、内容单调乏味，很不适应把法律只当成一种实际业务的英国学生的需要，所以未受欢迎，奥斯汀被迫辞职，潜心于理论研究。[1]枯燥、乏味似乎就是法理学留给法学师生的面向。然而，法理学课程亦有其生动、有趣的一面。学者朱苏力对"秋菊打官司""夫妻看黄碟"的个案分析生动、贴近现实，对本书编写者触动很大，原来法理学课程离现实生活并不遥远。以下是本书编写者指导学生学习法理学课程的一些心得，希望能够减轻一些同学学习法理学课程的"痛苦"。

1. 多看

（1）多看教材。学生看教材似乎是天经地义的事情。然而，一些同学在

---

〔1〕　参见刘全德主编：《西方法律思想史》，中国政法大学出版社1996年版，第121页。

大学这个相对宽松的环境里，意志松懈、"自我放任"，不预习，不复习，只是上课听一听。对于法理学课程这样一门认真学都不见得就能全懂的课程，这样的学习态度只会增加学习的难度。

（2）通过报刊、杂志、电视、网络等媒体关注热点法律案件，培养对法学专业的兴趣。关注诸如郭德纲和曹云金师徒之争、聂树斌案、"辱母杀人案"等热点社会事件及法律案件，分析其中的法学理论问题，能够激发一些同学学习法理学课程的热情。

（3）选择阅读一本水平较高的法律随笔性的书籍，开阔自己的法学视野。阅读水平较高的法律随笔性书籍，其实就是在学习一些成名的法学学者如何运用法学思维思考问题。时下，适合新生阅读的法律随笔性书籍还是比较多的，比如费孝通的《乡土中国》、贺卫方的《超越比利牛斯山》、舒国滢的《在法律的边缘》、王人博的《桃李江湖》等书都值得一读。

2. 多思

《论语》曾言："学而不思则罔。"在法理学课程学习中，思考的过程亦是理论联系实际的过程。思考的问题既包括法理学课程教材上的内容，也包括现实中发生的法律事实，甚至在"娱乐"的过程中也存在这样思考的机会。如某报报道某一乡镇计划生育宣传画采用了李宇春的照片，并配以"生男生女都一样"的宣传口号。看到这样的报道，恐怕就不只是产生"李宇春是男是女"这样的疑问，该事件会促使学生思考，该行为有没有侵犯他的偶像——李宇春的权利？侵犯的权利是什么？如果李宇春在意这件事，她将如何维权？这尽管是一个很小的事件，但对此事件的思考能引导学生学以致用。

3. 多问

多问，排解心中的疑惑。法理学课程对初入法学门径的新生来讲是一门难度不小的课程，一些内容，同学们看了也思考了，还是不明白。向老师、学长或其他同学请教就是解惑的一条捷径。

4. 多讨论

法理学课程讨论包括课堂讨论和课后讨论。自由、理性的课堂讨论会在同学间形成一种宽松的思想交流模式。而以宿舍为单位或兴趣相投的同学间对与法理学课程有关的问题进行课后讨论，可以提升同学们自身的法学素养。新生来自五湖四海，思维方式迥异，通过讨论，交流思想，开阔思维，相互促进。

5. 多记忆

本书编写者曾在课堂上戏言，"选择了法律，你就选择了艰难"。法理学课程学习得付出艰辛的努力，大量的概念、原则、原理是要在理解的基础上记忆的。记忆是掌握法理学课程知识一个必不可少的环节。

当然，适合自己的学习方法才是最好的学习方法。以上只是本书编写者在法理学课程教学中的一些愚见，希望能起到抛砖引玉的作用。

第二编　法的本体论

知识结构图

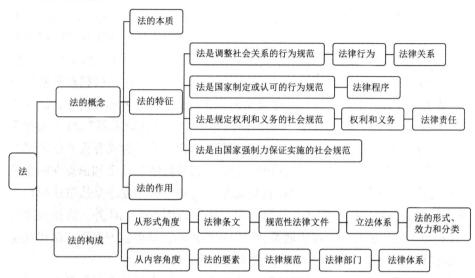

知识结构图特别解读

1. 第二编法的本体论（法是什么）是法理学的重点，且知识点众多，不同知识点之间存在紧密的逻辑联系。此图是本书编写者基于对本编知识点的理解及多年教学经验的基础上所绘，意在引导学生掌握相关知识。由于本编知识点逻辑关系复杂，故在知识结构图之外，另作解读。此外，建议法理学初学者在本编内容学习完毕再阅读此"知识结构图特别解读"，效果可能更佳。

2. 第二编法的本体论（法是什么）部分知识的理解有两条线索，主线是"法的概念"，辅线是"法的构成"〔1〕，本编中的知识点大致就围绕这两条线索展开。

3. "法的概念"是本编的核心，主要包括法的本质、法的特征、法的作用（含法的局限性）三部分内容。法有四个特征，其中有的特征能够延伸出本编的其它知识点。（1）法的第一个特征是"法是调整社会关系的行为规范"，法律通过调整人们的行为来调整社会关系，人们的行为经法律调整形成法

---

〔1〕 "法的构成"是本书编写者为帮助学生理解知识采用的一个不太规范的术语，国内同行似乎没人使用过。

律行为，社会关系经法律调整形成法律关系；法律行为是法律事实中的一种，能够引起法律关系的形成、变更及消灭，这是二者之间的逻辑联系。（2）法的第二个特征是"法是规定权利和义务的社会规范"，由此引申出"权利和义务"知识点；因有学者认为"法律责任的实质是因违反了第一性义务而产生的第二性义务"，并进而延伸至"法律责任"知识点。（3）"权利和义务"与"法律关系"存在逻辑联系，法律关系的构成包括主体、客体和内容，法律关系主体之间的权利和义务是法律关系的内容。（4）"法律关系"与"法律责任"也存在逻辑联系，"法律责任的实质是因违反了第一性义务而产生的第二性义务"，存在于第二性法律关系中。（5）"法律程序"这个知识点在图中的位置大致在"法律行为"与"权利与义务"之间。法律程序是从事法律行为作出法律决定的过程和方式，法律程序与法律行为有关；此外，法律程序与"权利和义务"也存在着逻辑联系，可以这样理解，从内容方面看，法律规定的是权利与义务，从形式方面看，法律规定的是程序。

4. "法的构成"是本编的辅线。法的构成可以从两种角度思考。第一种是从形式角度看，特别是成文法传统的国家中，法律最小的组成单位是法律条文，许多法律条文组合在一起构成一部规范性法律文件，不同类型的规范性法律文件组成的整体就是立法体系。规范性法律文件因制定主体、程序、时间、适用范围的不同又具有形式和效力的差别，故由此引出"法的形式、效力和分类"这一知识点。第二种是从内容角度看，法律最小的组成单位是"法律规范"，对法律规范的理解就涉及"法的要素"，一国现行同类法律规范构成法律部门（部门法），法律部门的总体即法律体系。

第二章

法的概念

知识结构图

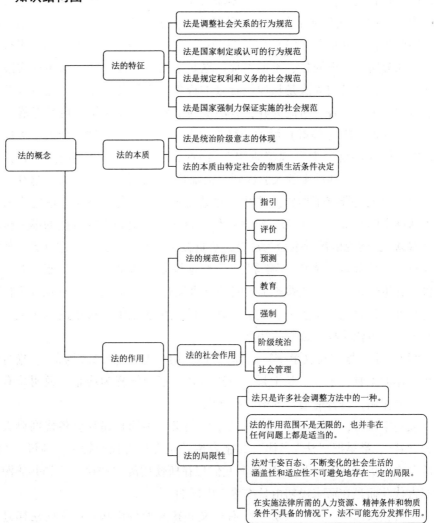

知识解析

一、法的定义

（一）古今汉语中的"法"、"律"

在汉语中，"法"和"律"二字最初分开使用，含义也不同，以后发展为同义，合称为"法律"。

东汉许慎编写的《说文解字》中载："灋，刑也；平之如水，从水；廌，所以触不直者去之，从去。""灋"是现代汉字"法"的古体。这段话包含了三层含义：（1）法与刑不分，二者是同义词，这反映了当时立法不发达、法的范围调整狭窄的状况。（2）"平之如水"，法是公平的，法像水那样平整划一、清浊分明、一视同仁、不偏不倚。这是水的象征性含义。水还有实践性含义。奴隶社会最初的法是从原始社会的氏族习惯演化而来的。远古人群的生活范围常常以山谷、河流为界，它们被约定俗成地视为此氏族（部落）活动的起点和彼氏族（部落）活动的终点。由于生存环境恶劣，个人不可能离开他的氏族（部落）而"离群索居"，因此，放逐就成为严酷的惩罚之一。人们把违背公共生活准则的人驱逐到"河那边"，无异于死刑宣告。这样，久而久之，河流就带有了刑罚的威严，并进而被赋予文化的意义，成为当时公共生活准则的化身。（3）廌，很多古代书籍里，都提到中国古代的第一位法官"皋陶"，传说他被舜帝命为法官，负责裁断是非，处罚为非作歹者。他审案要靠一只神兽廌（或称"獬豸"）。廌据说是个貌似牛、羊、鹿、熊的独角兽。它生性正直，是能够辨别人间是非曲直的"神明之兽"，有双方争执不下的案件，只要把廌牵上来，它就会用它的独角去抵触有过错的当事人。这表明了中国古代法神明裁判的特点。

"律"字，据《说文解字》解释："律，均布也。"所谓"均布"，指古代调整音律的工具，木制，长七尺，以正六音。把律解释为均布，说明律有规范行为的作用，是普遍通行的格式和准则。

大约秦汉时，"法"与"律"二字已同义。中国封建社会各代刑典大多称为"律"。最早把"法""律"二字合用的是春秋时代的管仲，他说："法律政令者，吏民规矩绳墨也。"然而我们现在所使用的"法律"一词并非源自我国古代，而是在清末民初由日本输入中国的。

在现代汉语中，法（或法律）有广义和狭义两种用法。广义的法律是指享有立法权的国家机关所制定的规范性法律文件，包括宪法、法律、行政法规、部门规章、地方性法规、政府规章、自治条例、单行条例等。"法律面前人人平等"中的"法律"就是指广义的法律。狭义的法律仅指由全国人民代表大会及其常务委员会制定的规范性法律文件。而在谈及"当代中国法的正式渊源（形式）包括宪法、法律、行政法规、部门规章、地方性法规、政府规章、自治条例、单行条例等规范性法律文件"时，其中的"法律"就是指狭义的法律。

（二）法的定义

法是由国家制定或认可并依靠国家强制力保证实施的，反映由特定社会物质生活条件所决定的统治阶级意志，以权利和义务为内容，以确认、保护和发展对统治阶级有利的社会关系和社会秩序为目的的行为规范体系。

法的定义中包含了法的特征、法的本质及法的作用的部分内容。故此，建议法理学初学者先学习法的特征、法的本质及法的作用，之后再回头来理解法的定义就容易多了。

二、法的特征

（一）法是调整社会关系的行为规范

法是调整社会关系的规范，法通过调整人们的行为来调整社会关系，而不是通过调整人们的思想来调整社会关系的。法不会对所有社会关系进行调整，它只调整它认为重要并且适合由法律进行调整的社会关系。

［案例］腹诽案[1]

法谚曰：任何人不得因思想而受处罚。但在历史上，甚至在近现代仍可能存在法律调整思想的极端案例。公元前117年，汉武帝与宠臣张汤研议发行"白鹿皮币"，一张白鹿皮币，价值四十万钱，亲王贵族到长安朝觐皇帝时，都要购买，是一种变相勒索。汉武帝征求大司农颜异意见，颜异提出了不同看法，汉武帝大不高兴。后来有人告发颜异，汉武帝让张汤审理颜异一案。张汤本与颜异有矛盾，很快找到了"证据"。颜异和客人闲聊，客人谈到法令初下造成一些不便时，颜异没有表态，只是动了下嘴唇。张汤认为颜异

───────────────

〔1〕 参见"颜异"，载，http://baike. baidu. com/item/颜异？sefr＝enterbtn/7971064？fr＝aladdin，最后访问日期：2020年8月29日。

位列九卿，看到法令有不妥当之处，不向朝廷进言，却在心里抱怨诽谤，论罪当死。颜异因此而被处死。

（二）法是国家制定或认可的行为规范

制定或认可是国家创制法律的两种主要形式。"制定法律"是指在社会生活中原先并没有某种行为规则，立法者根据社会生活发展的需要，通过相应的国家机关按照法定的程序制定各种规范性法律文件的活动。国家制定的法律具有一定的文字表现形式，即成文法。"认可法律"是指社会生活中原来已经实际存在着某种行为规则（如习惯、道德、宗教、政策等），国家以一定形式承认并且赋予其法律效力。比如，《中华人民共和国民法典》（以下简称《民法典》）第10条规定："处理民事纠纷，应当依照法律；法律没有规定的，可以适用习惯，但是不得违背公序良俗。"国家认可的法律一般不通过规范性文件表现出来，所以被称为"不成文法"。

[案例] 邓析私造"竹刑"案[1]

邓析（前545—前501），郑国人，郑国大夫，春秋末期思想家。邓析反对郑国当时颁布的"刑书"，于是自编了一套更能适应社会变革要求的成文法，将其刻在竹简上，人称"竹刑"。私人怎么能制定法律呢？郑国执政驷颛于是杀了邓析，但驷颛看了竹刑后觉得还不错，遂用其"竹刑"。邓析因私造"竹刑"付出了生命的代价。

（三）法是规定权利和义务的社会规范

法对人们行为的调整主要是通过权利和义务的设定和运行来实现的。权利和义务是主体法律地位的体现。

[案例] 母亲与妻子同时落水，先救谁？——男人们遇到的难题[2]

2016年夏天，某地发大洪水。洪水来临之际，一男子突然想起独居的母亲，遂舍近求远，将母亲扶到房上脱离险境。等他再回来救妻子、孩子时，

---

〔1〕 参见"邓析"，载 http://baike.baidu.com/item/邓析，最后访问日期：2020年8月29日。

〔2〕 参见"大洪水来临男子面临艰难抉择：母亲和妻儿先救谁"，载 http://www.xinhuanet.com/politics/2016-07/25/c_129173908_2.htm，最后访问日期：2018年7月25日。

妻子、孩子克服困难上房也已平安。妻子很伤心，尽管她说能理解丈夫的行为，但还是离家出走了。该男子颇感无奈。

该男子的无奈让人联想到女人们喜欢问的一个问题——母亲与妻子同时落水，先救谁？《民法典》婚姻家庭编规定，子女对父母有赡养扶助的义务，救母亲是法律义务；《民法典》婚姻家庭编还规定，夫妻有相互扶养的义务，救妻子也是法律义务。母亲与妻子同时落水，无论救母亲还是救妻子都是法律义务。从法律角度来讲，这的确是男人们面对的一道难题。但如果是母亲与女朋友同时落水，先救谁？这就好办多了——救母亲是法律义务，救女朋友不是法律义务，最多是道德义务，从法学理论上讲，应先履行法律义务，先救母亲吧。

（四）法是国家强制力保证实施的社会规范

法由国家强制力保证实施。所谓国家强制力，就是国家的军队、警察、法庭、监狱等有组织的国家暴力机关。如果没有国家强制力做后盾，法律就有可能成为一纸空文。当然，法依靠国家强制力保证实施，这是从终极意义上讲的。国家强制力不是保证法实施的唯一力量，法律的实施还要依靠道德、人性、经济、文化等诸多因素。

［案例］烟花爆竹"禁放令"

1993年起北京市正式实施《北京市关于禁止燃放烟花爆竹的规定》。2005年9月9日，北京市人大常委会通过一项新修订的法规，将1993年以来的全面"禁放"改为局部"限放"。

逢年过节燃放烟花爆竹是中国传统的风俗习惯，其实许多人都知道燃放烟花爆竹的危害，怎奈千百年来根深蒂固的风俗很难在短期内得到改变。很多地方禁放多年，可逢年过节也没能消除此起彼伏的鞭炮声。不考虑传统的力量，只靠国家强制力保证，禁放法令禁而不止的现状不仅有损法律的权威，也不利于公民养成守法的观念。北京市以"限放令"取代了"禁放令"从一定程度上反映了法律与习俗的冲突与调适。

三、法的本质

（一）法是统治阶级意志的体现

法是统治阶级意志的体现，反映的是统治阶级的共同意志。正因为如此，统治阶级不仅迫使被统治阶级服从法律，而且也要求统治阶级成员同样遵守法律。对统治阶级内部成员的违法行为，也要追究法律责任。尽管在不同社会要求不同，但维护法律的严肃性却是一致的。因为统治阶级追究其内部成员违法责任所舍弃的是个别场合的个别利益，而维护的是普遍的、根本的利益，这种普遍性的根本利益正是统治阶级意志在法律上的体现。

（二）法的本质由特定社会的物质生活条件决定

特定社会的物质生活条件及相关知识可以用以下公式展示：

物质生活条件＝地理环境＋人口＋社会生产方式（决定法性质的因素）

生产方式＝生产力＋生产关系

生产力＝劳动者＋生产工具＋劳动对象

生产关系＝生产资料所有制＋产品的分配形式＋生产者之间的关系

经济基础＝生产关系的总和

当然，法的统治阶级意志的内容由社会物质生活条件决定，这是从终极意义上说的。除了社会物质生活条件外，政治、思想、道德、文化、历史传统、民族、科技等因素也对统治阶级的意志和法律制度产生不同程度的影响。

法律是统治阶级意志的体现，而统治阶级的意志归根结底又是由其社会物质生活条件所决定的。对法律而言，统治阶级的意志是法的初级本质，社会物质生活条件是法的深层次本质。

[案例]《中华人民共和国突发公共卫生事件应急条例》的制定[1]

在 2002 年末至 2003 年初，我国出现了非典型性肺炎疫情。2003 年 4 月 14 日，温家宝总理在国务院第四次常务会议上同意建立突发公共卫生事件应急机制。4 月 15 日，国务院法制办紧急部署法规起草工作。4 月 16 日，国务院法制办正式确定参与法规起草的相关专家名单。4 月 17 日，20 多位专家入住北京金龙苑宾馆，不分昼夜开始进行法规起草。4 月 18 日，也就是 48 小时之后，法规完成条例征求意见稿，进入广泛征求意见的过程中。5 月 7 日，国务院第七次常务会议审议条例并原则通过。5 月 9 日，国务院总理温家宝正式

---

〔1〕 参见"新中国成立以来出台最快的法规"，载 http://news.sina.com.cn/c/2003-05-13/08181 18532s.shtml，最后访问日期：2019 年 6 月 13 日。

签署国务院令。5 月 12 日，法规正式颁布。《突发公共卫生事件应急条例》从开始起草到国务院常务会议审议，一共只用了二十天时间，是我国成立以来出台速度最快的一部法规。

"非典"肆虐，为了有效预防、及时控制和消除突发公共卫生事件的危害，保障公众身体健康与生命安全，维护正常的社会秩序，国务院依照《传染病防治法》和其他有关法律的相关规定，在总结前阶段防治非典型性肺炎工作实践经验的基础上，制定了《突发公共卫生事件应急条例》。《突发公共卫生事件应急条例》的紧急制定并不是立法者心血来潮的产物，而是与我国非典型性肺炎疫情的爆发与防治存在着紧密的联系，是由我国社会的物质生活条件决定的。

四、法的作用

（一）法的作用的概念

法的作用就是法对人的行为、社会生活和社会关系所产生的影响。

法的作用对象包括人的行为和社会关系两个部分，我们将法对人的行为的影响称为法的规范作用，而将法对社会生活、社会关系的影响称为法的社会作用。

（二）法的规范作用

法的规范作用主要体现在以下几个方面：

1. 指引

法是通过规定人们在法律上的权利和义务以及违反法律规定应承担的责任来调整人们的行为。法对人行为的指引作用一般表现为三种模式：可为模式（可以做什么）、应为模式（应当或必须做什么）、勿为模式（不得或禁止做什么）。

2. 评价

法作为一种规范，是判断、衡量人们行为的尺度、标准。通过法律，我们可以衡量某种行为是否合法、正当。当然，在社会生活中，有大量的行为不必用法来加以调整，对于这类行为也就不能用法来作判断、衡量的标准。

3. 预测

法的预测作用是指人们根据法律可以预先估计到人们相互间将如何行为

以及行为的法律后果，从而对自己的行为作出合理的安排。而对于那些"法盲"而言，法的预测作用似乎没有显现出来，然而"法盲"仍然要为自己的违法犯罪行为承担责任，不知法不能成为减轻或免除法律责任的理由。另外，对于那些明知法律禁止而铤而走险的人而言，则是法的预测作用在他们身上的扭曲反映。

4. 教育

法的教育作用是法律通过其本身的存在以及运行对人们产生广泛的潜移默化的社会影响，教育人们弃恶扬善，正当行为。我国先贤所谓"明刑弼教"、"以法为教"都是指法的教育作用。

[案例] 游街示众是发挥法的教育作用吗?[1]

2014年10月17日，湖南华容县公捕公判大会在东山镇召开。会上，16名犯罪嫌疑人分别被公开拘留或公开逮捕，8名刑事被告人被公开宣判。县四大分管领导和公、检、法、司"四长"出席会议，5000多人观看了公判活动。

游街示众在中国并不新鲜。在传统的中国社会中，许多地方都存在着将罪犯甚至犯罪嫌疑人游街示众的习惯做法。遗憾的是，这种做法并没有因为社会主义法治的推进而被彻底禁绝，甚至在一些地方还大行其道。犯罪嫌疑人在公开场所被逮捕、刑拘或游街示众，通过媒体报道或现场观摩，往往让人误以为他们已经构成犯罪。这种公开处理的方式以及在民众中形成的偏见，可能会影响到随后法院的审判。早在1988年，最高人民法院、最高人民检察院、公安部就联合发布《关于坚决制止将已决犯、未决犯游街示众的通知》，认为这种做法是违法的，在国内外造成很坏影响，必须坚决制止。游街示众不是在进行普法宣传和教育，而是一种违法行为，侵犯了犯罪嫌疑人的人格权及相关权利。

5. 强制

法的强制作用是指法律能运用国家强制力保障自己得以充分实现的功能。法的强制作用是任何法律都不可或缺的一种重要作用，是法的其他规范作用的保证。

---

〔1〕 参见"湖南华容县公捕公判大会召开"，载 http://news.sohu.com/20141022/n405363633. shtml，最后访问日期：2016年10月22日。

（三）法的社会作用

在阶级社会中，按照国家的对内职能，法的社会作用可以分为阶级统治作用和社会管理作用两个方面。

1. 阶级统治

法的阶级统治作用是指法在经济统治、政治统治、思想统治等方面的作用。统治阶级运用法律除了保障其经济、政治和思想上的统治地位外，还处理本阶级内部关系，如分配统治权和利益，处罚内部成员的违法犯罪行为等。此外，统治阶级还运用法律调整本阶级与其同盟者的关系。

2. 社会管理

法的社会管理作用是指法在维护人类基本生活条件等社会公共事务管理方面的作用。如法惩治一般的杀人、抢劫、盗窃、强奸等刑事犯罪，使社会生活处于有秩序的安全状态；法通过一系列的规范使婚姻、家庭关系保持稳定；法通过惩治破坏自然资源和自然环境的行为，使人和自然处于一种稳定和谐状态，都是以社会成员的共同利益和要求为基础的，都是在发挥法的社会管理作用。

法的阶级统治作用和社会管理作用随着时代、情势、国家任务的不同会发生变化。比如在阶级关系严重对立或对抗的社会，法主要侧重于阶级统治作用；在阶级关系缓和或非对抗社会，法主要侧重于社会管理作用。但是我们也应当看到法的阶级统治作用与社会管理作用并非截然分开的，它们在很多方面是相互结合、相互作用的，比如法在经济方面的作用，可以说除了社会管理作用的性质外，也一定程度上包含了阶级统治作用的性质。

（四）法的局限性

法的局限性主要表现在以下几个方面：

1. 法只是许多社会调整方法中的一种。法是调整社会关系的重要方法，但不是唯一的方法。除法律之外，还有政策、纪律、道德、宗教、习惯等其他社会规范。多种社会调整方法并存源于社会生活的复杂性，人的需求的多样性。我国近代著名法学家吴经熊中年对法律兴趣削减，转而痴迷于基督教。[1]就他个人而言，法律给不了他精神的安宁，宗教却可以。

2. 法的作用范围不是无限的，也并非在任何问题上都是适当的。应当看

---

〔1〕 参见吴经熊：《超越东西方——吴经熊自传》，周伟驰译，社会科学文献出版社2013年版。

到，对不少社会关系、社会生活领域、社会问题，采用法律手段是不适宜的。例如，涉及人们思想、认识、信仰、情感等属于私人生活范畴的问题，就不宜采用法律手段。

3. 法对千姿百态、不断变化的社会生活的涵盖性和适应性不可避免地存在一定的局限。法律作为一种规范，其内容是抽象的、概括的，制定出来之后有一定的稳定性。然而，法律所面对的社会生活是具体的且在不断发展变化之中，这就使得法律在一定程度上具有了僵化性和滞后性。

4. 在实施法律所需的人力资源、精神条件和物质条件不具备的情况下，法不可能充分发挥作用。法律的实施需要高素质的法律从业者、良好的法律文化氛围、坚实的物质条件，当这些条件不具备时，法律难以达到预期的效果。

法的作用是讲"法能做什么"，法的局限性则是讲"法不能做什么"。我们要充分认识到法的局限性，把法的调整机制与其他社会调整机制有机结合起来，才能充分发挥法的作用。

[案例] 法律能调整爱情吗？[1]

据"中国台湾网"报道，台湾新竹一女大学生同时交了四位男友，四位男友互不知情。2010 年临近毕业，四位男友争先恐后地提出为其搬家，该女生恐四位男友见面打起来——这可不像打麻将凑四个人那么简单，遂向警方报警。众男友打架，警察可以管，但该女大学生同时交四个男朋友，警察就无权干涉了。法律可以调整婚姻，却不能调整爱情。法律不是万能的，法律调整的范围是有限度的。

相关司法考试真题

1. 卡尔·马克思说："在民主的国家里，法律就是国王；在专制的国家里，国王就是法律。"关于马克思这段话的理解，下列哪一选项是错误的？（2012/1/9）

　　A. 从性质上看，有民主的法律，也有专制的法律

　　B. 在实行民主的国家，君主或国王不可以参与立法

---

〔1〕 参见"台湾新竹一女大学生为防止 4 名男友碰面报警救助"，载 http://news. ifeng. com/society/2/detail_ 2010_ 07/13/1763146_ 0. shtml，最后访问日期：2016 年 7 月 13 日。

C. 在实行专制的国家，国王的意志可以上升为法律

D. 实行民主的国家，也是实行法律至上原则的国家

解析： 国家有民主与专制之分，法律亦有民主与专制之分。A 项正确。

在君主立宪制的民主国家，君主或国王可参与立法。B 项错误。

"在专制的国家里，国王就是法律"，也即在专制的国家里，国王的意志可以上升为法律。C 项正确。

"在民主的国家里，法律就是国王"，也即在民主的国家里，法律至上。D 项正确。

2. 法是以国家强制力为后盾，通过法律程序保证实现的社会规范。关于法的这一特征，下列哪些说法是正确的？（2013/1/55）

　　A. 法律具有保证自己得以实现的力量

　　B. 法律具有程序性，这是区别于其他社会规范的重要特征

　　C. 按照马克思主义法学的观点，法律主要依靠国家暴力作为外在强制的力量

　　D. 自然力本质上属于法的强制力之组成部分

解析："法是以国家强制力为后盾，通过法律程序保证实现的社会规范"，法律具有强制性和程序性。A、B、C 项正确。

法由国家强制力保证实施，自然力非国家强制力。D 项错误。

3. 马克思曾说："社会不是以法律为基础，那是法学家的幻想。相反，法律应该以社会为基础。法律应该是社会共同的，由一定的物质生产方式所产生的利益需要的表现，而不是单个人的恣意横行。"根据这段话所表达的马克思主义法学原理，下列哪一选项是正确的？（2007/1/1）

　　A. 强调法律以社会为基础，这是马克思主义法学与其他派别法学的根本区别

　　B. 法律在本质上是社会共同体意志的体现

　　C. 在任何社会，利益需要实际上都是法律内容的决定性因素

　　D. 特定时空下的特定国家的法律都是由一定的社会物质生活条件所决定的

解析： 强调法律以社会为基础，并非马克思主义法学独有的观点，社会

法学派也坚持此观点。A 项错误。

法律在本质上是统治阶级意志的体现。B 项错误。

法律是由特定社会的物质生活条件所决定的。C 项错误，D 项正确。

4. 关于法的规范作用，下列哪一说法是正确的？（2014/1/10）

A. 陈法官依据诉讼法规定主动申请回避，体现了法的教育作用

B. 法院判决王某行为构成盗窃罪，体现了法的指引作用

C. 林某参加法律培训后开始重视所经营企业的法律风险防控，反映了法的保护自由价值的作用

D. 王某因散布谣言被罚款 300 元，体现了法的强制作用

解析：陈法官依据诉讼法规定主动申请回避，体现了法的指引作用，A 项错误。

法院判决王某行为构成盗窃罪，体现了法的评价作用，B 项错误。

C 项中"保护自由价值的作用"不是法的规范作用，C 项错误。

王某因散布谣言被罚款 300 元，体现了法的强制作用，D 项正确。

5. 2007 年，某国政府批准在实验室培育人兽混合胚胎，以用于攻克帕金森症等疑难疾病的医学研究。该决定引发了社会各界的广泛关注和激烈争议。对此，下列哪些评论是正确的？（2009/1/53）

A. 目前人兽混合胚胎研究在法律上尚未有规定，这是成文法律局限性的具体体现

B. 人兽混合胚胎研究有可能引发严重的社会问题，因此需要及时立法给予规范和调整

C. 如因该研究成果发生了民事纠纷而法律对此没有规定，则法院可以依据道德、习惯或正义标准等非正式法律渊源进行审理

D. 如该国立法机关为此制定法律，则制定出的法律必然是该国全体公民意志的体现

解析：法律具有稳定性，而社会生活不断发展，法律不可避免地存在滞后性。法律目前对人兽混合胚胎研究尚未有规定，这是法律局限性的体现。A 项正确。

人兽混合胚胎研究有可能引发健康、安全、伦理等一系列社会问题，应

加以立法规范。B 项正确。

一般来讲，在民事领域，当正式法律渊源不存在时，法院可以采用道德、习惯或正义标准等非正式法律渊源裁决纠纷。C 项正确。

法律是统治阶级意志的体现，并非必然是该国全体公民意志的体现。D 项错误。

6. 2011 年 7 月 5 日，某公司高经理与员工在饭店喝酒聚餐后表示：别开车了，"酒驾"已入刑，咱把车推回去。随后，高经理在车内掌握方向盘，其他人推车缓行。记者从交警部门了解到，如机动车未发动，只操纵方向盘，由人力或其他车辆牵引，不属于酒后驾车。但交警部门指出，路上推车既会造成后方车辆行驶障碍，也会构成对推车人的安全威胁，建议酒后将车置于安全地点，或找人代驾。鉴于我国对"酒后代驾"缺乏明确规定，高经理起草了一份《酒后代驾服务规则》，包括总则、代驾人、被代驾人、权利与义务、代为驾驶服务合同、法律责任等共六章二十一条邮寄给国家立法机关。请回答下列问题。(2011/1/89~91)[1]

(1) 关于高经理和公司员工拒绝"酒驾"所体现的法的作用，下列说法正确的是：

A. 法的指引作用

B. 法的评价作用

C. 法的预测作用

D. 法的强制作用

解析： 法的指引作用是指法能够为人们的行为提供一个既定的模式，从而引导人们在法所允许的范围内从事社会活动的功用和效能。法的评价作用是指法作为一种规范，能够判断、衡量人的行为是否合法或有效的功能。法的预测作用是指人们根据法律可以预先估计到人们相互间将如何行为以及行为的法律后果，从而对自己的行为作出合理的安排。法的强制作用是指法律能运用国家强制力保障自己得以充分实现的功能和效能。本题中，高经理和公司员工依照法律规定，拒绝"酒驾"，体现了法的指引作用。A 项正确。

---

[1] 第 89 题考查内容属本章范围，第 90、91 题考查内容非本章内容，可暂且不看。为保证法理学学习者一览司法考试试题原貌，本书将此题完整列出。

(2) 关于交警部门的推车前行不属于"酒驾"的解释，下列判断不正确的是：

A. 属于司法解释

B. 属于行政解释

C. 直接运用了类比推理

D. 运用了演绎推理

解析：司法解释是指由国家最高司法机关在适用法律过程中，对具体应用法律问题所作的解释。A 项不正确。

行政解释是指依法有权解释法律的行政机关在其职权范围内，对具体应用法律问题所作的解释。在我国，行政解释包括两种情况：一种是国务院及其主管部门对不属于审判和检察工作中的其他法律如何具体应用的问题所作的解释；另一种是省、自治区、直辖市人民政府主管部门对地方性法规如何具体应用的问题所作的解释。B 项不正确。

类比推理又称类推适用，是指法律没有明确规定的情况下，比照相应的法律规定加以处理的推理形式。C 项不正确。

演绎推理是指从一般的法律规定到个别特殊行为的推理。演绎推理强调从法律规范到案件的三段论式推演，其特征是从大前提和小前提出发来导出结论。演绎推理的大前提是可以适用的法律规则和法律原则，小前提是经过认定的案件事实，结论就是判决或裁定。本题中，"机动车未发动，只操纵方向盘，由人力或其他车辆牵引，不属于酒后驾车"是大前提，"高经理在车内掌握方向盘，其他人推车缓行"是小前提，结论是高经理不属于酒驾。D 项正确。

(3) 关于高经理起草的《酒后代驾服务规则》，下列说法不正确的是：

A. 属于民法商法规则

B. 是立法议案

C. 是法的正式渊源

D. 是规范性法律文件

解析：法律规则是规定法律上权利、义务、责任的准则、标准，或是赋予某种事实状态以法律意义的指示、规定。高经理起草的《酒后代驾服务规则》无法律效力。A 项不正确。

法律议案是指依法享有法律议案提案权的机关或个人向立法机关提出的

关于制定、修改、废止某项法律的正式提案。高经理无法律议案提案权。B
项不正确。

　　当代中国正式法的渊源包括宪法、法律、行政法规、地方性法规等规范
性法律文件。高经理起草的《酒后代驾服务规则》非法律文件。C 项不正确。

　　规范性法律文件是以规范化的成文形式表现出来的各种法的形式的总称。
高经理起草的《酒后代驾服务规则》无法律效力。D 项不正确。

第三章

法的渊源、分类和效力

知识结构图

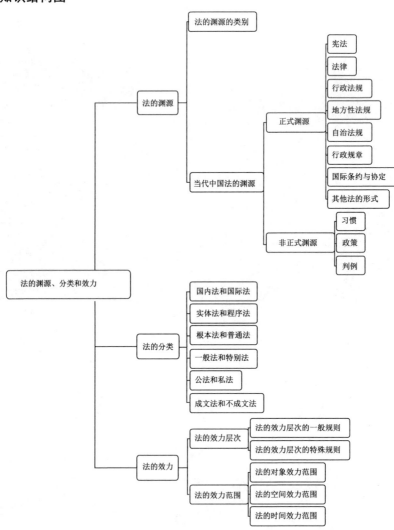

知识解析

一、法的渊源

对于法的渊源，学者们存在着不同的主张。为便于法理学初学者理解，本书所言的法的渊源是指法的效力渊源或形式渊源，是指那些具有法的效力作用和意义的法的外在表现形式。

（一）法的渊源的类别

1. 成文法（制定法）。成文法是指国家机关依照法定职权、法定程序制定颁布的，通常以条文形式表现出来的规范性法律文件。

2. 不成文法（非制定法）。不成文法是指由法定的国家机关认可，一般不具有文字形式或虽有文字形式但不具有规范化成文形式的法。不成文法一般包括：

（1）习惯法。习惯是指由于同一种行为方式的不断重复而被人们习以为常地接受的行为规则。习惯法是指被国家机关认可的并具有法律效力的习惯规范。

（2）判例法。判例是指法院先前的某一判决具有法律的效力，从而成为以后审判同类案件的依据。判例法是指可作为先例据以裁决的法院判决中所蕴含的法律规则和法律原则。

（3）惯例。惯例指法律上没有明文规定，但过去曾经施行，可以仿照办理的做法。

（二）当代中国法的渊源

1. 正式渊源

（1）宪法。作为法的渊源存在的宪法，就是《中华人民共和国宪法》这部规范性法律文件。宪法是国家的根本大法，它规定国家的性质、各阶级在国家中的地位、国家制度的根本原则、公民的基本权利和义务、国家机构的组织和活动原则等根本性问题。宪法由全国人民代表大会制定和修改，是其他一切法律的立法依据，具有最高的法律效力。

（2）法律。法律是由全国人民代表大会和全国人民代表大会常务委员会所制定的除宪法外的规范性法律文件。我国作为法的渊源存在的法律又分为两类：一是由全国人民代表大会制定的基本法律，二是由全国人民代表大会常务委员会制定的基本法律以外的其他法律。法律的效力仅次于宪法。

（3）行政法规。行政法规是国务院为领导和管理国家的各项行政工作，根据宪法和法律制定的规范性法律文件。行政法规不得与宪法、法律相抵触。

（4）地方性法规。地方性法规是省、自治区、直辖市、设区的市〔1〕的人民代表大会及其常务委员会根据本行政区域的具体情况和实际需要，依法制定的在本行政区域内具有法律效力的规范性文件。地方性法规的效力低于宪法、法律和行政法规，其效力范围仅限于本行政区域内。

（5）自治法规。自治区、自治州、自治县的人民代表大会有权根据当地的政治、经济和文化特点，制定自治条例和单行条例。自治条例是一种综合性的规范性法律文件，单行条例是有关某方面事务的规范性法律文件。自治法规只在本自治区域内有效，其内容必须符合宪法，也不能违背法律的基本原则。

（6）行政规章。行政规章分为部门规章和地方政府规章。部门规章是国务院所属各部、委员会、中国人民银行、审计署和具有行政管理职能的直属机构，根据法律和国务院的行政法规、决定、命令，在本部门的权限范围内，所发布的各种行政性的规范性法律文件。部门规章的地位低于宪法、法律、行政法规，不得同它们相抵触。地方政府规章是省、自治区、直辖市和设区的市〔2〕、自治州的人民政府，根据法律、行政法规和本省、自治区、直辖市的地方性法规，制定的规范性法律文件。地方政府规章除不得同宪法、法律、行政法规相抵触外，还不得同上级和同级地方性法规相抵触。

（7）国际条约与协定。凡我国缔结或参加的国际条约与协定在我国具有法律效力，属于当代中国法的渊源之一。

（8）其他法的形式。

2. 非正式渊源

当代中国法的非正式渊源包括习惯、政策和判例。

---

〔1〕 广东省东莞市、中山市，甘肃省嘉峪关市，海南省三沙市，未设区，属地级市，这四市的人大及常委会依照2015年《全国人民代表大会关于修改〈中华人民共和国立法法〉的决定》可制定地方性法规。

〔2〕 广东省东莞市、中山市，甘肃省嘉峪关市，海南省三沙市，未设区，属地级市，这四市的人民政府依照2015年的《全国人民代表大会关于修改〈中华人民共和国立法法〉的决定》可制定政府规章。

[案例]　田永诉北京科技大学拒绝颁发毕业证、学位证案[1]

田永是北京科技大学1994级学生。1996年2月29日，田永在参加电磁学课程补考过程中，随身携带有电磁学公式的纸条。田永中途去厕所，纸条掉出，被监考老师发现。监考老师虽未发现田永有偷看纸条的行为，但还是按照考场纪律，当即停止了田永的考试。北京科技大学以田永违反该校制定的《关于严格考试纪律的紧急通知》为由，决定对田永作出勒令退学的处理。但是该退学处理决定并未得到实际执行，即北京科技大学没有直接向田永宣布处分决定和送达变更学籍的通知，也未给田永办理退学手续。在此后约两年中，原告田永继续在该校以一名正常学生的身份参加学校的学期注册，交纳学费，继续享受学校补助金和使用学校的各项设施。田永还以该校大学生的名义参加各科的考试，修完了所有的学分，并参加大学生毕业设计，先后领取了英语、计算机毕业设计等成绩的合格证书。1998年临近毕业，北京科技大学以田永已作退学处理，不具有学籍为由，拒绝为其颁发毕业证和派遣证等，也没有将田永授予学士学位资格名单交本校的学位评定委员会审核。田永认为自己符合大学毕业生的法定条件，北京科技大学拒绝给其颁发毕业证、学位证是违法的，遂向北京市海淀区人民法院提起行政诉讼。最终田永胜诉，该案引起法学界乃至全社会的关注。

通常认为学校作为事业单位几乎与行政诉讼被告无缘。在实践中，众多的法院依据《教育法》第42条"受教育者有权对学校给予的处分不服向有关部门提出申诉，对学校、教师侵犯其人身权、财产权等合法权益，提出申诉或者依法提出诉讼"这一条的规定，对学生因为学籍管理方面的勒令退学、开除学籍的处理决定而直接起诉高等学校的不予受理，而是告知学生只能向学校的主管行政部门提出申诉。

实际上，根据我国《教育法》《学位条例》等法律、法规的规定，高等学校对受教育者有进行学籍管理、奖励或处分的权力，有代表国家对受教育者颁发学历证书、学位证书的职责。高等学校与受教育者之间属于教育行政管理关系，受教育者对高等学校涉及受教育者基本权利的管理行为不服的，有权提起行政诉讼，高等学校是行政诉讼的适格被告。而海淀区人民法院直接

---

〔1〕　参见"田永诉北京科技大学拒绝颁发毕业证、学位证案"，载 https://www.chinacourt.org/article/detail/2014/12/id/1524355.shtml，最后访问日期：2019年6月1日。

以高等学校作为行政诉讼被告来受理田永案实属全国首创，成为该领域的判例，受此案影响，一些法院也开始受理类似案件。2014 年 12 月 25 日，最高人民法院审判委员会将此案作为指导性案例发布。

二、法的分类

（一）国内法和国际法

以法的创制主体和适用范围为标准，将法分为国内法和国际法。

国内法是指由国内有立法权的国家机关制定或认可并适用于本国主权范围的法律。

国际法是作为国际关系主体的国家、地区或国际组织之间缔结或参加并适用它们之间的法律。

（二）实体法和程序法

按照法律所规定内容的不同，法可以分为实体法和程序法。

实体法是以规定主体的权利和义务关系或职权和职责关系为主要内容的法，如刑法、民法。

程序法是以保证主体权利和义务得以实现或职权和职责得以履行所需程序或手续为主要内容的法，如民事诉讼法、刑事诉讼法、行政诉讼法。

（三）根本法和普通法

按照法的地位、效力、内容和制定程序的不同，法可以分为根本法和普通法。这种分类只适用于成文宪法制国家。

根本法是指在一国具有最高法律效力和居核心地位、规定国家根本制度和公民基本权利和义务的、制定与修改程序极为严格的宪法。

普通法是指宪法以外的法律，其法律地位和法律效力低于宪法，内容仅仅涉及国家的某项具体制度或调整某一方面的社会关系，其相关规定往往是宪法某一方面规定的细化、具体化，其制定和修改程序没有宪法严格。

（四）一般法和特别法

按照法的适用范围不同，法可以分为一般法和特别法。

一般法是指对一般主体、一般事项、一般时间、一般空间范围有效的法。

特别法是适用于特定的人、特定的时间、特定地区或特定事项的法。

（五）公法和私法

公法和私法是大陆法系国家对法律所作的基本分类。

一般认为，凡涉及公共权力和上下服从、管理关系的法律为公法，如宪法、刑法、行政法等。凡涉及个人利益、个人权利和平权关系的法律为私法，如民商法。

（六）成文法和不成文法

按照法的创制方式和表现形式，将法分为成文法和不成文法。本书中法的渊源就采取此种划分方式。

三、法的效力

（一）法的效力的概念

法的效力指法的约束力和强制力。广义的法的效力既包括规范性法律文件的效力，也包括非规范性法律文件的效力。狭义的法的效力仅指由国家制定和颁布的规范性法律文件的效力，包括法的效力层次和效力范围。本章所谈的法的效力是指狭义的法的效力。

（二）法的效力层次

法的效力层次是指一个国家的各种法的形式，由于其制定主体、程序、时间、适用范围等不同，因而形成的一个法的效力等级体系。

1. 法的效力层次的一般规则

不同主体制定的法有不同的法的效力，等级高的主体制定的法，效力自然高于等级低的主体制定的法。在成文宪法制的国家，宪法具有最高效力，即"根本法优于普通法"；除宪法的效力统摄所有法的效力以外，上一级法的效力均高于下一级任何一种法的效力，即"上位法优于下位法"。

[案例] 河南洛阳种子案[1]

2001 年 5 月，河南省洛阳市汝阳县种子公司与伊川县种子公司签订合同，约定由伊川县种子公司代为培育玉米种子。2003 年年初，汝阳县种子公司以伊川县种子公司没有履约为由诉至洛阳市中级人民法院，请求赔偿。伊川县种子公司同意赔偿，但在赔多少钱的问题上，双方争执不下。该案承办法官发现，原被告争议的一个焦点是：种子价格是适用市场价还是政府指导价。根据河南省人大常委会 1989 年出台的《河南省农作物种子管理条例》，应该

---

〔1〕 参见舒国滢主编：《法理学》，中国人民大学出版社 2012 年版，第 136 页。

适用政府指导价；但根据 1998 年的《价格法》和 2001 年的《种子法》，应该适用市场价。2003 年 5 月 27 日，洛阳市中级人民法院作出一审判决，判决书认为："《河南省农作物种子管理条例》作为法律位阶较低的地方性法规，其与《种子法》相冲突的条款自然无效。"法官判令伊川县种子公司按市场价进行赔偿。伊川县种子公司不服判决，遂向河南省高级人民法院提起上诉。在此过程中，本案审判长李慧娟由于在该案中作出的民事判决书认定《河南省农作物种子管理条例》与《种子法》相冲突的条款无效，导致了河南省人大下发两个红头文件，要求"省高院对洛阳中院的严重违法行为作出认真、严肃处理。"于是，洛阳中院撤销了主审法官李慧娟审判长职务并免去助审员资格。这一决定引起舆论的普遍关注。

"洛阳种子案"是有关法律位阶原则的重要案例。仅就这个案件本身所涉及的法律渊源问题来说，法官李慧娟的行为并无不当，因为作为下位法的《河南省农作物种子管理条例》，其某些条文与上位法《种子法》矛盾，因此自然丧失法律约束力，法官在裁判过程中不应以此作为审理案件的依据。

2. 法的效力层次的特殊规则

法的效力层次的特殊规则一般用来解决同一个立法机关制定的两部法律的相关适用冲突问题。

（1）特别法优于一般法。特别法一般是针对特别人、特别事或特别地域而专门制定的，它的内容是一般法所没有涉及或虽有涉及但较原则、笼统、抽象。因此，在针对有关人、事、地区时，要适用特别法，而不适用一般法。

（2）新法优于旧法。两部先后制定的法律对某个问题都有规定但有差异，应适用新法。一般而言，新法是后制定的，更能适应社会形势的发展。

［案例］农民借贷纠纷[1]

某甲因农业生产而急需用钱，但又求借无门。某乙趁机表示愿意借给某甲 3000 元，但半年后须加倍偿还，否则以甲的两头耕牛代偿。某甲表示同意。本题涉及乘人之危的认定和效力问题。乘人之危是指行为人利用对方当事人的急迫需要和危难处境，迫使其作出违背本意而接受于其非常不利的意

---

〔1〕 参见王丽英主编：《案例法理学评析》，中国人民公安大学出版社 2005 年版，第 152 页。

思表示。

乘人之危的民事行为依据《民法通则》第五十八条的规定属于无效的民事行为。而依据《合同法》第五十四条的规定，乘人之危的民事行为是可撤销的民事行为。本案中，《民法通则》与《合同法》都是全国人民代表大会制定的，就调整合同行为而言，《民法通则》是一般法，《合同法》是特别法，依据"特别法优于一般法"的规则，乘人之危属于可撤销的民事行为。

巧合的是，本案亦可适用"新法优于旧法"的规则加以解决。《民法通则》与《合同法》都是全国人民代表大会制定的，二者对合同行为都有规定，《民法通则》是1986年制定，《合同法》是1999年制定，《民法通则》是旧法，《合同法》是新法，依据"新法优于旧法"的规则，适用《合同法》的相关规定，乘人之危属于可撤销的民事行为。

法的效力层次的规则只能解决一些简单的法律冲突问题，较复杂的法律冲突问题还需依照《宪法》《立法法》的相关规定加以解决。

（三）法的效力范围

法的效力范围是法对何种人的行为、在何种空间范围、时间范围内有效，从而发挥法的约束力和强制力。

法的效力范围包括：

1. 法的对象效力范围（法对人行为的效力范围）

法的对象效力范围有以下原则：

（1）属人主义原则。凡是本国人，不论在国内还是在国外，都受本国法的约束，而对在本国的外国人则不适用。

（2）属地主义原则。一国法对它所管辖的领土内的一切人都有约束力和强制力，而不论他是本国人还是外国人；本国人在外国则不受本国法的约束。

（3）保护主义原则。不论任何人，只要损害了本国的利益，不论行为人的国籍与所在地域，都要受本国法的追究。

（4）综合主义原则，即以属地主义为主，结合属人主义和保护主义原则。

我国采用综合主义原则。我国法律规定：

（1）我国法对中国公民和中国组织的适用

①中国公民、法人和其他组织在中国领域内一律适用中国法。

②中国公民、法人和其他组织在国外仍受中国法的保护并履行中国法定

义务，同时也遵守所在国的法；当两国法对同一事项规定不一致时，既要维护中国主权，又要尊重他国主权，按国际条约或惯例处理。

（2）我国法对外国人和无国籍人的适用

①我国法律规定，对于在我国领域内的外国人，除法律另有规定外，也适用我国法律。

②在中国领域外的外国人和无国籍人对中国或中国公民、法人以及其他组织犯罪的，按中国刑法规定的最低刑为 3 年以上有期徒刑的，可适用中国刑法规定，但按犯罪地的法不受处罚的除外。在民事和商事方面，中国法在中国领域外的适用问题，按中国法或国际私法有关冲突规范来办理。

[案例] 湄公河惨案〔1〕

2011 年 10 月 5 日上午，"华平号"和"玉兴 8 号"两艘商船在湄公河金三角水域遭遇袭击。"华平号"上的 6 名中国船员和"玉兴 8 号"上的 7 名中国船员全部遇难。中老缅泰四国警方很快查明，湄公河"金三角"地区特大武装贩毒集团首犯糯康及其骨干成员与泰国个别不法军人勾结策划、分工实施了"10·5"案件。此后，中老缅泰四国执法部门成功抓获了糯康、桑康、依莱、扎西卡、扎波、扎拖波等主要犯罪嫌疑人。2012 年 11 月 6 日下午两点，昆明市中级人民法院对糯康、桑康·乍萨、依莱、扎西卡、扎波、扎拖波等 6 名被告人一审宣判，以故意杀人罪、运输毒品罪、绑架罪、劫持船只罪数罪并罚，判处糯康、桑康·乍萨、依莱死刑；以故意杀人罪、绑架罪、劫持船只罪数罪并罚，判处扎西卡死刑，判处扎波死刑，缓期两年执行；以劫持船只罪判处扎拖波有期徒刑八年。糯康等不服，上诉。2012 年 12 月 26 日，云南省高级人民法院对湄公河中国船员遇害案进行二审宣判，裁定驳回上诉，维持原判。2013 年 3 月 1 日，糯康、桑康·乍萨、依莱、扎西卡在云南昆明被执行死刑。

我国《刑法》第 6 条规定："凡在中华人民共和国领域内犯罪的，除法律有特别规定的以外，都适用本法。凡在中华人民共和国船舶或者航空器内犯罪的，也适用本法。"我国《刑法》第 8 条规定："外国人在中华人民共和国

---

〔1〕 改编自"湄公河惨案"，载 http://baike. baidu. com/item/10. 5 中国船员金三角遇害事件/6905002？fromtitle＝湄公河惨案 &fromid＝6900794&fr＝aladdin，最后访问日期：2020 年 8 月 29 日。

领域外对中华人民共和国国家或者公民犯罪，而按本法规定的最低刑为三年以上有期徒刑的，可以适用本法，但是按照犯罪地的法律不受处罚的除外。"根据国际公约和中国法律，此案被劫船只在中国注册、悬挂中国国旗，受害人是中国公民，所以中国对此案有管辖权。糯康是缅甸人，案件发生在泰国，缅甸和泰国对此案也有管辖权。经过多方协商，缅甸和泰国同意把案件移交中国审理。通过跨国司法合作，实现审判域外犯罪嫌疑人，这在中国司法史上非常少见。湄公河惨案的审理，体现了中国保护公民海外合法权益的决心。

2. 法的空间效力范围

法的空间效力适用于该国主权的一切领域。领域一般包括：（1）领陆（陆地表面、底土）；（2）领水（内水、领海、底土）；（3）领空（领陆、领水上空）；（4）境外该国的船舶和航空器（拟制领土）；（5）驻外使领馆（领土的延伸）。

法的空间效力范围一般包括以下几种情况：（1）全国性法律的空间效力范围；（2）地区性法律的空间效力范围；（3）有的法律，不但在国内有效，在特定条件下其效力还可越出国境；（4）国际条约和协定的空间效力范围。

3. 法的时间效力范围

法的时间效力范围指法何时生效，法何时终止生效及法律对其颁布实施前的事件和行为是否有溯及力的问题。

法的溯及力是指法律对其生效前的行为和事件是否适用，是否有约束力的问题。如果能够适用，有约束力，就是有溯及力，或叫溯及既往；如果不能适用，没有约束力，就是无溯及力，或叫不溯及既往。

对于法的溯及力问题，各国曾采用的做法有以下几种：（1）从旧原则，新法没有溯及力；（2）从新原则，新法有溯及力；（3）从轻原则，比较新旧两法，选择对被处罚人有利的法律予以适用；（4）从新兼从轻原则，新法原则上溯及既往，但旧法对行为人的处罚较轻时，适用旧法；（5）从旧兼从轻原则，新法原则上无溯及力，但新法对行为人的处罚较轻时适用新法。

在溯及力问题上，我国采用从旧兼从轻原则，我国《立法法》第93条规定：法律、行政法规、地方性法规、自治条例和单行条例、规章不溯及既往，但为了更好地保护公民、法人和其他组织的权利和利益而作的特别规定除外。

[案例] 李某涉嫌签订、履行合同失职被骗案[1]

李某系某国有外贸公司经理，1998 年因涉嫌犯罪被捕。李某具有以下涉嫌犯罪的事实：1995 年 6 月，在一外贸业务中，李某轻信外商，擅自变更结算方式，使公司数百万元货物被骗，导致国家利益遭受特别重大的损失。

本案中，李某在外贸业务中被骗的行为实施于 1995 年，1979 年《刑法》并未将其规定为犯罪。根据 1997 年《刑法》，李某作为国有外贸公司经理，在签订、履行合同中因过失而受骗，致国家利益遭受特别重大的损失的行为，属于签订、履行合同失职被骗行为，属犯罪行为。依据我国《刑法》规定的从旧兼从轻的溯及力原则，李某的行为适用 1979 年《刑法》，故李某的行为不能认为是犯罪。

相关司法考试真题

1. 村民姚某育有一子一女，其妻早逝。在姚某生前生活不能自理的 5 年时间里，女儿对其日常生活进行照顾。姚某去世之后留有祖传贵重物品若干，女儿想分得其中一部分，但儿子认为，按照当地女儿无继承权的风俗习惯，其妹不能继承。当地大部分村民也指责姚某的女儿无理取闹。对此，下列哪些说法可以成立？（2006/1/53）

A. 在农村地区，应该允许风俗习惯优先于法律规定

B. 法与习俗的正当性之间存在一定的紧张关系

C. 中国法的现代化需要处理好国家的制定法与"民间法"之间的关系

D. 中国现行法律与中国人的传统观念有一定的冲突

解析：在农村地区，风俗习惯与法律冲突，应适用法律。A 项错误。

法律与习俗、中国人的传统观念在现实中可能存在冲突，B、D 项正确。

中国法的现代化过程中，国家的制定法与风俗习惯等"民间法"可能存在一定冲突，需要处理好国家的制定法与"民间法"之间的关系。C 项正确。

2. 林某与所就职的鹏翔航空公司发生劳动争议，解决争议中曾言语威胁将来乘坐鹏翔公司航班时采取报复措施。林某离职后在选乘鹏翔公司时被拒

---

〔1〕 本案为 1999 年律师资格考试卷四试题。

载，遂诉至法院。法院认为，航空公司依《合同法》负有强制缔约义务，依《民用航空法》有保障飞行安全义务。尽管相关国际条约和我国法律对此类拒载无明确规定，但依航空业惯例航空公司有权基于飞行安全事由拒载乘客。关于该案，下列哪些说法是正确的？（2016/1/56）

A. 反映了法的自由价值和秩序价值之间的冲突

B. 若法无明文规定，则法官自由裁量权不受任何限制

C. 我国缔结或参加的国际条约是正式的法的渊源

D. 不违反法律的行业惯例可作为裁判依据

解析： 林某有乘坐鹏翔公司航班的自由，鹏翔公司有保障飞行安全义务，体现了秩序价值。林某曾言语威胁将来乘坐鹏翔公司航班时采取报复措施，林某离职后在选乘鹏翔公司时被拒载，反映了自由和秩序之间的冲突。A 项正确。

若法无明文规定，法官自由裁量权的行使要受到合理限制，法官自由裁量权不受任何限制会导致法官自由裁量权的滥用。B 项错误。

我国缔结或参加的国际条约是我国正式法的渊源。C 项正确。

行业惯例如果被国家机关认可，可以作为法院裁判的依据。D 项正确。

3. 1995 年颁布的《保险法》第 91 条规定："保险公司的设立、变更、解散和清算事项，本法未作规定的，适用公司法和其他有关法律、行政法规的规定。"2009 年修订的《保险法》第 94 条规定："保险公司，除本法另有规定外，适用《中华人民共和国公司法》的规定。"根据法的渊源及其效力原则，下列理解正确的是（ ）（2012/1/88）

A. 相对于《公司法》规定而言，《保险法》对保险公司所作规定属于"特别法"

B. 《保险法》对保险公司的规定不同于《公司法》的，优先适用《保险法》

C. 《保险法》对保险公司没有规定的，适用《公司法》

D. 根据 2009 年修订的《保险法》第 94 条规定，对于保险公司的设立、变更、解散和清算事项，《保险法》没有规定的，可以优先适用其他有关法律、行政法规的规定

解析： 按照法的适用范围不同，法可以分为一般法和特别法。一般法是

指对一般主体、一般事项、一般时间、一般空间范围有效的法。特别法是指对特定主体、特定事项有效，或在特定区域、特定时间有效的法。有关保险公司事项规定，《公司法》属于一般法，《保险法》属于特别法。A项正确。

依据"特别法优于一般法"的规则，《保险法》有特别规定的，优先适用《保险法》，B项正确。

依据2009年修订的《保险法》第94条规定，C项正确，D项错误。

4. 耀亚公司未经依法批准经营危险化学品，2003年7月14日被区工商分局依据《危险化学品安全管理条例》罚款40万元。耀亚公司以处罚违法为由诉至法院。法院查明，《安全生产法》规定对该种行为的罚款不得超过10万元。关于该案，下列哪些说法是正确的？（2016/1/57）

A.《危险化学品安全管理条例》与《安全生产法》的效力位阶相同

B.《安全生产法》中有关行政惩罚的法律规范属于公法

C. 应适用《安全生产法》判断行政处罚的合法性

D. 法院可在判决中撤销《危险化学品安全管理条例》中与上位法相抵触的条款

解析：《危险化学品安全管理条例》是国务院制定的行政法规，《安全生产法》是全国人大常委会制定的法律，二者效力位阶不同。A项错误。

《安全生产法》中有关行政惩罚的法律规范属于行政法，行政法属于公法。B项正确。

在危险化学品生产方面，《安全生产法》是上位法，《危险化学品安全管理条例》是下位法。依照"上位法优于下位法"的规则，此案中应依据《安全生产法》判断行政处罚的合法性。C项正确。

依据《宪法》及《立法法》规定，全国人大常委会有权撤销《危险化学品安全管理条例》，法院无此权力。D项错误。

5.《中华人民共和国刑法》第8条规定："外国人在中华人民共和国领域外对中华人民共和国国家或者公民犯罪，而按本法规定的最低刑为三年以上有期徒刑的，可以适用本法，但是按照犯罪地的法律不受处罚的除外。"关于该条文，下列哪些判断是正确的？（2012/1/52）

A. 规定的是法的溯及力

B. 规定的是法对人的效力

C. 体现的是保护主义原则

D. 体现的属人主义原则

解析： 法的溯及力是指法律对其生效前的行为和事件是否适用，是否有约束力的问题。如果能够适用，有约束力，就是有溯及力，或叫溯及既往；如果不能适用，没有约束力，就是无溯及力，或叫不溯及既往。此条文与法的溯及力无关。A项错误。

法对人的效力是指法对什么人的行为有效。法对人的效力的原则有属人主义原则、属地主义原则、保护主义原则和综合主义原则。属人主义原则——凡是本国人，不论在国内还是在国外，都受本国法的约束，而对在本国的外国人则不适用。属地主义原则——一国法对它所管辖的领土内的一切人都有约束力和强制力，而不论他是本国人还是外国人；本国人在外国则不受本国法的约束。保护主义原则——不论任何人，只要损害了本国的利益，不论行为人的国籍与所在地域，都要受本国法的追究。综合主义原则——即以属地主义为主，结合属人主义和保护主义原则。据此，B项正确，C项正确，D项错误。

6. 赵某因涉嫌走私国家禁止出口的文物被立案侦查，在此期间逃往A国并一直滞留于该国。对此，下列哪一说法是正确的？（2015/1/13）

A. 该案涉及法对人的效力和空间效力问题

B. 根据我国法律的相关原则，赵某不在我国，故不能适用中国法律

C. 该案的处理与法的溯及力相关

D. 如果张某长期滞留在A国，应当适用时效免责

解析： 法对人的效力是指法对什么人的行为有效。法的空间效力是指法在哪些地域范围有效。A项正确。

我国法对人的效力的原则是综合主义原则，即以属地主义为主，结合属人主义和保护主义原则。故赵某不在我国，也有可能适用我国法律。B项错误。

法的溯及力是指法律对其生效前的行为和事件是否适用，是否有约束力的问题。本题与法的溯及力无关。C项错误。

赵某已被立案侦查，依据我国《刑法》规定，不受追诉期限的限制。D

项错误。

7. 有法谚云：“法律为未来作规定，法官为过去作判决”。关于该法谚，下列哪一说法是正确的？（2016/1/11）

　　A. 法律的内容规定总是超前的，法官的判决根据总是滞后的

　　B. 法官只考虑已经发生的事实，故判案时一律选择适用旧法

　　C. 法律绝对禁止溯及既往

　　D. 即使案件发生在过去，但“为未来作规定”的法律仍然可以作为其认定的根据

　　解析：“法律为未来作规定”是指法律着眼于未来，但并非法的内容总是超前；“法官为过去作判决”是说法官的判决只针对已经发生的案件，并非法官的判决根据总是滞后。A 项错误，D 项正确。

　　对于法的溯及力问题，各国曾采用的做法有以下几种：（1）从旧原则，新法没有溯及力；（2）从新原则，新法有溯及力；（3）从轻原则，比较新旧两法，选择对被处罚人有利的法律予以适用；（4）从新兼从轻原则，新法原则上溯及既往，但旧法对行为人的处罚较轻时，适用旧法；（5）从旧兼从轻原则，新法原则上无溯及力，但新法对行为人的处罚较轻时适用新法。B、C 项错误。

8. 甲法官处理一起伤害赔偿案件，耐心向被告乙解释计算赔偿数额的法律依据，并将最高法院公报发布的已生效同类判决提供乙参考。乙接受甲法官建议，在民事调解书上签字赔偿了原告损失。关于本案，下列哪一判断是正确的？（2011/1/14）

　　A. 法院已生效同类判决具有普遍约束力

　　B. 甲法官在该案调解时适用了判例法

　　C. 甲法官提供的指导性案例具有说服力

　　D. 民事调解书经乙签署后即具有行政强制执行力

　　解析：我国法院已生效同类判决只具有参考价值，不具有普遍约束力。A 项错误。

　　判例是指法院先前的某一判决具有法律的效力，从而成为以后审判同类案件的依据。判例法是指可作为先例据以裁决的法院判决中所蕴含的法律规

则和法律原则。判例法不属于我国法的渊源。B 项错误。

甲法官将最高法院公报发布的已生效同类判决提供乙参考，乙接受甲法官建议。C 项正确。

本案中，民事调解书经乙签署后即具有司法强制执行力，而非行政强制执行力。D 项错误。

9. 1983 年 3 月 1 日，全国人大常委会通过的《商标法》生效；2002 年 9 月 15 日，国务院制定的《商标法实施条例》生效；2002 年 10 月 16 日，最高法院制定的《关于审理商标民事纠纷案件适用法律若干问题的解释》施行。对此，下列哪些说法是正确的？（2011/1/53）

A.《商标法实施条例》是部门规章

B.《关于审理商标民事纠纷案件适用法律若干问题的解释》是司法解释

C.《商标法实施条例》的效力要低于《商标法》

D.《商标法实施条例》是《关于审理商标民事纠纷案件适用法律若干问题的解释》的母法

解析：《商标法实施条例》是国务院制定的行政法规。A 项错误。

《关于审理商标民事纠纷案件适用法律若干问题的解释》是最高人民法院制定的司法解释。B 项正确。

《商标法》是全国人大常委会制定的法律，《商标法实施条例》是国务院制定的行政法规，《商标法实施条例》的效力要低于《商标法》。C 项正确。

《关于审理商标民事纠纷案件适用法律若干问题的解释》是对《商标法》的解释，而不是对《商标法实施条例》的解释。D 项错误。

10. 2000 年 6 月，最高法院决定定期向社会公布部分裁判文书，在汇编前言中指出："最高人民法院的裁判文书，由于具有最高的司法效力，因而对各级人民法院的审判工作具有重要的指导作用，同时还可以为法律、法规的制定和修改提供参考，也是法律专家和学者开展法律教学和研究的宝贵素材。"对于此段文字的理解，下列哪一选项是正确的？（2010/1/11）

A. 最高法院的裁判文书可以构成法的渊源之一

B. 最高法院的裁判文书对各级法院审判工作具有重要指导作用，属于规范性法律文件

C. 最高法院的裁判文书具有最高的普遍法律效力

D. 最高法院的裁判文书属于司法解释范畴

解析： 当代中国法的渊源分为正式法的渊源和非正式法的渊源。正式法的渊源包括宪法、法律、行政法规、地方性法规、自治法规等规范性法律文件。非正式法的渊源包括习惯、政策和判例。最高法院公布的裁判文书大致属于判例一类，是我国法的非正式渊源。A 项正确。

最高法院的裁判文书的效力只针对该案中特定的当事人，不具有普遍的约束力，最高法院的裁判文书属于非规范性法律文件。B、C 项错误。

司法解释是指由国家最高司法机关在适用法律过程中，对具体应用法律问题所作的解释。最高法院的裁判文书是最高法院对特定案件的裁判结果。最高法院的裁判文书不属于司法解释范畴。D 项错误。

11. 2005 年 8 月全国人大常委会对《妇女权益保障法》进行了修正，增加了"禁止对妇女实施性骚扰"的规定，但没有对"性骚扰"予以具体界定。2007 年 4 月，某省人大常委会通过《实施〈中华人民共和国妇女权益保障法〉办法》，规定"禁止以语言、文字、电子信息、肢体等形式对妇女实行骚扰"。关于该《办法》，下列哪一项可以成立？（2007/1/5）

A.《办法》对构成"性骚扰"具体行为所作的界定，属于对《妇女权益保障法》的立法解释

B.《办法》属于《妇女权益保障法》的下位法，按照法律高于法规的原则其效力较低

C.《办法》属于对《妇女权益保障法》的变通或补充规定

D.《办法》对"性骚扰"进行了体系解释

解析： 某省人大常委会无权对全国人大及常委会制定的法律进行立法解释。A 项错误。

某省人大常委会有权制定地方性法规，《办法》属于地方性法规，而《妇女权益保障法》属于法律，该《办法》为实施《妇女权益保障法》而存在，是《妇女权益保障法》的下位法，该《办法》效力低于《妇女权益保障法》。B 项正确。

某省人大常委会无权制定自治法规对《妇女权益保障法》作变通规定。C 项错误。

　　体系解释是指将需要解释的法律条文与其他条文联系起来，从该法律条文与其他法律条文的关系、该法律条文在所属法律文件中的地位等方面入手，系统全面地分析该法律条文的含义和内容。该《办法》并未对"性骚扰"进行了体系解释。D 项错误。

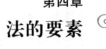

知识结构图

法的要素
- 法律概念 — 法律概念的功能
  - 表达功能
  - 认识功能
  - 提高法律合理化程度的功能
- 法律规则
  - 法律规则的逻辑结构
    - 假定条件
    - 行为模式
    - 法律后果
  - 法律规则的分类
    - 授权性规则、义务性规则和权义复合性规则
    - 确定性规则、委任性规则和准用性规则
    - 强行性规则和任意性规则
    - 调整性规则和构成性规则
- 法律原则
  - 法律原则的分类
    - 政策性原则和公理性原则
    - 实体性原则和程序性原则
    - 基本原则和具体原则
  - 法律原则的功能
    - 指导功能
    - 评价功能
    - 裁判功能
- 法律规则与法律原则的区别

知识解析

法的要素是指法的基本成分，即构成法的基本元素。我国法学界通常认为，法由法律概念、法律规则、法律原则三个要素构成。

一、法律概念

法律概念是对各种有关法律的事物、状态、行为进行概括而形成的法律术语。

法律概念具有三大功能：

1. 表达功能。法律概念及法律概念之间的连接使得法律得以表达。法律规则、法律原则中都包含了法律概念，没有法律概念，法律规则、法律原则没办法表达，法律亦无法表达。如"法律面前人人平等"这一法律原则中就包含了"法律""人""平等"这三个法律概念。

2. 认识功能。法律概念把纷繁复杂的法律现象加以整理和归纳，使之区别开来。通过法律概念，人们认识、了解、理解法律事物、法律现象及法律内容。为了便于人们准确、清晰理解法律概念，对于一些重要的或有别于日常生活理解的法律概念，在法律中还会专门进行界定或解释。

3. 提高法律合理化程度的功能。在法律文明史上，法律概念体系的科学性和完整性是法律文明发达程度的重要标志之一。如现代刑法一般将故意犯罪的停止形态分为犯罪预备、犯罪中止、犯罪未遂、犯罪既遂几类，根据各形态主观恶性和客观危害的不同进行轻重不同的处罚，这样的法律概念区分、这样的法律规定就比较科学、合理。

［案例］　王海"打假"[1]

1995年春天，山东某厂的年轻业务员王海到北京出差。他偶然买到一本介绍《消费者权益保护法》的书，为该法第49条所吸引。为了验证这一条规定的可行性，他来到隆福大厦，见到一种标明"日本制造"，单价85元的"索尼"耳机。他怀疑这是假货，便买了一副，找到索尼公司驻京办事处。经证实为假货后，他返回隆福大厦，又买了10副相同的耳机，然后要求商场依照《消费者权益保护法》第49条的规定予以加倍赔偿。商场退回第一副耳机

───────────────

〔1〕　参见朱力宇主编：《法理学案例教程》，知识产权出版社2011年版，第90~92页。

并赔偿200元，但拒绝对后10副给予任何赔偿，理由是，他是"知假买假"，"钻法律的空子"。王海感到愤怒，他认为自己的目的不是赚钱而是维护消费者的利益。同年秋天，王海再度来到北京。他光顾了多家商店，购买了他认为是假货的商品，经证实后便向商家要求加倍赔偿。多数商家满足了他的要求，但也有少数拒绝。王海的举动被新闻媒介披露后，在全国范围内引起反响。他被多数普通老百姓甚至许多经营者当作英雄加以赞誉，同时也使制假者感到震惊。1996年，王海到中国南方，在许多大商场继续买假索赔。但是，商家白眼相向，地方政府漠然处之，使他不得不无功而返。其中的教训，正如一些法律工作者总结的，在于没有运用法律诉讼的武器；因为仅仅借助于新闻媒体和舆论的压力是不够的。1996年11月，王海在天津一法院成了胜诉者。他状告伊势丹有限公司销售电话有欺诈行为。结果，他依据《消费者权益保护法》第49条获得了一倍赔偿。但王海的诉讼行为并不是每次都能取得胜利。1998年9月17日，当天津市第一中级人民法院作出"驳回上诉，维持原判"的终审判决时，基本一直胜诉的王海，在天津无绳电话打假一案中败诉。

1993年制定的《消费者权益保护法》第49条规定："经营者提供商品或者服务有欺诈行为的，应当按照消费者的要求增加赔偿其受到的损失，增加赔偿的金额为消费者购买商品的价款或者接受服务的费用的一倍。"[1]王海正是依据此规定要求有欺诈行为的商家进行赔偿。有法院判决王海胜诉，也有法院并不支持王海的诉讼请求。不支持王海的诉讼请求的法院认为王海不是消费者，不能依据《消费者权益保护法》第49条获得一倍赔偿。依照《消费者权益保护法》第2条的规定："消费者为生活消费需要购买、使用商品或者接受服务，其权益受本法保护；本法未作规定的，受其他有关法律、法规保护。"王海知假买假，购买商品不是为了生活消费而是为了索赔，因此王海不属于消费者，该案不能适用《消费者权益保护法》第49条的规定，最多受其他有关法律、法规的保护。在此案中，对消费者这个法律概念的理解直接决

---

[1] 1993年制定的《消费者权益保护法》已于2009年、2013年两次修正，原先经营者欺诈行为一倍赔偿的规定也有所变化。现《消费者权益保护法》第55条第1款规定："经营者提供商品或者服务有欺诈行为的，应当按照消费者的要求增加赔偿其受到的损失，增加赔偿的金额为消费者购买商品的价款或者接受服务的费用的三倍；增加赔偿的金额不足五百元的，为五百元。法律另有规定的，依照其规定。"

定了法院判决的结果。

二、法律规则

法律规则是法律中明确赋予一种事实状态以法律意义的一般规定。法律规则是构成法律的主要元素。在成文法中，法律规则是由法律条文来表述的，法律规则是法律条文的内容，而法律条文是法律规则的形式。但在立法实践中，法律规则与法律条文不是完全一一对应的关系，因此不能将法律规则与法律条文混为一谈。

[案例] 四川成都"高空坠物"案[1]

2011年8月，一个杯子从四川成都锦阳商厦楼上掉落砸中路过的陈涛，致其创伤性癫痫等严重的后遗症，医疗费用欠下十几万元。2014年6月，法院判124家商厦业主各赔陈涛1230元，共152 520元。

我国《侵权责任法》第87条规定："从建筑物中抛掷物品或从建筑物上坠落的物品造成他人损害，难以确定具体侵权人的，除能证明自己不是侵权人的外，由可能加害的建筑物使用人给予补偿。"这个法律条文中蕴含的法律规则对"高空坠物"事件中无法确定具体侵权人的纠纷如何解决做出了明确规定。法律之所以规定在难以确定具体侵权人的情形下，由可能加害的建筑物使用人承担补偿责任，主要是出于对受害人进行救济的考虑；另一方面，也是督促建筑物使用人在日常生活中提高警惕，针对存在的风险防微杜渐，履行相应的保管、维护和注意义务。

此案中，陈某受伤后，经寻找无法确定扔杯子的肇事者，所以提起民事诉讼，将相关商家告上法庭，完全符合《侵权责任法》规定的这一法律规则。法院也正是依据《侵权责任法》规定的这一法律规则裁判案件的。

(一) 法律规则的逻辑结构

法律规则的逻辑结构指的是一条完整的法律规则是由哪些要素或成分所组成，这些要素或成分是以何种逻辑联结为一个整体的问题。

---

[1] 参见"成都高空坠物'连坐'案宣判"，载 http://news.qq.com/a/20140618/060242.htm，最后访问日期：2020年10月31日。

按照我国法学界较为流行的观点，一般认为法律规则是由假定条件、行为模式和法律后果三个要素构成。

假定条件是法律规则中关于适用该规则的条件的规定。

行为模式，指法律规则中规定人们如何具体行为的方式部分，它是法律规则的核心。行为模式是从人们大量的实际行为中概括出来的法律行为要求，一般分为三种：（1）可为模式；（2）应为模式；（3）勿为模式。

法律后果是法律规则对人们具有法律意义的行为的态度。法律后果分为两种：（1）肯定性的法律后果；（2）否定性的法律后果。

任何一条完整意义的法律规则都是由上述三种要素按照一定逻辑关系结合而成的。在立法实践中，有时出于立法技术的考虑，常常对某种要素加以省略。如《民法典》第1061条规定"夫妻有相互继承遗产的权利"，这个法律条文表述的法律规则的假定条件就省略了，需要法律适用的过程中加以"恢复"——"夫妻一方先亡并留有遗产"。

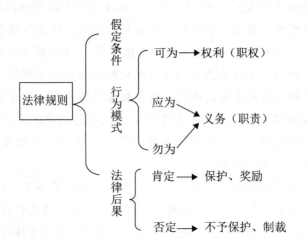

（二）法律规则的分类

1. 按照法律规则的内容不同，将法律规则分为授权性规则、义务性规则和权义复合性规则。

授权性规则是规定人们"可为模式"的规则，主体可以做，也可以不做，主体对行为有选择余地，是授予权利的规则。如我国《宪法》第35条规定："中华人民共和国公民有言论、出版、集会、结社、游行、示威的自由。"这个法律条文表述的法律规则就是授权性规则，即法律授予公民言论、出版、集会、结社、游行、示威的权利，这些权利可以行使，也可以放弃。

义务性规则是规定"应为模式"或"勿为模式"的规则，对主体而言，没什么选择余地，实际上是给主体设定的义务。其中，规定主体应当做什么的规则，即规定"应为模式"的规则，被称为命令性规则，如我国《民法典》第1081条规定"现役军人的配偶要求离婚，应当征得军人同意"，这个法律条文表述的法律规则就是命令性规则；规定主体不得做什么的规则，即规定"勿为模式"的规则，被称为禁止性规则，如我国《宪法》第12条规定"禁止任何组织或者个人用任何手段侵占或者破坏国家和集体的财产"，这个法律条文表述的法律规则就是禁止性规则。

权义复合性规则是兼具授予权利、设定义务两种性质的法律规则。权义复合性规则大多是有关国家机关组织和活动的准则。在权义复合规则下，被授权的国家机关及其工作人员不仅可以作出某种行为，而且应当或必须作出某种行为。例如维持社会秩序、保护公民生命财产安全，既是公安机关享有的一种职权，也是其必须履行的一项职责。此外，与公民密切相关的权义复合性规则也是存在的，如我国《宪法》第42条规定："中华人民共和国公民有劳动的权利和义务"，《宪法》第46条规定："中华人民共和国公民有受教育的权利和义务。"这两个法律条文表述的法律规则都属于权义复合性规则。

法律规则的这种分类方式及其相关的法律规则行为模式理论从逻辑上解释了法的第三个特征，即为何说"法是规定权利和义务的社会规范"。

2. 按照法律规则内容的确定性程度不同，可将法律规则分为确定性规则、委任性规则和准用性规则。

确定性规则，是指规则的内容本已明确肯定，无须再援引或参照其他规则来确定其内容的法律规则。大多数法律规则属于此种规则。

委任性规则，是指规则的内容尚未确定，而是委任其他有关国家机关来确定规则内容的法律规则。如《中华人民共和国会计法》第29条规定："从事会计工作的人员，必须取得会计从业资格证书。会计人员的教育和培训管理办法由国务院财政部门规定。"

准用性规则，是指没有直接规定规则的内容，而是规定可以援引或参照其他相应规则予以适用的法律规则。如《民法典》第363条规定："宅基地使用权的取得、行使和转让，适用土地管理的法律和国家有关规定。"

3. 按照法律规则的强制性程度，将法律规则分为强行性规则和任意性规则（或指导性规则）。

强行性规则，是指规则内容具有强制性，不允许随意更改的法律规则。如《中华人民共和国行政许可法》第 10 条规定 "县级以上人民政府应当建立健全对行政机关实施行政许可的监督制度，加强对行政机关实施行政许可的监督检查"。

任意性规则，指允许行为主体在一定范围内自行选择或协商确定作为与不作为、作为方式以及权利义务内容的法律规则。如《民法典》规定当事人订立合同，可以采用书面形式、口头形式或其他形式，合同内容由当事人约定。

4. 按照规则所调整的行为是否发生于该规则产生之前，将法律规则分为调整性规则和构成性规则。

调整性规则是对已经存在的行为进行调整的法律规则。如规定父母必须抚养未成年子女的法律规则，在法律未做出规定前，父母抚养未成年子女的行为其实已经存在了。

构成性规则是以本规则的产生为基础而导致某些行为的出现，并对其加以调整的法律规则。如授予立法权、审判权、诉讼权的法律规则，只有该规则的授权，才产生了相应的立法行为、审判行为、诉讼行为。

三、法律原则

法律原则是可以作为众多法律规则之基础或本源的综合性、稳定性的原理和准则。

（一）法律原则的分类

1. 按法律原则产生的基础不同，可将法律原则分为政策性原则和公理性原则。

政策性原则是国家或政党在管理社会事务的过程中为实现某种目的而作出的并由法律所确认的政治决策，如计划生育原则。

公理性原则是在长期的社会活动中形成的、得到社会广泛认可并被奉为法律之准则的公理，如诚实信用原则。

2. 按法律原则规定的内容不同，可将法律原则分为实体性原则和程序性原则。

实体性原则是指直接涉及实体性权利、义务分配状态的法律原则，如罪刑法定原则、公序良俗原则。

程序性原则是指调整法律活动程序上的权利、义务关系的法律原则，如回避原则、审判公开原则。

3. 按法律原则对人的行为的涵盖面不同，可将法律原则分为基本原则和具体原则。

基本原则是指体现法律的基本精神，比其他原则更为重要，调整范围更为广泛的法律原则，如法律面前人人平等原则。

具体原则是基本原则的具体化，仅适用于某一特定的社会关系领域，如正当程序原则。

（二）法律原则的功能

1. 指导功能。法律原则可以作为法律规则制定和适用的指导准则。

2. 评价功能。法律原则可以作为对法律规则甚至整个实在法的合理性、正当性或正确性进行评价的标准。

3. 裁判功能。法律规则对某些新类型的案件没有规定或适用法律规则可能会导致个案的极端不公正，可以直接适用法律原则作为裁判的依据。

［案例］从四川泸州遗赠案看法律原则的适用[1]

1994 年四川泸州的黄永彬与张学英相识，于 1996 年底公开以夫妻名义租房居住。2001 年 2 月，黄永彬被确诊为肝癌晚期。在他住院期间，张学英不顾他人的嘲笑和挖苦，俨然以妻子的身份陪侍在黄永彬的病床前。2001 年 4 月，黄永彬立下公证遗嘱，将其去世后的住房补贴、公积金和原住房售价的一半赠给张学英。黄永彬去世后，由于其妻蒋伦芳拒绝执行该遗嘱，张学英诉至法院。最后，法院以原告与被告的丈夫间的婚外情为由，认定被告丈夫将财产赠给原告的遗赠协议违背我国《民法通则》第 7 条关于"民事活动应当尊重社会公德"的法律原则，宣告该遗赠协议无效。

该案曾在法学界引起巨大争论，各种观点见仁见智。当然，此案也涉及到法律原则的适用问题。在适用法律时，法律规则优先于法律原则，除非没有法律规则或适用法律规则可能会导致个案的极端不公正，才能适用法律原

---

〔1〕　参见舒国滢主编：《法理学》，中国人民大学出版社 2012 年版，第 69 页。

则。当然，法律原则的适用必须要进行充分的说理和论证。此案中，黄永彬的遗嘱是其真实意思的表示，形式上也合法，黄永彬的遗赠行为是符合《继承法》的相关法律规则的。但适用《继承法》的相关法律规则会造成此案的不公正结果，故此，法院舍弃《继承法》的相关法律规则，而适用《民法通则》第7条关于"民事活动应当尊重社会公德"的法律原则（民法上称之为"公序良俗"原则）。

（三）法律规则与法律原则的区别

1. 在内容上，法律规则的规定具体明确，法律原则的要求比较模糊、笼统。

2. 在适用范围上，法律规则只适用于某一类型的行为，法律原则有更大的抽象性和覆盖面，其适用范围比法律规则宽广。

3. 在变化的速率上，法律规则会随着情势的变化而改变，法律原则因其抽象、模糊而具有较强的稳定性。

4. 在适用方式上，法律规则是以"全有或全无"的方式适用于个案的。法律规则在法律适用的过程中发生冲突，通常只能其中一个有效，其他的无效。而法律原则不是以"全有或全无"的方式适用于个案的。当法律原则在具体的个案中发生冲突，可权衡几个原则的相对"强度"或"分量"，决定采纳其中一个，一个原则优于另一个原则，并不意味着另一个原则失去效力。

相关司法考试真题

1. 1995年颁布的《保险法》第91条规定："保险公司的设立、变更、解散和清算事项，本法未作规定的，适用公司法和其他有关法律、行政法规的规定。"2009年修订的《保险法》第94条规定："保险公司，除本法另有规定外，适用《中华人民共和国公司法》的规定。"关于二条文规定的内容，下列理解正确的是（　　）（2012/1/87）

A. 均属委任性规则

B. 均属任意性规则

C. 均属准用性规则

D. 均属禁止性规则

解析：按照法律规则内容的确定性程度不同，可将法律规则分为确定性规则、委任性规则和准用性规则。确定性规则，是指规则的内容本已明确肯定，无须再援引或参照其他规则来确定其内容的法律规则。委任性规则，是指规则的内容尚未确定，而是委任其他有关国家机关来确定规则内容的法律规则。准用性规则，是指没有直接规定规则的内容，而是规定可以援引或参照其他相应规则予以适用的法律规则。本题中，二规则的内容不明确，而是规定援引其他规则使本规则内容明确，故二规则均属准用性规则。A 项不正确，C 项正确。

按照法律规则的强制性程度，将法律规则分为强行性规则和任意性规则。强行性规则，是指规则内容具有强制性，不允许随意更改的法律规则。任意性规则，指允许行为主体在一定范围内自行选择或协商确定作为与不作为、作为方式以及权利义务内容的法律规则。此二规则的内容不允许随意更改，故此二规则属于强行性规则。B 项错误。

禁止性规则是义务性规则的一种，是规定勿为模式的规则，规定"禁止"或"不得"做某事，此二规则显然不属于禁止性规则。D 项错误。

2.《老年人权益保障法》第 18 条第 1 款规定："家庭成员应当关心老年人的精神需求，不得忽视、冷落老年人。"关于该条款，下列哪些说法是正确的？（2013/1/54）

　　A. 规定的是确定性规则，也是义务性规则

　　B. 是用"规范语句"表述的

　　C. 规定了否定式的法律后果

　　D. 规定了家庭成员对待老年人之行为的"应为模式"和"勿为模式"

解析： 本规则内容明确，属确定性规则；本规则规定的是家庭成员对老年人的义务，是义务性规则。A 项正确。

本规则使用了"应当""不得"规范表述，包含了"应为模式"和"勿为模式"。B、D 项正确。

本规则未规定法律后果。C 项错误。

3.《刑事诉讼法》第五十四条规定："采取刑讯逼供等非法方法收集的犯罪嫌疑人、被告人供述和采用暴力、威胁等非法方法收集的证人证言、被害人陈述，应当予以排除。"对此条文，下列哪一理解是正确的？（2015/1/10）

A. 运用了规范语句来表达法律规则

B. 表达的是一个任意性规则

C. 表达的是一个委任性规则

D. 表达了法律规则中的假定条件、行为模式和法律后果

解析：此条文使用了"应当"，属于规范语句。A 项正确。

本规则的内容不允许随意更改，本规则属于强行性规则。B 项错误。

本规则内容明确，属确定性规则。C 项错误。

此条文没有表达该规则的法律后果。D 项错误。

4. 2011 年，李某购买了刘某一套房屋，准备入住前从他处得知该房内两年前曾发生一起凶杀案。李某诉至法院要求撤销合同。法官认为，根据我国民俗习惯，多数人对发生凶杀案的房屋比较忌讳，被告故意隐瞒相关信息，违背了诚实信用原则，已构成欺诈，遂判决撤销合同。关于此案，下列哪些说法是正确的？（2015/1/56）

A. 不违背法律的民俗习惯可以作为裁判依据

B. 只有在民事案件中才可适用诚实信用原则

C. 在司法判决中，诚实信用原则以全有或全无的方式加以适用

D. 诚实信用原则可以为相关的法律规则提供正当化基础

解析：习惯是我国非正式法的渊源，依据相关法律，经有关机关认可，可以作为裁判依据。A 项正确。

诚实信用原则的适用范围很广泛，不仅适用于民事案件，其他性质的案件也可适用，如行政法领域也可适用诚实信用原则。B 项错误。

在司法判决中，法律规则是以全有或全无的方式加以适用，法律原则则不是以全有或全无的方式加以适用。C 项错误。

法律原则是可以作为众多法律规则之基础或本源的综合性、稳定性的原理和准则。D 项正确。

5. 《治安管理处罚法》第 115 条规定："公安机关依法实施罚款处罚，应当依照有关法律、行政法规的规定，实行罚款决定与罚款收缴分离；收缴的罚款应当全部上缴国库。"关于该条文，下列哪一说法是正确的？（2016/1/8）

A. 表达的是禁止性规则

B. 表达的是强行性规则

C. 表达的是程序性原则

D. 表达了法律规则中的法律后果

解析：该条文使用"应当"，表达的是命令性规则，非禁止性规则。A项错误。

该条文表达的法律规则当事人不能随意变更，属强行性规则。B项正确。

该条文表达的是法律规则，而不是法律原则。C项错误。

该条文未表达法律规则中的法律后果。D项错误。

6. 全兆公司利用提供互联网接入服务的便利，在搜索引擎讯集公司的网站搜索结果页面上强行增加广告，被讯集公司诉至法院。法院认为，全兆公司行为违反诚实信用原则和公认的商业道德，构成不正当竞争。关于该案，下列哪一说法是正确的？（2016/1/9）

A. 诚实信用原则一般不通过"法律语句"的语句形式表达出来

B. 与法律规则相比，法律原则能最大限度实现法的确定性和可预测性

C. 法律原则的着眼点不仅限于行为及条件的共性，而且关注它们的个别性和特殊性

D. 法律原则是以"全有或全无"的方式适用于个案当中

解析：法律规范必须以法律语句的形式来表达，法律原则是法律规范的一部分。A项错误。

与法律原则相比，法律规则能最大限度实现法的确定性和可预测性。B项错误。

法律规则具体、明确，着眼于行为及条件的共性。法律原则抽象、模糊，适用范围相比法律规则更广泛，不仅关注行为及条件的共性，而且关注它们的个别性和特殊性。C项正确。

法律规则是以"全有或全无"的方式适用于个案，法律原则则不是以"全有或全无"的方式加以适用。D项错误。

7. 关于法律原则的适用，下列哪些选项是错误的？（2008/1/51）

A. 案件审判中，先适用法律原则，后适用法律规则

B. 案件审判中，法律原则都必须无条件地适用

C. 法律原则的适用可以弥补法律规则的漏洞

D. 法律原则的适用采取"全有或全无"的方式

解析：案件审判中，法律规则优先于法律原则适用，除非没有法律规则或适用法律规则导致个案的不公正时，才适用法律原则。A、B项错误。

没有法律规则时，可以适用法律原则，弥补法律漏洞。C项正确。

在适用方式上，法律规则是以"全有或全无"的方式适用于个案的，法律原则不是以"全有或全无"的方式适用于个案的。D项错误。

8. 关于法律规则的逻辑结构与法律条文，下列哪些选项是正确的？（2008/1/54）

A. 假定部分在法律条文中不能省略

B. 行为模式在法律条文中可以省略

C. 法律后果在法律条文中不能省略

D. 法律规则三要素在逻辑上缺一不可

解析：法律规则三要素在逻辑上缺一不可。但出于立法技术（简洁）的考虑，在不同的法律条文中三要素中的某一要素可以省略，但可以通过其他未省略的要素来推导确定。A、C项错误，B、D项正确。

9. 我国《宪法》第26条第1款规定："国家保护和改善生活环境和生态环境，防治污染和其他公害。"下列哪一选项是正确的？（2007/1/2）

A. 该条文体现了国家政策，是典型的法律规则

B. 该条文既是法律原则，也体现了国家政策的要求

C. 该条文是授权性规则，规定了国家机关的职权

D. 该条文没有直接规定法律后果，但仍符合法律规则的逻辑结构

解析：我国《宪法》第26条第1款规定概括、抽象，属于法律原则，且该法律原则也体现了国家政策。B项正确。

10. 特别法优先原则是解决同位阶的法的渊源冲突时所依凭的一项原则。关于该原则，下列哪些选项是正确的？（2016/1/58）

A. 同一机关制定的特别规定相对于同时施行或在前施行的一般规定优先适用

B. 同一法律内部的规则规定相对于原则规定优先适用

C. 同一法律内部的分则规定相对于总则规定优先适用

D. 同一法律内部的具体规定相对于一般规定优先适用

解析：依据"特别法优于一般法"的规则，A 项正确。

同一法律内，一般来讲，因规则具体、明确，规则优先于原则适用。B 项正确。

同一法律内，因分则规定具体、明确，总则相对抽象、模糊，一般来讲，分则规定优先于总则适用。C 项正确。

同一法律内，具体规定明确、易于适用，一般规定抽象、模糊，故具体规定优先于一般规定适用。D 项正确。

第五章

法律体系

知识结构图

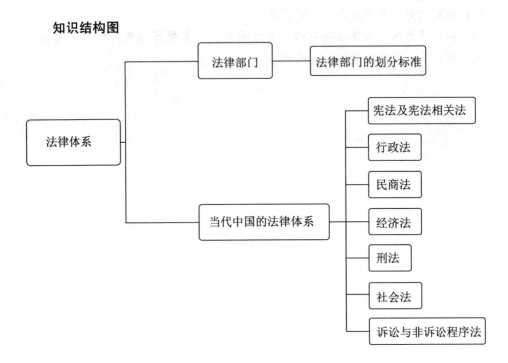

知识解析

一、法律体系

法律体系是一国全部现行法律规范按照不同的法律部门分类组合而形成的呈体系化的有机联系的统一整体。

法律体系的最小组成元素是法律规范，法律规范与我们前面讲的法的要素具有怎样的逻辑联系呢？对此，我国法学界有三种观点：（1）法律规范＝法律规则；（2）法律规范＝法律规则+法律原则；（3）法律规范＝法律概念+法律规则+法律原则。本书认为，第（3）种观点更便利法理学初学者理解相关知识，法的要素、法律体系都是从内容角度思考法的构成（或组成），若采第（3）种观点就会很容易将两个知识点在逻辑上联系起来，并形成一个完整的理论体系（参见第二编法的本体论知识结构图）。

法律体系概念的理解需要把握以下几点：

（1）法律体系由"一国""现行""全部"法律规范组成。一国的法律体系只包括本国的法律规范，不包括他国的法律规范；法律体系由正在发挥法律效力的法律规范组成，历史上已失效的法律规范，立法机关在制定中尚未生效的规范都不属于法律体系；一国全部现行法律规范的整体构成法律体系。

（2）尽管法律体系由一国现行全部法律规范组成，但法律体系的组成单位不是法律规范，而是法律部门。

（3）法律体系是客观法则和主观属性的有机统一。法律部门的划分及法律体系的形成不是有了法律现象就存在，而是在近代才出现的，是一国经济、政治、文化、社会发展到一定阶段的产物，也体现了法律自身发展的规律性，因此，一些学者称法律体系体现了"客观法则"。尽管如此，一国法律体系由几个法律部门组成毕竟还是由主体"人"来划分的。基于不同的文化背景、意识形态、个人偏好，不同国家、不同的人对法律体系的理解还是有差异的，由此，法律体系被认为具有"主观属性"。

二、法律部门

法律部门，又称部门法，是按照法律调整社会关系的不同领域和不同方法等所划分的同类法律规范的总和。

法律部门的划分标准有两个：一是法律规范所调整的社会关系，二是法律规范的调整方法。

三、当代中国的法律体系

我国的法律体系由以下几个法律部门构成：

（一）宪法及宪法相关法

宪法是规定我国各项基本制度、公民的基本权利和义务，以及国家机构组织活动的基本原则等法律规范的总称。宪法是我国法律体系的核心部门。作为法律部门形式存在的宪法，最基本的规范体现在《中华人民共和国宪法》这部规范性法律文件中。除此以外，宪法法律部门还包括了《全国人民代表大会组织法》《立法法》《民族区域自治法》等一系列宪法性规范性法律文件。

[案例] 任建宇因言论被劳教事件 [1]

任建宇 2009 年 7 月毕业于重庆文理学院，当年获重庆市选派，到彭水县郁山镇担任大学生村干部，后被录用为公务员。在公务员身份仍处于公示期间，他从 2011 年 4 月~8 月多次发表"负面言论和信息"，公开信息显示，在 2011 年 5 月 8 日前后，任建宇在自己的 QQ 空间等网络世界发布了一百多条信息。其中，相当数量的信息是在评论"政治和时事"。在 2011 年 5 月 8 日发出的一条信息中写道："重庆扛起中国第二次文化大革命的旗帜：唱红歌，大跃进，浮夸风，个人崇拜，蔑视法律。一切都那么像。拿什么拯救你，苦难的人民！"

2011 年 8 月 17 日，重庆市彭水县公安局将任建宇带走接受讯问，讯问一直持续到次日凌晨。8 月 18 日中午短暂获释后，他再次被警方带走，并以"涉嫌煽动颠覆国家政权罪"立案，并在当日转刑拘。9 月 17 日重庆市公安局提请逮捕任建宇。2011 年 9 月 23 日，重庆市检察院向重庆市公安局下发《不批准逮捕决定书》，认为任建宇犯罪情节轻微，不构成犯罪，不批准逮捕。同日，重庆市政府劳动教养委员会作出 [劳教审（2011）字第 3954 号]《劳动教养决定书》，认定："2011 年 4 月~8 月间，任建宇先后多次在彭水县郁山镇政府计生办公室内用计算机进行上网，在其 QQ 空间、腾讯微博上通过关注、浏览、复制、粘贴、转帖、发帖等方式发表国内时事评论和政治体制改革方面的负面新闻和信息一百多条，鼓吹西方政权模式，攻击我党、政府，煽动网民颠覆国家政权。"重庆劳教委称，"任建宇煽动颠覆国家政权一案事实清楚，证据确实充分"，决定对其劳动教养 2 年，劳教期限自 2011 年 8 月 18 日起至 2013 年 8 月 17 日止。

2012 年 8 月，任建宇由其父任世六代理，向重庆市第三中级人民法院提起行政诉讼，请求撤销重庆市劳教委作出的《劳动教养决定书》，或确认该决定无效。2012 年 11 月 19 日，劳教委撤销了劳教决定，任建宇重获自由。2012 年 11 月 20 日，重庆市第三中级人民法院公开宣判，驳回任建宇的起诉。法院认为，公民向人民法院提起行政诉讼的权利应当保护，但也要依法行使。

---

〔1〕 参见姚国建、秦奥蕾编著：《宪法学案例研习》，中国政法大学出版社 2013 年版，第 93~94 页。

任建宇的起诉超过法定起诉期限，因此裁定驳回其起诉。任建宇要求法院重审此案。同年12月28日上午重庆市高级人民法院公开开庭审理，当庭裁定驳回上诉，维持原裁定。

任建宇因言论被劳教事件所涉及的问题包括：我国公民是否有权发表针对政治行为的时事评论？对任建宇作出劳动教养的处罚是否违宪？

我国《宪法》第35条规定："中华人民共和国公民有言论、出版、集会、结社、游行、示威的自由。"《宪法》第41条规定，中华人民共和国公民对于任何国家机关和国家工作人员，有提出批评和建议的权利。可见，我国公民享有言论自由权和对国家机关与工作人员的监督权。即使不对上述宪法规定作细致的宪法解释，言论自由权与监督权也应包括对"政治和时事"加以评论的权利。

我国《宪法》第37条规定："中华人民共和国公民的人身自由不受侵犯。任何公民，非经人民检察院批准或者决定或者人民法院决定，并由公安机关执行，不受逮捕。禁止非法拘禁和以其他方法非法剥夺或者限制公民的人身自由，禁止非法搜查公民的身体。"劳动教养制度通过行政决定的方式剥夺公民较长期限的人身自由，与"法治国家"的要求不相符。2013年12月28日，第十二届全国人民代表大会常务委员会第六次会议废除了已实行多年的劳动教养制度。

（二）行政法

行政法是调整国家行政管理活动的法律规范的总称。它主要规定行政机关的组织、职责权限、活动原则，以及对国家公务员和公民的行政违法行为的制裁等。

[案例] 上海钓鱼执法事件[1]

2009年10月14日晚，在上海打工的孙中界开着单位的车去接工友，途中好心搭载了一位乘客（经证实为职业"钩子"），随后被浦东新区城市管理行政执法局认定为"非法营运"。当晚，为证清白，孙中界挥刀砍下左手小指。后经调查，此事件为钓鱼执法，孙中界最终被证明清白，上海浦东新区

---

〔1〕 参见"上海钓鱼执法事件"，载 http://special.caixin.com/event_1014/，最后访问日期：2018年10月1日。

政府也公开承认错误。这一事件引发社会各界对执法公平问题的关注。所谓"钓鱼执法"，是指执法人员设置执法圈套，诱惑当事人从事违法活动，然后再加以惩罚。行政机关执法应依据法定职权和法定程序进行，钓鱼执法方式涉嫌违法。在法治国家，行政执法中一般严格禁止钓鱼执法这种执法方式。

（三）民商法

民商法是调整平等主体的自然人、法人和非法人组织之间的人身关系、财产关系以及商事关系的法律规范的总称。

[案例] 疏于照顾义务而致幼儿落井身亡案[1]

2001年某日中午，董甲之子与叶乙3岁的儿子在叶乙家中玩耍。下午1时许，董甲来接儿子，并经叶乙同意，将叶乙的儿子一起带回家中玩耍，然后让两个小孩在家中看电视。下午4时许，董甲携两个小孩到邻居董丙家去串门，让他俩和其他小朋友一起玩捉迷藏游戏。后准备回家时，董甲才发现叶乙之子不在了，便与叶乙等人一起寻找，结果在董丙家新开挖的水井中发现了他的尸体。

后叶乙和其夫张某向法院提起诉讼，要求董甲和董丙共同赔偿其相关的损失。经查，董丙家的院落呈半封闭状态，董丙在其院中新挖了一口水井，未砌防护围栏，也未加固封盖，仅以杂物遮掩井口。经两级法院审理，最终判决董甲和董丙应承担损害赔偿责任。

上述案例中，鉴于董甲与叶乙建立了委托监护关系，既然董甲未尽监护义务，自然应承担相应的民事责任。董丙对其半封闭的院落中的水井未采取相应的安全防护措施，主观上存在过错，也应承担相应的民事责任。

（四）经济法

经济法是调整国家在管理和协调经济运行过程中发生的经济关系的法律规范的总称。经济法主要包括两个部分，一是创造平等竞争环境、维护市场秩序方面的法律；二是国家宏观调控和经济管理方面的法律。

---

〔1〕 参见李显东主编：《民法总则案例重述》，中国政法大学出版社2007年版，第13~14页。

[案例] 腾讯360之争[1]

2010年9月，奇虎推出360"隐私保护器"，监控腾讯QQ是否侵犯用户隐私。2010年11月，腾讯向QQ用户发表公开信，要求用户在QQ软件和360软件之间只能二选一，此举导致两家公司矛盾公开化。随后，腾讯认为奇虎360此举涉嫌不正当竞争，将奇虎360告上法庭，要求其停止侵权，并索赔1.25亿元。而在2012年11月，奇虎360也以滥用市场支配地位为由起诉腾讯，并索赔1.5亿元。双方互诉三场，奇虎360败诉。

这起被称为"互联网反不正当竞争第一案"的案件，是迄今为止互联网行业诉讼标的额最大、在全国有重大影响的不正当竞争纠纷案件，也是《反不正当竞争法》出台多年以来，最高人民法院审理的首例互联网反不正当竞争案，案件本身引发了行业、用户和法律界各方的关注。有行业人士认为，诉讼本身就促进了中国互联网企业创新生态的营造，也推动了中国市场经济的开放与竞争。

（五）刑法

刑法是关于犯罪和刑罚的法律规范的总称。

[案例] 孙伟铭以危险方法危害公共安全案[2]

2008年5月，被告人孙伟铭购买一辆车牌号为川A43K66的别克轿车。之后，孙伟铭在未取得驾驶证的情况下长期驾驶该车，并多次违反交通法规。同年12月14日中午，孙伟铭与其父母为亲属祝寿，大量饮酒。当日17时许，孙伟铭驾驶其别克轿车行至四川省成都市成龙路"蓝谷地"路口时，从后面撞向与其同向行驶的车牌号为川A9T332的一辆比亚迪轿车尾部。肇事后，孙伟铭继续驾车超限速行驶，行至成龙路"卓锦城"路段时，越过中心黄色双实线，先后与对面车道正常行驶的车牌号分别为川AUZ872的长安奔奔轿车、川AK1769的长安奥拓轿车、川AVD241的福特蒙迪欧轿车、川AMC337的奇瑞QQ轿车等4辆轿车相撞，造成车牌号为川AUZ872的长安奔奔轿车上的张

---

〔1〕　参见"腾讯360之争"，载 http://baike.baidu.com/item/腾讯360之争/7181338? fr=aladdin，最后访问日期：2015年6月2日。

〔2〕　参见"孙伟铭以危险方法危害公共安全案"，载 http://www.chinacourt.org/article/detail/2009/09/id/373888.shtml，最后访问日期：2019年9月6日。

景全、尹国辉夫妇和金亚民、张成秀夫妇死亡，代玉秀重伤，以及公私财产损失 5 万余元。经鉴定，孙伟铭驾驶的车辆碰撞前瞬间的行驶速度为 134～138 公里/小时；孙伟铭案发时血液中的乙醇含量为 135.8 毫克/100 毫升。案发后，孙伟铭的亲属赔偿被害人经济损失 11.4 万元。

成都市中级人民法院于 2009 年 7 月 22 日作出刑事判决，认定被告人孙伟铭犯以危险方法危害公共安全罪，判处死刑，剥夺政治权利终身。宣判后，孙伟铭提出上诉。

四川省高级人民法院审理期间，被告人孙伟铭之父孙林表示愿意代为赔偿被害人的经济损失，社会各界人士也积极捐款帮助赔偿。经法院主持调解，孙林与被害方达成民事赔偿协议，并在身患重病、家庭经济并不宽裕的情况下，积极筹款赔偿了被害方经济损失，取得被害方一定程度的谅解。

四川省高级人民法院审理认为，被告人孙伟铭无视交通法规和公共安全，在未取得驾驶证的情况下，长期驾驶机动车辆，多次违反交通法规，且在醉酒驾车发生交通事故后，继续驾车超限速行驶，冲撞多辆车辆，造成数人伤亡的严重后果，主观上对危害结果的发生持放任态度，具有危害公共安全的间接故意，其行为已构成以危险方法危害公共安全罪。孙伟铭犯罪情节恶劣，后果严重。但鉴于孙伟铭是间接故意犯罪，不希望、也不积极追求危害后果发生，与直接故意驾车撞击车辆、行人的犯罪有相比，主观恶性不是很深，人身危险性不是很大；犯罪时处于严重醉酒状态，其对自己行为的认识和控制能力有所减弱；案发后，真诚悔罪，并通过亲属积极筹款赔偿被害人的经济损失，依法可从轻处罚。据此，四川省高级人民法院于 2009 年 9 月 8 日作出刑事判决，认定被告人孙伟铭犯以危险方法危害公共安全罪，判处无期徒刑，剥夺政治权利终身。

(六) 社会法

社会法是调整有关劳动关系、社会保障和社会福利关系的法律规范的总称。

[案例] 张海超"开胸验肺"事件[1]

张海超，河南省新密市工人。2004 年 6 月到郑州振东耐磨材料有限公司

---

[1] 参见"张海超（开胸验肺者）"，载 http://baike.baidu.com/item/张海超/65467? fr=aladdin，最后访问日期：2018 年 1 月 20 日。

上班，先后从事过杂工、破碎、开压力机等有害工作。工作 3 年多后，他被多家医院诊断为尘肺，但企业拒绝为其提供相关资料，在向上级主管部门多次投诉后他得以被鉴定，郑州职业病防治所却为其作出了"肺结核"的诊断。2009 年，在多方求助无门后，被逼无奈的张海超不顾医生劝阻，执著地要求"开胸验肺"，以此证明自己确实患上了"尘肺病"。

我国《职业病防治法》规定，劳动者依法享有职业卫生保护的权利。"开胸验肺"以悲壮、荒唐的方式充分暴露了我国职业病防治体制的弊端，我国职业病防治中的一些不合理的规定客观上增加了劳动者维权的难度。张海超"开胸验肺"事件，直接导致卫生部要求加强职业病诊断与鉴定管理。2011 年 12 月 31 日，第十一届全国人民代表大会常务委员会第二十四次会议对《职业病防治法》进行了相应修改。

(七) 诉讼与非诉讼程序法

诉讼与非诉讼程序法是调整因诉讼活动和以非诉讼方式解决纠纷的活动而产生的社会关系的法律规范的总称。

[案例] 松花江水污染案[1]

2005 年 11 月 13 日，吉林石化公司双苯厂一车间发生爆炸。截至同年 11 月 14 日，共造成 5 人死亡、1 人失踪，近 70 人受伤。爆炸发生后，约 100 吨苯类物质（苯、硝基苯等）流入松花江，造成江水严重污染，沿岸数百万居民的生活受到影响。松花江水污染事件发生后，整个松花江流域生态环境严重破坏。2005 年 12 月 7 日，北京大学法学院汪劲、甘培忠、贺卫方、王社坤、严厚福、于谨源及自然物鲟鳇鱼、松花江、太阳岛以中国石油天然气集团公司、中国石油天然气股份有限公司、吉林石化分公司为共同被告，以松辽流域水资源保护局、吉林省环保局、黑龙江省环保局、吉林省水利厅、黑龙江省水产局、哈尔滨市太阳岛风景区管理局为第三人向黑龙江省高级人民法院提起民事诉讼，要求法院判决被告消除对松花江的未来危险并承担恢复原状责任；赔偿 100 亿元人民币用于治理松花江流域污染和恢复生态平衡；责令第三人共同或分别设立并管理松花江流域污染治理基金，以便做出基本

---

〔1〕 参见王娣、纪格非、孙邦清编著：《民事诉讼法案例研习》，中国政法大学出版社 2013 年版，第 40～42 页。

的政府投入以及接受被告赔付的资金，由该基金持续性安排资金恢复松花江流域的生态平衡；判令被告支付本案诉讼费。同时，鉴于本案标的额巨大，且涉及公益，原告方同时提出了减免诉讼费用的申请。

此案是由北京大学法学院3位教授及3位研究生与自然物（鲟鳇鱼、松花江、太阳岛）作为共同原告提起的环境民事公益诉讼。但由于我国当时的《民事诉讼法》规定"民事诉讼的原告必须是与本案有直接利害关系的公民、法人和其他组织"，北大师生与松花江水污染事件无直接利害关系，不符合原告资格；此外，在我国，自然物不能成为法律关系的主体，鲟鳇鱼、松花江、太阳岛也不能成为民事诉讼的原告。因此，当时法院未予立案。2012年修正的《民事诉讼法》第55条规定："对污染环境、侵害众多消费者合法权益等损害社会公共利益的行为，法律规定的机关和有关组织可以向人民法院提起诉讼。"2014年修订的《环境保护法》第58条规定："对污染环境、破坏生态，损害社会公共利益的行为，符合下列条件的社会组织可以向人民法院提起诉讼：（一）依法在设区的市级以上人民政府民政部门登记；（二）专门从事环境保护公益活动连续五年以上且无违法记录。符合前款规定的社会组织向人民法院提起诉讼，人民法院应当依法受理。提起诉讼的社会组织不得通过诉讼牟取经济利益。"依照现行《民事诉讼法》和《环境保护法》，我国规定了环境民事公益诉讼制度，法律规定的机关和有关组织可以向人民法院提起环境公益诉讼。但我国现行法律并未规定无利害关系的公民可以提起环境公益诉讼，更遑论鲟鳇鱼、松花江、太阳岛等自然物。所以，即使是现在，法院也不会受理此案。

相关司法考试真题

关于法的渊源和法律部门，下列哪些判断是正确的？（2011/1/51）

A. 自治条例和单行条例是地方国家权力机关制定的规范性文件

B. 行政法部门就是由国务院制定的行政法规构成的

C. 国际公法是中国特色社会主义法律体系的组成部分

D. 划分法律部门的主要标准是法律规范所调整的社会关系

解析： 自治条例和单行条例是自治区、自治州、自治县人大根据当地的政治、经济和文化特点制定的有关民族自治方面的规范性法律文件。A项正确。

行政法是调整国家行政管理活动的法律规范的总称。它主要规定行政机关的组织、职责权限、活动原则，以及对国家公务员和公民的行政违法行为的制裁等。行政法规是国务院制定的规范性法律文件。行政法是依据法的内容对法的分类，行政法规是依据法的形式（制定主体、制定程序、法的形式、效力）对法的分类。二者并不是一回事。行政法部门中的法律规范可能分布在宪法、法律、行政法规等规范性法律文件中。行政法规中也可能包含行政法、经济法、社会法等不同法律部门的规范。B 项错误。

法律体系是一国全部现行法律规范按照不同的法律部门分类组合而形成的呈体系化的有机联系的统一整体。国际公法不属于一国国内的法律规范，不属于法律体系的范畴。C 项错误。

法律部门的划分标准有两个：一是法律规范所调整的社会关系，二是法律规范的调整方法。其中法律规范所调整的社会关系是主要的划分标准。D 项正确。

第六章

权利和义务

知识结构图

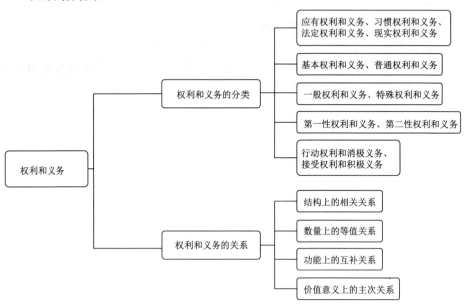

知识解析

一、权利和义务的概念

权利是规定或隐含在法律规范中，实现于法律关系中，主体以相对自由的作为或不作为方式获得利益的一种手段。

义务是规定或隐含在法律规范中，实现于法律关系中，主体以相对抑制的作为或不作为方式保障权利主体获得利益的一种约束手段。

权利和义务概念的理解：

第一，权利和义务是法律规范明文规定的，或是隐含在法律规范中，或至少可以从法律精神和法律原则中推定出来。权利和义务明确规定，有利于保障权利和义务的实现。如最初"隐私权"在我国《民法通则》等民事法律上并没有规定，从法律精神可以推导出这项权利。在实践中，法院在审理"隐私权"案件时，因法律没有明确规定，只能以侵犯"名誉权"为依据来审理。后来，《未成年人权益保护法》《侵权责任法》等法律先后明确规定了"隐私权"，这样法院审理侵犯隐私权案件时就可以依据相关明确的法律条款，法律适用过程更加严谨、科学、便利。

第二，权利和义务都有明确的界限。

第三，权利和义务是分配、实现利益的工具。

第四，权利和义务相比较，权利具有能动性。权利可以行使，也可以放弃，主体有选择的余地；义务只能履行，不能放弃，主体没有选择的余地。

权利和义务与第二章"法的概念"中法的第三个特征"法是规定权利和义务的社会规范"、第四章"法的要素"法律规则的逻辑结构中的"行为模式"存在紧密的逻辑联系。此外，权利和义务与随后将要学习的法律关系、法律责任也密切相关。

[案例] 微博言论自由的边界[1]

2010年5月25日至27日间，IT业知名人士周鸿祎分别在新浪微博、搜狐微博及网易微博，连发数十条直指北京金山安全软件有限公司的微博。随后，金山安全软件有限公司将周鸿祎告上法庭，指认其所发微博中，有40余条"严重侵害了原告的名誉权和商业信誉"，请求法院判令周鸿祎停止侵权，撤回相关微博文章，在指定媒体公开致歉，承担1200万元的经济损失及公证费用等。而被告周鸿祎则辩称，他是在"履行公民监督、批评指责的正当行为，不构成对原告名誉权的侵害，更未给原告造成任何经济损失"。故请求法院驳回原告的诉讼请求。

2011年3月，北京市海淀区人民法院下达了一审判决书，支持原告的部分诉讼请求。周鸿祎败诉，应当删除20条微博，并公开致歉，承担包括公证费在内的经济损失8万元。一审判决后，双方均提起上诉。终审判决结果为，周鸿祎只需删除其中两条微博，赔偿金山安全软件有限公司5万元。而其他博文内容"尚未达到构成侵犯名誉权的程度"。

---

〔1〕 参见郭建光："微博言论有了法律尺子"，载《中国青年报》2011年9月7日，第9版。

一审法官李颖认为："微博是一个公民言论自由的新兴平台，但是，微言论自由是有边界的。此案就是要界定微博上言论自由的边界。"

二审法官张晓霞在判决书中写到："个人微博作为一个自由发表言论的空间……为实现我国宪法所保障的言论自由提供了一个平台。"同时，"涉及批评的内容，还往往起到了舆论监督的积极作用"。因此，二审法官称，这个案子的判决，"旨在树立规则，保护公民的言论自由权利"。

尽管判决结果不一样，但一审二审的法官都在探索微博言论自由的边界，用法律秩序来维护公民的言论自由。

二、权利和义务的分类

1. 根据权利和义务的存在形态，可将权利和义务分为应有权利和义务、习惯权利和义务、法定权利和义务、现实权利和义务。

本章所讲的权利和义务主要是从法律视角来讲的。但这种权利和义务的分类实际上已超出了法律的界限，这是从社会层面来理解权利和义务并进行分类。

应有权利和应有义务不是法律规定的权利和义务，而是从社会关系的本质出发，应当由主体享有的权利和履行的义务。应有权利和应有义务一般体现为道德权利和道德义务。如在公交车上，年轻人应当给老人让座，这是年轻人的应有义务或道德义务，相应地，被让座对老人来讲，就可以推定为一种应有权利或道德权利。应有权利和应有义务由道德、社会舆论保障实施，更多地是体现为人们的自愿行为，如公交车上，是否给老人让座通常主要取决于年轻人的道德素质，老人不能"倚老卖老"强令年轻人给他让座。

习惯权利和义务是人们在长期的社会生活中形成的或从先前的社会传承下来的转化为群体内的一种习惯和传统的权利和义务。乞讨权以及中国人在清明、冬至等时节祭祀祖先的祭奠权，就属于习惯权利；中国封建时代，无地农民租种地主土地，除了给地主交租之外，还得义务为地主干活，其中义务为地主干活就是习惯义务。

法定权利和义务就是法律规定或由法律推导出来的权利和义务。法定权利和义务就是本章重点探讨的权利和义务，即法律权利和法律义务。

现实权利和义务是法定权利和义务在现实中的表现形态。现实权利是主体实际享有并行使的权利。现实义务是由主体实际承担和履行的义务。

2. 根据权利和义务所体现的社会内容的重要程度，将权利和义务分为基本权利和义务与普通权利和义务。

基本权利和义务一般指宪法上规定的权利和义务，普通权利和义务一般是指宪法之外的法律规定的权利和义务。

3. 根据权利和义务对人们的效力范围，将权利和义务分为一般权利和义务（绝对权利和义务）与特殊权利和义务（相对权利和义务）。

一般权利是无特定义务人与之相对的权利，如人身权、财产权。一般义务是无特定权利人与之相对的义务，如不得侵犯他人合法权益的义务。

特殊权利是有特定义务人与之相对的权利。特殊义务是有特定权利人与之相对的义务。一般合同法律关系中的权利和义务即属于特殊权利和义务。

［案例］

周某有一家传的古董青花瓷，经专家估价价值人民币20多万元。古董商董某得知后，与周某协商以人民币25万元买下青花瓷。2006年4月1日，董某支付人民币25万元给周某，周某将青花瓷完好地交给董某。

周某在转让青花瓷之前对青花瓷享有的所有权是一般权利，无特定的义务人与之相对。在周某与董某的青花瓷买卖合同法律关系中，双方的权利和义务，因权利的义务人、义务的权利人都是特定的，因此双方的权利和义务属于特殊的权利和义务，即周某有要求董某支付25万元人民币的权利、董某享有取得青花瓷的权利均是特殊权利，周某向董某给付完好的青花瓷的义务、董某向周某支付25万元人民币的义务均是特殊义务。

4. 根据权利之间、义务之间的因果关系，可将权利和义务分为第一性权利和义务与第二性权利和义务。

第一性权利是直接由法律赋予的或由法律授权的主体依法通过其积极活动而创立的权利，如财产所有权、合同中双方当事人的权利。第一性义务是由法律直接规定的或由法律关系主体依法通过其积极活动而设定的义务，如法律规定公民纳税的义务、服兵役的义务。

第二性权利是在第一性权利受到侵害时产生的权利，如诉权、恢复合法权益的请求权。第二性义务是在违反了第一性义务而产生的一个新的义务，第二性义务实际上就是法律责任。

[案例]

甲乙为同事。甲买了只玉镯，价值5万元。乙从甲手中拿过观赏，不慎摔落，将玉镯摔碎。甲要求乙赔偿，乙百般推诿。甲无奈，遂将乙诉至法院，要求赔偿其损失。

此案中，甲对玉镯拥有所有权，这是第一性权利。对乙来讲，她有一个不得损坏他人财物的义务，这是第一性义务。甲由于对玉镯的所有权受到侵害而产生的要求乙赔偿的权利、向法院起诉的权利（诉权）是第二性权利，乙因违反了不得损坏他人财物的义务而产生的损害赔偿、到法院应诉的义务均是第二性义务。

5. 根据权利主体依法实现其意志和利益的方式，可将权利和义务划分为行动权利和消极义务与接受权利和积极义务。

行动权利是主体有资格做某事或以某种方式采取行动的权利，如选举权。消极义务就是不作为的义务，如不得损害他人财物的义务。

接受权利是主体有资格接受某事物或被以某种方式对待的权利，如被选举权。积极义务就是作为的义务，如纳税的义务、服兵役的义务。

三、权利和义务的关系

（一）结构上的相关关系

权利和义务相互依存，对立统一。

（二）数量上的等值关系

权利和义务在数量上相等，这不是实证研究的结果，即分别统计权利和义务的总数，并发现权利的总数和义务的总数是相等的。这个结论是推导出来的，权利和义务是一一对应的关系，假定一个权利产生的同时，必然会产生一个义务，从这个角度讲，权利和义务在数量上是相等的。

（三）功能上的互补关系

权利和义务在功能上相互补充，共同指引人们的行为、调处社会关系。如权利的设定有利于自由的实现，义务的设定有助于秩序的形成，而自由和秩序都是我们人类社会发展所必需的价值目标。

（四）价值意义上的主次关系

从价值意义上看，权利和义务总会有个何为主导的问题。权利和义务的关系中，以权利为主导，即权利本位；权利和义务的关系中，以义务为主导，即义务本位。古代法律总体上是以义务为本位，现代法律通常以权利为本位。

［案例］潘金莲诉《我不是潘金莲》案[1]

2016年，由冯小刚导演、范冰冰领衔主演的电影《我不是潘金莲》上映。电影根据著名作家刘震云的同名长篇小说《我不是潘金莲》改编，讲述了一个被前夫污蔑为"潘金莲"的女人，为还自己一个清白，坚持告状十多年的故事。

《我不是潘金莲》上映后，引发大众关注，同时也引发全国潘氏宗亲的不满。广东增城农妇潘金莲将冯小刚、刘震云等九人告上法庭，理由是"电影直接侵犯了原告的名誉权，使原告在精神上遭受到严重伤害，该电影的出品、预告、宣传及上映，使对原告的侵权行为大范围扩散，给原告及其家人、家族名誉上造成重大损害，社会评价严重受损，不但原告精神上极其压抑、苦闷，其家人及潘氏家族，整体社会评价急剧降低，随处可以听到对原告及潘氏家族的冷嘲热讽。"

潘金莲在起诉书中写道："据中华书局出版社出版的《清河县志》第0781页记载：潘金莲乃是贝州潘知州的千金小姐，大家闺秀、贤妻良母。而刘震云却歪曲历史事实，写作《我不是潘金莲》一书，将潘金莲丑化成不正经女人的代名词……在该电影（《我不是潘金莲》）的旁白中说'自宋朝到如今，人们都把不正经的女人叫潘金莲'即歪曲事实……"

原告潘金莲的弟弟潘友发（化名）称，潘金莲今年刚好60岁，是增城市一位普通农妇，连初中都没有毕业，在乡下生活了几十年，已经不幸罹患癌症。潘金莲的两个孩子现在都已30多岁。从小到大，他们都不敢在外人面前提母亲的名字。潘金莲的丈夫老陈也是个老实巴交的农民，有时候也会被人戏称为"武大"，让他很难过。潘友发说，姐姐希望在有生之年，为潘金莲和潘氏族人正名。

---

〔1〕　参见"《我不是潘金莲》惹官司广东农妇起诉冯小刚侵权"，载 https://www.chinacourt.org/article/detail/2017/03/id/，最后访问日期：2018年4月1日。

2017 年 3 月 21 日上午，北京市朝阳区人民法院不公开开庭审理了潘金莲起诉冯小刚等九人案，冯小刚、刘震云、范冰冰等均未现身法庭，只委托了律师参与庭审。庭审中，原告认为电影《我不是潘金莲》旁白说"自宋朝到如今，人们都把不正经的女人叫潘金莲"，在结尾也没有写上（如有雷同，纯属巧合）等或由哪里改编，构成了对原告的名誉侵权，要求被告赔礼道歉、恢复名誉。

但冯小刚、刘震云等人的代理人则认为，《我不是潘金莲》中的潘金莲，是指小说中的潘金莲，而不是原告广东增城的潘金莲。"历史人物与现实生活中的人同名同姓，但这是两码事"。因此，被告方认为电影并未构成对原告名誉侵权，不同意庭外调解。

庭审结束后，法庭宣布休庭，4 月 19 日宣判。

此案看起来有些荒诞，类似这样的案件近些年时有发生。类似案件的出现从某种角度也反映了国人法律观念的变化。改革开放以前，谈到法律，许多人总会联系到惩罚、制裁等不好的事情，涉及法律，唯恐避之不及。许多人对法律的认识总是与义务相联系，是典型的义务本位观念。改革开放后，人们的观念逐渐改变，一些民众在认为自身权益受到侵害时，能够拿起法律的武器，法律成为维护自身合法权利的手段。也可以说，国人的法律意识正在从义务本位向权利本位转变，潘金莲诉《我不是潘金莲》案就是这种转变的极端反映。

相关司法考试真题

1. 法律格言说："不知自己之权利，即不知法律。"关于这句法律格言涵义的阐释，下列哪一选项是正确的？（2010/1/6）

A. 不知道法律的人不享有权利

B. 任何人只要知道自己的权利，就等于知道整个法律体系

C. 权利人所拥有的权利，既是事实问题也是法律问题

D. 权利构成法律上所规定的一切内容，在此意义上，权利即法律，法律亦权利

解析：不知道法律的人也应享有权利。A 项错误。

权利只是属于法律的一部分，并非法律的全部。B、D 项错误。

权利可以从事实和法律两个层面来理解，故权利既是事实问题也是法律

问题。C 项正确。

2. 下列哪些选项属于积极义务的范畴？（2011/1/55）

A. 子女赡养父母

B. 严禁刑讯逼供

C. 公民依法纳税

D. 紧急避险

解析： 根据权利主体依法实现其意志和利益的方式，可将义务划分为积极义务和消极义务。积极义务就是作为的义务。消极义务就是不作为的义务。子女赡养父母、公民依法纳税是积极义务，A、C 项正确。严禁刑讯逼供是消极义务，B 项错误。紧急避险不是法律义务，D 项错误。

3. 苏某和熊某毗邻而居。熊某在其居住楼顶为 50 只鸽子搭建了一座鸽舍。苏某以养鸽行为严重影响居住环境为由，将熊某诉至法院，要求熊某拆除鸽棚，赔礼道歉。法院判定原告诉求不成立。关于本案，下列哪一判断是错误的？（2012/1/15）

A. 本案涉及的是安居权与养鸽权之间的冲突

B. 从案情看，苏某的安居权属于宪法所规定的文化生活权利

C. 从判决看，解决权利冲突首先看一个人在行使权利的同时是否造成对他人权利的实际侵害

D. 本案表明，权利的行使与义务的承担相关联

解析： 公民有养鸽子的权利，公民有安居权。此案反映了养鸽权与安居权的冲突。A 项正确。

宪法未明确规定安居权属于文化生活权利。B 项错误。

公民在行使权利时不得损害其他公民的权利。C 项正确。

权利和义务在结构上是相关关系。D 项正确。

4. 一外国电影故事描写道：五名探险者受困山洞，水尽粮绝，五人中的摩尔提议抽签吃掉一人，救活他人，大家同意。在抽签前摩尔反悔，但其他四人仍执意抽签，恰好抽中摩尔并将其吃掉。获救后，四人被以杀人罪起诉并被判处绞刑。关于上述故事情节，下列哪些说法是不正确的？（2013/1/53）

A. 其他四人侵犯了摩尔的生命权

B. 按照功利主义"最大多数人之福祉"的思想，"一命换多命"是符合法理的

C. 五人之间不存在利益上的冲突

D. 从不同法学派的立场看，此案的判决存在"唯一正确的答案"

解析：生命权是享有生命的权利，其他四人为了自己的生命，杀死了摩尔，侵犯了摩尔的生命权。A项正确。

按照功利主义"最大多数人之福祉"的思想，实现"最大多数人的最大幸福"是首要原则，为此，即使牺牲个别人的利益也是允许的，因此，"一命换多命"符合功利主义思想的内在逻辑。B项正确。

五人之间存在利益上的冲突，摩尔不想死，其余四人为了生存想杀死摩尔。C项不正确。

不同的学派有不同的价值取向，不同的立场，对此案会有不同的主张。从不同法学派的立场看，此案的判决不存在"唯一正确的答案"。D项不正确。

5. 在莎士比亚喜剧《威尼斯商人》中，安东尼与夏洛克订立契约，约定由夏洛克借款给安东尼，如不能按时还款，则夏洛克将在安东尼的胸口割取一磅肉。期限届至，安东尼无力还款，夏洛克遂要求严格履行契约。安东尼的未婚妻鲍西娅针锋相对地向夏洛克提出：可以割肉，但仅限一磅，不许相差分毫，也不许流一滴血，惟其如此方符合契约。关于该故事，下列说法正确的是（　　）（2016/1/90）

A. 夏洛克主张有约必践，体现了强烈的权利意识和契约精神

B. 夏洛克有约必践（即使契约是不合理的）的主张本质上可以看作是"恶法亦法"的观点

C. 鲍西娅对契约的解释运用了历史解释方法

D. 安东尼与夏洛克的约定遵循了人权原则而违背了平等原则

解析：夏洛克主张严格履行契约，维护自己的债权，体现了契约精神和强烈的权利意识。A项正确。

分析法学派主张"恶法亦法"。分析法学派认为，法律的有效性并不在于它是否与道德准则或高级法相一致，而是来自于立法程序所要求的条件是否得以满足。夏洛克有约必践，即使契约是不合理的，即使契约内容违反了道

德。夏洛克的主张本质上可以看作是"恶法亦法"的观点。B项正确。

历史解释是指通过研究立法时的历史背景资料、立法机关审议情况、草案说明报告及档案资料，来阐明法律的内容与含义。C项错误。

安东尼与夏洛克的约定遵循了平等原则而违背了人权原则。D项错误。

6.《集会游行示威法》第四条规定："公民在行使集会、游行、示威的权利的时候，必须遵守宪法和法律，不得反对宪法所确定的基本原则，不得损害国家的、社会的、集体的利益和其他公民的合法的自由和权利。"关于这一规定，下列哪一说法是正确的？（2009/1/12）

A. 该条是关于权利的规定，因此属于授权性规则

B. 该规定表明法律保护人的自由，但自由也应受到法律的限制

C. 公民在行使集会、游行、示威的权利的时候，不得损害国家的、社会的、集体的利益，因此国家利益是我国法律的最高价值

D. 该规定的内容比较模糊，因而对公民不具有指导意义

解析：从《集会游行示威法》第四条所采用的表述"必须"、"不得"可以看出，该条是关于公民在行使集会、游行、示威权利时的相关义务的规定。A项错误。

法律保障人们的自由，但自由也不是无限的，自由也会受到法律的限制。B项正确。

公民在行使集会、游行、示威的权利的时候，不得损害国家的、社会的、集体的利益，但并不能认为国家利益是我国法律的最高价值。C项错误。

该规定的内容明确，属于确定性规则，可以对公民具有指导意义。D项错误。

7. 我国《婚姻法》第33条规定：现役军人的配偶要求离婚，须得军人的同意，但军人一方有重大过错的除外。依据法理学的有关原理，下列正确的表述是：（　　）（2007/1/91）

A. 该条中所规定的军人的配偶在离婚方面所承担的义务没有相应的权利存在

B. 现役军人与其配偶之间的权利义务是不一致的

C. 该条所规定的法律义务是一种对人义务或相对义务

D. 该法律条文完整地表达了一个法律规则的构成要素

解析：权利和义务在结构上是相关关系，相互依存。该条中所规定的军人的配偶在离婚方面所承担的义务——现役军人的配偶要求离婚，须得军人的同意——相对军人来讲，就是军人的权利。A项错误。

现役军人的配偶要求离婚，须得军人的同意，这是现役军人的配偶的义务，军人的权利；军人一方有重大过错的，现役军人的配偶可以直接要求离婚，这是现役军人的配偶的权利，军人的义务。现役军人与其配偶之间的权利义务是一致的。B项错误。

根据义务对人们的效力范围，将义务分为绝对义务与相对义务。绝对义务是无特定权利人与之相对的义务。相对义务是有特定权利人与之相对的义务。该条中所规定的军人的配偶在离婚方面所承担的义务有特定的权利人与之相对，是一种相对义务。C项正确。

该法律条文主要表达的是一个法律规则的行为模式部分。D项错误。

8. 尹老汉因女儿很少前来看望，诉至法院要求判决女儿每周前来看望一次。法院认为，《老年人权益保障法》第十八条规定，家庭成员应当关心老年人的精神需求，不得忽视、冷落老年人；与老年人分开居住的家庭成员，应当经常看望或问候老年人。而且，关爱老人也是中华传统美德。法院遂判决被告每月看望老人1次。关于此案，下列哪一说法是错误的？（2014/1/11）

A. 被告看望老人次数因法律没有规定，由法官自由裁量

B. 《老年人权益保障法》第十八条中没有规定法律后果

C. 法院判决所依据的法条中规定了积极义务和消极义务

D. 法院判决主要是依据道德作出的

解析：法律没有规定与老年人分开居住的家庭成员看望老人的次数，这需要法官根据具体情况来确定，这属于法官的自由裁量。A项正确。

《老年人权益保障法》第十八条中没有规定法律后果。B项正确。

该条中的积极义务如"应当关心老年人的精神需求"、"应当经常看望或问候老年人"，消极义务如"不得忽视、冷落老年人"。C项正确。

法院判决主要是依据相关法律规定作出。D项错误。

第七章
法律行为

知识结构图

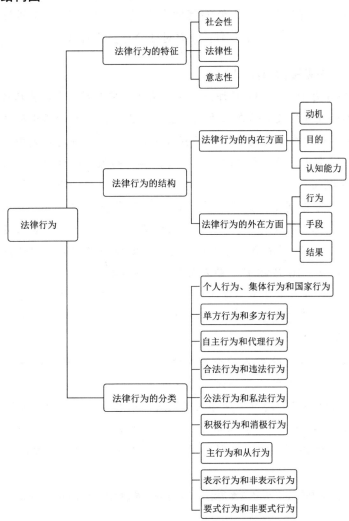

法律行为
- 法律行为的特征
  - 社会性
  - 法律性
  - 意志性
- 法律行为的结构
  - 法律行为的内在方面
    - 动机
    - 目的
    - 认知能力
  - 法律行为的外在方面
    - 行为
    - 手段
    - 结果
- 法律行为的分类
  - 个人行为、集体行为和国家行为
  - 单方行为和多方行为
  - 自主行为和代理行为
  - 合法行为和违法行为
  - 公法行为和私法行为
  - 积极行为和消极行为
  - 主行为和从行为
  - 表示行为和非表示行为
  - 要式行为和非要式行为

知识解析

一、法律行为的特征

法律行为是人们所实施的、能够发生法律效力、产生一定法律效果的行为。

法律行为具有以下特征：

1. 社会性

法律行为的社会性是指法律行为会对他人和社会产生影响。法律行为的发生，一定会对行为人本人以外的其他个人或组织甚至国家的利益和关系产生直接或间接的影响，这种影响表现为对社会有益或有害。

[案例] 夫妻看黄碟案[1]

2002年8月18日晚11时许，延安市宝塔公安分局万花派出所民警称接群众举报，新婚夫妻张某夫妇在位于宝塔区万花山乡的一所诊所中播放黄碟。三名民警称从后面的窗子看到里面确实有人在放黄碟，即以看病为由敲门。住在前屋的张某父亲开门后，警察即直奔张某夫妻住的屋，并试图扣押收缴黄碟和VCD机、电视机。张某阻挡，双方发生争执，张某抢起一根木棍将警察的手打伤。警察随之将其制服，并将张某带回派出所留置，同时扣押收缴了黄碟、VCD机和电视机。第二天，在家人向派出所交了1000元暂扣款后张某被放回。

10月21日，即事发两个月以后，宝塔公安分局以涉嫌"妨碍公务"为由刑事拘留了张某。10月28日，警方向检察机关提请逮捕张某。11月4日，检察院以事实不清、证据不足为由退回补充侦查。11月5日，张某被取保候审。11月6日，张某在医院被诊断为："多处软组织挫伤（头、颈、两肩、胸壁、双膝），并伴有精神障碍"。

12月5日，宝塔公安分局决定撤销此案。12月31日，张某夫妇及其律师与宝塔公安分局达成补偿协议。协议规定：宝塔公安分局一次性补偿张某29137元；宝塔公安分局有关领导向张某夫妇赔礼道歉；处分有关责任人。

本案发生后，媒体及学术界进行了广泛的讨论。其中的主流观点认为，这是一起典型的公民个人私权利和国家公共权力之间冲突的案例，主张警察

---

[1] 参见"法理学十二大经典案例之十一——延安黄碟案"，载 http://blog.renren.com/share/250378399/3567647627，最后访问日期：2020年5月1日。

无权干预个人隐私。也有个别学者撰文质疑和批评了上述观点，并论证了本案中警方介入的正当性。

　　本案可以从多种角度进行探讨，依据本章法律行为的相关理论（法律行为的社会性），我们也可以对此案进行评析。一对夫妻在家中看黄碟，警察能不能管？这个问题不能简单地说能或不能。关键要看这对夫妻看黄碟的行为有没有侵犯他人的合法权益、有没有对社会产生影响。如果夫妻在家中看黄碟，"防护措施"做得很好，关了门窗，窗帘拉得很严，播放黄碟的声音很小，鉴于夫妻之间的特殊关系，夫妻在家中看黄碟最多可以算做是道德问题，甚至可以认为这是这对夫妻的隐私权。在这种情况下，警察还真不能管。但如果夫妻在家中看黄碟，不采取任何"防护措施"，门窗不关，窗帘不拉，声音很大，对他人合法权益造成了影响，他人向公安机关举报了，警察就不能不管了。警察就要调查事实，对这对夫妻看黄碟的行为酌情进行干涉了。如果在这种情况下不管，警察恐怕又会被认为是行政不作为了。

2. 法律性

法律行为的法律性是指法律行为是由法律规定，并能产生相应法律效果。

［案例］网婚是法律行为吗？[1]

　　林女士在家安装了一台电脑，并申请了宽带上网，一下班夫妻俩就一起在QQ上聊天。后来林女士对聊天失去了兴趣。但丈夫张先生从此迷上了网络聊天。一次偶然机会，林女士发现丈夫竟然在网上有了"老婆"，还共同"抚养"了一个孩子。两人常为此争吵不停，无奈林女士向丈夫提出了离婚，但丈夫不同意。林女士最终以丈夫涉嫌重婚罪将其告上法庭，她诉称：其夫在网上结婚生子，这种"重婚"行为对自己造成了极大的精神伤害，丈夫已经违反了夫妻之间的忠实义务，要求丈夫赔偿精神损失费10万元。对此，其夫张先生却坚持认为"网婚"只是在网上虚拟的活动而已，在现实生活中从来没有做过对不起妻子的事情。

　　法院审理后认为，根据我国法律的相关规定，公民婚姻成立实行登记原则，无论是"网恋"还是目前极为流行的"网婚"，显然都不具备这一法定

----

〔1〕　参见"妻子告丈夫网上结婚生子是重婚 引发激烈争论"，载 http://tech. 163. com/05/0227/10/1DJDLJ8V000915BF_ all. html，最后访问日期：2018 年 6 月 2 日。

形式要件，因此没有重婚之嫌。据此，法院同意了林女士离婚的请求，却驳回了她要求丈夫支付"过错赔偿"的要求。

我国《婚姻法》规定，男女双方只有亲自到婚姻登记机关依法登记，其婚姻关系才能成立。网婚是基于互联网的虚拟婚姻，网婚不符合《婚姻法》的要求，没有任何法律效力。陷入网婚的双方虽然没有肉体关系，但是精神方面却很投入，他们在网上"结婚"、"生子"，犹如现实生活的复制，有的甚至迷恋对方，严重影响了现实生活中的夫妻感情。网婚虽有悖社会道德，但现行法律还没有哪个条文称网婚违法。所以，网婚行为不是法律行为。

3. 意志性

法律行为的意志性是指法律行为能够为人们的意志所支配和控制。

[案例] 曼德拉追悼大会上的手语翻译[1]

南非前总统曼德拉追悼大会于 2013 年 12 月 10 日在约翰内斯堡的 FNB 体育场隆重举行。名为塔姆桑加·扬奇的男子在追悼大会上为多国和国际组织的领导人发言充当手语翻译，但南非和其他国家的聋哑观众抱怨说，扬奇胡乱做着手势，表达的意思谁也看不明白。专家对此进行调查后发现，这名"手语翻译"做出的手语动作的确是"不知所云"。警方随后对他展开了搜捕行动。12 月 12 日，南非政府公布的调查结果显示，在前总统曼德拉追悼大会期间进行手语翻译的男子扬奇系精神病患者，加上他手语水平有限，精神压力大，所以在追悼大会上表现反常。扬奇在接受《开普敦时报》采访时也承认，他患有精神分裂症，平时要定时吃药。他当时在做手语翻译时，一方面过于紧张，一方面太激动，所以精神无法集中，出现了幻觉，结果导致他做的手语"不知所云"。据外媒 19 日报道，在曼德拉追悼会上瞎比划的手语翻译，已进入一家精神病院接受治疗。

曼德拉追悼大会上的手语翻译扬奇尽管让南非政府在世界面前有些"尴尬"，但南非政府并不能追究扬奇的法律责任，因为扬奇是精神病患者，在为多国和国际组织的领导人发言充当手语翻译时精神病发作，控制不了自己的意志，所以扬奇的行为并不能视为违法行为加以制裁。

---

〔1〕 参见"曼德拉追悼大会'手语翻译'系精神病患者"，载 http://news.xinhuanet.com/photo/2013-12/13/c_125855361.htm，最后访问日期：2019 年 7 月 3 日。

在现实生活中，并不是所有行为都是法律行为，如母亲拍孩子睡觉就不具有什么法律效果，就不是法律行为。对于法理学初学者，判断某个行为是否是法律行为可能会存在很大的难度。本书为方便初学者理解，斗胆提出以下几种不太成熟的判断法律行为的方法。第一种方法是看该行为是否引起权利（或义务）的产生、变更或消灭，"法是规定权利和义务的社会规范"，权利和义务是法律的内容，这是我们在第二章"法的概念"中学过的内容，只要某个行为能引起权利或义务的变化，该行为就是法律行为。第二种方法，如果初学者非常清楚地知道某个行为是由其他社会规范调整的，该行为一般也不是法律行为，如在公交车上，年轻人是否给老人让座，这属于道德调整的范围，自然不是法律行为。第三种方法，可以采用法律行为的相关知识来对该行为进行判断，如以法律行为的三个特征中的某个特征来衡量某行为是否是法律行为，不符合该特征的一般就不是法律行为。

二、法律行为的结构

法律行为是主体与客体、主观因素与客观因素交互作用的复杂过程，在结构上表现为行为的内在方面和外在方面。

（一）法律行为的内在方面

1. 动机

动机是指直接推动行为人去行动以达到一定目的的内在动力和动因。动机的形成是一个复杂的过程，它除受需要的激励外，可能还取决于一定的行为情境和行为人的人格特性。

2. 目的

目的是指人们通过实施行为以达到一定结果的主观意图。

3. 认知能力

认知能力是人们对自己行为的法律意义和后果的认识能力。

（二）法律行为的外在方面

1. 行为

行为是人们通过身体、言语或意思表示而表现于外的举动。

2. 手段

手段是行为人为达到预设的目的而在实施行为的过程中所采取的各种方式和方法。

3. 结果

结果是行为的完成（结束）状态，结果是评价行为法律意义的依据。

[案例] 王某杀人案[1]

被告人王某，21 岁，系郑州成功财经学院学生，因考研压力大，无心学习。2017 年 9 月 12 日，王某在郑州成功财经学院图书馆借阅了《心理罪教化场》《十宗罪》《中国十大变态凶杀案》等书籍，后又观看了与杀人题材相关的电视剧，并在网上搜索了杀人案例，为追求刺激，遂产生了杀人的犯意。9 月 14 日，王某购买了铁锤、单刃刀、衣帽、口罩等作案工具。9 月 27 日 20 时许，王某在郑州成功财经学院东院南侧一树林内，趁被害人王某甲同女友聊天之机，持铁锤朝王某甲后脑部击打，致王某甲头部受伤。经巩义市公安局物证鉴定室鉴定，王某甲的损伤为因外伤致头部创口累计长 10.6cm，已构成轻伤二级。2017 年 10 月 11 日，王某向郑州成功财经学院投案。

巩义市法院认为，被告人王某持械故意非法剥夺他人生命，其行为已构成故意杀人罪。王某持铁锤朝被害人后脑部击打，造成轻伤二级，应认定为犯罪未遂，可以比照既遂犯减轻处罚；王某犯罪以后自动投案，如实供述自己的罪行，是自首，可以从轻处罚。关于辩护人提出王某没有杀死被害人动机的辩护意见，经查，王某在实施犯罪前通过查阅相关书籍和观看电视剧了解如何将人致死，且准备了作案工具，后用锤子砸被害人的要害部位，应认定为其有杀人的动机，故此辩护意见不能成立，不予采纳。河南省巩义市法院以故意杀人罪一审判处被告人王某有期徒刑四年。

对于附带民事诉讼原告人王某甲要求判令被告人王某赔偿医疗费、护理费等损失共计 151 263.71 元的请求，法院未予全部支持，仅支持了符合法律规定的部分，为人民币 1 563.62 元。

此案中，从法律行为的内在方面看，王某考研压力太大，无心学习，在看了和犯罪有关的图书和影视剧后，为寻求刺激，遂产生了杀人的犯意。王某是一个意志健全的成年人，他完全知道自己行为的性质、意义和后果。其杀人的心理过程符合法律行为的内在方面。

---

[1] 参见"大学生因考研压力大持锤杀人 事前曾查阅杀人案例"，载 http://ln.sina.com.cn/news/shenghuo/2018-03-05/detail-ifxipenn1370046.shtml，最后访问日期：2019 年 9 月 30 日。

从法律行为的外在方面看，王某产生杀人的动机后，即着手购买了铁锤、单刃刀、衣帽、口罩等作案工具，随后采取"持铁锤朝被害人后脑部击打"的方式，致被害人王某甲轻伤，其行为构成故意杀人罪（未遂）。

三、法律行为的分类

（一）根据行为主体性质和特点进行的分类

1. 个人行为、集体行为和国家行为

根据行为主体的特性不同，可以把法律行为分为个体行为、集体行为和国家行为。

2. 单方行为和多方行为

根据主体意思表示的形式，可以把法律行为分为单方行为和多方行为。

单方行为是由行为人一方的意思表示即可成立的法律行为，如遗嘱、遗赠、放弃继承权的声明、行政处罚等。

多方行为是由两个或两个以上的多方行为人意思表示一致而成立的法律行为，如合同行为。

3. 自主行为和代理行为

根据主体实际参与行为的状态，可以把法律行为分为自主行为和代理行为。

自主行为是行为人在没有其他主体参与的情况下以自己的名义独立从事的法律行为。

代理行为是指行为人根据法律授权或其他主体的委托而以被代理人的名义所从事的法律行为。

（二）根据行为的法律性质进行的分类

1. 合法作为和违法行为

根据行为是否符合法律的内容要求，可将法律行为分为合法行为和违法行为。

2. 公法行为和私法行为

根据行为的公法性质或私法性质，可将法律行为分为公法行为和私法行为。

公法行为是具有公法效力、能够产生公法效果的行为，如立法行为、行政法律行为、司法行为。

私法行为是具有私法性质和效力、产生私法效果的行为，如民商事法律行为。

（三）根据行为的表现形式与相互关系进行的分类

1. 积极行为和消极行为

根据行为的表现形式不同，可以把法律行为分为积极行为和消极行为。

积极行为，又称"作为"，是以积极、主动作用于客体的形式表现的、具有法律意义的行为。

消极行为，又称"不作为"，是以消极的、抑制的形式表现的具有法律意义的行为。

2. 主行为和从行为

根据行为的主从关系，可以把法律行为分为主行为和从行为。

主行为是无需以其他法律行为的存在为前提而具有独立存在意义、产生法律效果的行为。

从行为是其成立需以其他行为的存在作为存在前提的法律行为。

（四）根据行为构成要件进行的分类

1. 表示行为和非表示行为

根据行为是否通过意思表示，可将法律行为分为表示行为和非表示行为。

表示行为是行为人基于意思表示而作出的具有法律意义的行为，如买卖合同法律行为。

非表示行为，又称为"事实行为"，是非经行为人意思表示而是基于某种事实状态即具有法律效果的行为，如拾得遗失物。

2. 要式行为和非要式行为

根据行为是否需要特定形式或实质要件，可将法律行为分为要式行为和非要式行为。

要式行为是必须具备某种特定形式或程序才能成立的法律行为。

非要式行为是无需特定形式或程序即能成立的法律行为。

[案例] 拾得遗失物案[1]

2009 年 7 月 9 日上午 11 时许，王女士在丰台区一停车场内不慎将钻戒丢

---

〔1〕 参见"男子捡钻戒认为是假的扔掉 被判赔偿 4.6 万"，载 http://news. sina. com. cn/s/2010-07-28/030720770218. shtml，最后访问日期：2017 年 7 月 28 日。

失。遗失钻戒是男朋友赠送的，价值4.6万余元，作为两人的订婚信物，对王女士有重大意义。随后，王女士向警方求助。民警调取事发地点的录像资料，发现是张某拾得钻戒。在警方帮助下，王女士找到了张某，张某认可捡到钻戒，但拒绝返还。张某自称，当时认为戒指是假的，就随手扔掉了。无奈之下，王女士将张某告上法庭，要求赔偿钻戒损失4.6万余元。此案开庭时，张某也称，确实曾经捡到了一枚戒指，但当时认为这是假钻戒便随手丢弃，也没有在意。对于王女士丢失订婚钻戒一事，他表示惋惜，但不同意赔偿。北京市第二中级人民法院审理后认为，张某拾得遗失物未妥善保管，且具有主观故意造成损失，应向王女士赔偿。

对此案的判决，法官解释说，拾得遗失物，应当返还给权利人。拾得人应当及时通知权利人领取，或者送交公安等有关部门。在此之前，拾得人应当妥善保管遗失物，因故意或者重大过失致使遗失物毁损、灭失的，应当承担民事责任。

根据现有证据，可以认定张某拾到的戒指系王女士价值4.6万余元的钻戒，张某在拾到戒指后，未将戒指送交公安等有关部门，也未妥善保管。他自称将戒指扔掉，以致戒指灭失无法返还，该行为违反了妥善保管遗失物的法定义务，且具有主观故意，应对由此给王女士造成的经济损失承担侵权的民事赔偿责任。

此案中，张某拾得王女士遗失物——钻戒的行为就是非表示行为（事实行为），张某不需要做什么意思表示，当他捡到钻戒的一刻就产生了妥善保存并归还失主的义务。

第八章

法律关系

知识结构图

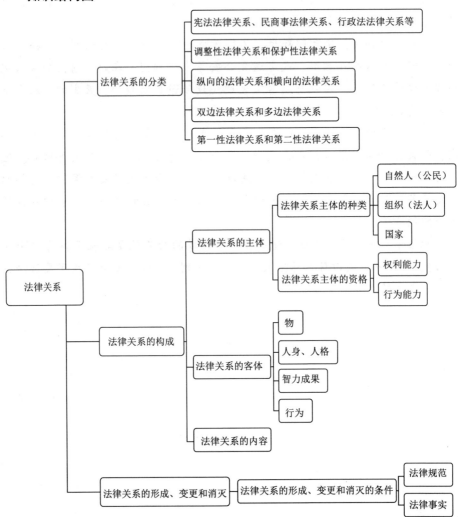

知识解析

一、法律关系的概念和分类

（一）法律关系的概念

法律关系是以法律规范为基础形成的，以法律权利和法律义务为内容的社会关系。法律关系是法律调整社会关系的产物。法律关系具有以下特征：

1. 法律关系是以法律规范为基础形成的社会关系。

2. 法律关系是法律主体之间的社会关系。

3. 法律关系是以权利和义务为内容的社会关系。

（二）法律关系的分类

1. 按照法律关系所依据的法律部门的不同，法律关系可分为宪法法律关系、民商事法律关系、行政法律关系、经济法律关系、社会法律关系、刑事法律关系、诉讼法律关系、国际法法律关系等。这种划分一般与法律部门、法学部门的划分相对应。

2. 根据法律关系产生的依据、执行的职能和实现规范的内容不同，法律关系可以分为调整性法律关系和保护性法律关系。

调整性法律关系是基于人们的合法行为而产生的、执行法的调整职能的法律关系。

保护性法律关系是由于违法行为而产生的、旨在恢复被破坏的权利和秩序的、执行法的保护职能的法律关系。

3. 按照法律主体在法律关系中的地位不同，法律关系可以分为纵向的法律关系和横向的法律关系。

纵向的法律关系是指在不平等的法律主体之间所建立的权力服从关系。

横向法律关系是指平等法律主体之间的权利义务关系。

4. 根据法律关系主体数量的多少，将法律关系分为双边法律关系和多边法律关系。

双边法律关系是指在特定的双方法律主体之间存在的权利义务关系。

多边法律关系是指在三个或三个以上的法律主体之间存在的权利义务关系。

为便于对知识的掌握，法理学初学者可联系、对比"法律行为依主体多少分为单方法律行为和多方法律行为"，并注意多方法律行为与多方法律关系中"多"的起算点是不同的。

5. 根据法律关系之间的因果联系，可以将法律关系分为第一性法律关系和第二性法律关系。

第一性法律关系是在法律规范发挥其指引作用的过程中，在人们合法行为的基础上形成的法律关系。

第二性法律关系是在第一性法律关系受到干扰、破坏的情况下对第一性法律关系起补救、保护作用的法律关系。

为便于对知识的掌握，法理学初学者可联系、对比"根据权利之间、义务之间的因果关系，可将权利和义务分为第一性权利和义务与第二性权利和义务"的分类方式。

[案例] 河南洛阳种子案[1]

2001 年 5 月，河南省洛阳市汝阳县种子公司与伊川县种子公司签订合同，约定由伊川县种子公司代为培育玉米种子。2003 年年初，汝阳县种子公司以伊川县种子公司没有履约为由诉至洛阳市中级人民法院，请求赔偿。

本案中，存在两个有因果联系的法律关系，一个是汝阳县种子公司与伊川县种子公司形成的培育玉米种子合同法律关系，另一个是因伊川县种子公司违约而在汝阳县种子公司、伊川县种子公司和洛阳市中级人民法院之间形成的诉讼法律关系。汝阳县种子公司与伊川县种子公司形成的培育玉米种子合同法律关系是第一性法律关系，当这个法律关系受到干扰、破坏后，就产生了汝阳县种子公司、伊川县种子公司和洛阳市中级人民法院之间的诉讼法律关系，所以汝阳县种子公司、伊川县种子公司和洛阳市中级人民法院之间形成的诉讼法律关系是第二性法律关系。

二、法律关系的结构

（一）法律关系的主体

法律关系的主体是指在法律关系中享有权利和履行义务的人。

1. 法律关系主体的种类

从当代世界各国的情况来看，法律关系主体主要有三类。

---

〔1〕 参见舒国滢主编：《法理学》，中国人民大学出版社 2012 年版，第 136 页。

（1）自然人（公民）。自然人通常包括本国公民、外国公民和无国籍人。

（2）组织（法人）。组织主要包括三类：第一类是企业、事业单位；第二类是政党、社会团体；第三类是国家机关，如国家的权力机关、行政机关、审判机关、检察机关。在民事法律关系中，具有民事权利能力和民事行为能力、依法独立享有民事权利和承担民事义务的组织被称为法人。

（3）国家。国家的整体或部分是某些法律关系的主体。

［案例］ 继承千万美元 宠物狗被迫隐居〔1〕

宠物继承遗产最受瞩目的案例莫过于美国房地产业和酒店业亿万富婆利昂娜·海姆斯利 2007 年 8 月去世后，将高达 1200 万美元的遗产留给自己一只名叫"麻烦"的宠物母狗。

当时，利昂娜留给"麻烦"500 万美元现金及 700 万美元信托财产，并在遗嘱中任命她的弟弟阿尔文·罗森塔尔充当"麻烦"的照管人，同时给阿尔文大约 1000 万美元的遗产，以便他有充足的金钱照顾"麻烦"。利昂娜在遗嘱中还规定，当"麻烦"去世后，必须安葬在她的身边。尽管一切都安排得天衣无缝，但利昂娜做梦也不会想到的是，她留给"麻烦"的这笔巨款却真的给它带来大"麻烦"。

自从继承 1200 万美元遗产后，"麻烦"一跃迈入全球最富有宠物狗之列，媒体也将它戏称为"富婆狗"。但由于"麻烦"的身家实在太高，导致它立即成为众多绑架勒索者的头号猎捕目标，并多次收到各种绑架和暗杀恐吓。

尽管遗嘱中规定"麻烦"将由利昂娜的弟弟阿尔文照管，但这一要求遭到阿尔文断然拒绝，于是利昂娜以前的工作人员和她的朋友只好承担起照顾它的重任。据透露，"麻烦"本来一直和利昂娜居住在康涅狄格州一幢有 28 个房间的豪宅中，但由于遗嘱公开后收到大量绑架恐吓，利昂娜的朋友只好立即将"麻烦"从该豪宅中悄悄转移出去，并用一架私人飞机将"麻烦"送到一个不为人知的地方，然后为其改名换姓，以新身份隐藏起来。

此后几年，"麻烦"一直住在佛罗里达州一处利昂娜旗下的酒店中，由酒店的总经理负责照看。所住的地方受到 24 小时严密监控，一个由近 10 名前特种兵组成的保镖小组负责保护它的安全。

---

〔1〕　参见"让宠物继承遗产靠谱吗？"，载《深圳特区报》2015 年 1 月 24 日，第 B02 版。

令人嘘唏的是，"麻烦"的传奇一生于2010年12月画上句号，终年12岁，相当于人类84岁。在晚年最后的岁月里，它每天依然过着无忧无虑的生活。负责照料它的酒店每年为它花费高达10万美元，其中8000美元是卫生护理费，1200美元是食品费，其余9万多美元则包括支付给保镖小组24小时保安费，以及照管人、兽医等工作人员的工资。"麻烦"去世的消息曝光后，它所拥有的巨额财富将由谁来继承立即成为万众瞩目的焦点问题。人们大可不必为此操心，利昂娜在遗嘱中早已规定，一旦"麻烦"去世，它所留下的所有财产将全部捐献给慈善机构。

随着动物保护主义的蓬勃兴起，一些西方国家开始承认动物可以成为某些法律关系的主体，宠物狗"麻烦"继承千万美元遗产就是一个典型案例。

2. 法律关系主体的资格

法律关系主体必须同时具有权利能力和行为能力。这是成为法律关系主体的必备条件。

（1）权利能力

权利能力，又称权利义务能力，是法律关系主体依法享有一定权利和承担一定义务的法律资格。权利能力是法律关系主体实际取得权利、承担义务的前提条件。法理学初学者，不能望文生义地只将权利能力理解为法律关系主体依法享有一定权利的法律资格。

①公民的权利能力

公民的权利能力分为一般权利能力和特殊权利能力。公民的一般权利能力，是一国所有公民均具有的权利能力。一般认为，公民的一般权利能力始于出生，终于死亡。当然，法律有特殊规定的除外，如我国《民法典》第16条规定："涉及遗产继承、接受赠与等胎儿利益保护的，胎儿视为具有民事权利能力。但是胎儿娩出时为死体的，其民事权利能力自始不存在。"公民的特殊权利能力是公民在特定条件下具有的法律资格。这种资格并不是每个公民都可以享有，而只授予某些特定的法律主体。

②法人的权利能力

一般而言，法人的权利能力自法人成立时产生，至法人解体时消灭。法人权利能力的内容和范围是由法人成立的宗旨和业务范围决定的。

（2）行为能力

行为能力是法律关系主体能够通过自己的行为实际行使权利和履行义务的能力。

①公民的行为能力

确定公民有无行为能力的标准：一是能否认识自己行为的性质、意义和后果；二是能否控制自己的行为并对自己的行为负责。公民的行为能力主要取决于公民的年龄和精神状况。

世界各国的法律，一般把本国公民划分为完全行为能力人、限制行为能力人和无行为能力人。完全行为能力人是指达到一定法定年龄、智力健全、能够对自己的行为负完全责任的公民。限制行为能力人是指行为能力受到一定限制，只具有部分行为能力的公民。无行为能力是指完全不能以自己的行为行使权利、履行义务的公民。以民法的行为能力制度为例，我国《民法典》规定，成年人（年满十八周岁）为完全民事行为能力人，可以独立实施民事法律行为；十六周岁以上的未成年人，以自己的劳动收入为主要生活来源的，视为完全民事行为能力人。八周岁以上的未成年人为限制民事行为能力人，实施民事法律行为由其法定代理人代理或者经其法定代理人同意、追认，但是可以独立实施纯获利益的民事法律行为或者与其年龄、智力相适应的民事法律行为；不能完全辨认自己行为的成年人为限制民事行为能力人，实施民事法律行为由其法定代理人代理或者经其法定代理人同意、追认，但是可以独立实施纯获利益的民事法律行为或者与其智力、精神健康状况相适应的民事法律行为。不满八周岁的未成年人为无民事行为能力人，由其法定代理人代理实施民事法律行为；不能辨认自己行为的成年人以及不能辨认自己行为的八周岁以上的未成年人为无民事行为能力人，由其法定代理人代理实施民事法律行为。

[案例] 13 岁女孩花光父母 25 万积蓄打赏网络男主播[1]

2017 年 1 月 30 日，家住上海的孙女士发现自己银行卡上 25 万元血汗钱"不翼而飞"。再三追问，13 岁女儿小卞承认自己偷用家长手机，打赏给了网络男主播。每次汇款成功后，小卞都会将短信删除。小卞父母都是外来务工

---

〔1〕 参见"13 岁女孩花光父母 25 万积蓄打赏网络男主播"，载 http://news.sohu.com/20170219/n481095095.shtml，最后访问日期：2018 年 2 月 19 日。

人员，每人每月收入不到 5 000 元。

面对消失的 25 万元，孙女士夫妇也一筹莫展，最终决定报警。后经民警了解，报警人小卞在"全民 K 歌"直播平台是主动送礼物给男主播的，期间并未发生任何诈骗行为，所以公安机关并未受理此案。

此案中，13 岁的小卞属于限制民事行为能力人，其打赏主播的行为远远超过自己的认知能力，小卞的父母作为监护人，完全可以不认可、不追认这种民事行为，小卞的这种打赏主播"巨款"的行为是无效的。

②法人的行为能力。法人自成立到终止，始终具有完全行为能力，法人的行为能力与法人的权利能力是一致的。

（二）法律关系客体

1. 法律关系客体的概念和特征

法律关系客体是法律关系主体的权利和义务所指向、影响和作用的对象。

法律关系客体具有以下特征：

（1）客观性

法律关系客体应当是客观存在的事物，即独立于人的意识之外并能为人的意识所感知的事物。

（2）有用性

法律关系客体应是对人有价值的事物，即能够满足人的物质需要或精神需要。

（3）可控性

法律关系客体应当是人类可以控制或利用之物。

（4）法律性

法律关系客体通常都是由法律明确规定的。

[案例] 月球土地能在中国买卖吗?[1]

2005 年 9 月 5 日，北京月球村航天科技有限公司经工商注册成立，领取

---

[1] 参见"月球土地能在中国买卖吗? 叫卖月球土地被查封"，载 http://news.sina.com.cn/o/2005-12-10/15307674452s.shtml，最后访问日期：2018 年 6 月 5 日；"工商下达行政处罚决定 售卖月球土地属投机倒把"，载 http://news.hsw.cn/system/2005/12/23/002468605.shtml，最后访问日期：2018年 6 月 5 日。

了营业执照。10 月 19 日，公司正式开盘营业，以每英亩 298 元人民币的价格销售了 48 英亩月球土地。几天后，北京市朝阳工商局便以"涉嫌投机倒把"为由，暂扣了公司的营业执照，后对北京月球村航天科技有限公司的销售月球土地的行为作出罚款 5 万元、吊销营业执照的处罚决定，同时责令北京月球村航天科技有限公司退还所售月球土地销售款。

根据我国民法规定，不是所有物都能成为所有权法律关系的客体。要成为客体，必须是能被所有权主体控制或者利用。事实上，人类还没有能力控制利用月球土地，月球土地不能成为所有权的客体，即北京月球村航天科技有限公司不能拥有月球土地的所有权。

2. 法律关系客体的种类

法律关系客体一般包括：

（1）物

物是以一定物理形态存在的有形物。

（2）人身、人格

人身和人格分别代表着人的物质形态和精神利益，是人之为人的两个不可或缺的要素。

（3）智力成果

智力成果是指人通过智力劳动所创造出来的精神产品，如科学发现、技术成果、商标设计、学术著作、文艺作品、电脑软件等。

（4）行为

作为法律关系客体的行为是指义务人按照法定或约定的义务而必须实施的行为，包括作为和不作为两种情形。

[案例]"大悦城"诉"大阅城"案[1]

因开发的楼盘及在相关商业活动中，擅自频繁使用与"大悦城"商标高度近似的"大阅城"、"建发大阅城"标识，拥有"大悦城"商标的中粮集团有限公司，以及大悦城商业管理（北京）有限公司将银川建发集团股份有限公司、银川建发商业管理有限责任公司和搜房网告上法庭，索赔 150 万元。

---

〔1〕 参见"'大悦城'诉'大阅城'搭便车索赔 150 万元"，载 http://www.chinaipmagazine.com/news-show.asp? 22688.html，最后访问日期：2019 年 8 月 14 日。

2018 年 8 月 13 日上午，北京市朝阳区人民法院开庭审理了此案。

原告：起诉侵权索赔 150 万

原告诉称，中粮集团依法享有"大悦城"注册商标专用权，2016 年被国家工商行政管理总局认定为驰名商标。"大悦城"系中粮集团首创的臆造词汇，具有较高的独创性，已取得了极高的知名度和美誉度。

银川建发集团未经许可，擅自在其开发建设的房地产项目现场、营销中心及商品房销售等房地产相关商业活动中频繁使用与"大悦城"商标高度近似的"大阅城""建发大阅城"标识。银川建发公司作为全资子公司，未经许可，在互联网平台上使用"大阅城""建发大阅城"标识进行宣传推广。

上述行为极易使公众误认为"大悦城"与"大阅城"二者之间存在关联，两公司存在明显攀附商标商誉的主观侵权恶意。搜房网疏于履行审查义务，致使平台用户实施了未经许可擅自使用与中粮集团注册商标高度近似商标的侵权行为，应依法承担连带赔偿责任。

据此，原告中粮集团要求银川建发集团、银川建发公司立即停止侵权行为，并赔偿经济损失及合理支出共计 150 万元；搜房网立即删除全部涉案侵权信息；三被告在搜房网、新浪乐居网首页的显著位置发布为期三个月的声明，消除侵权影响。

被告：符合地方地名命名惯例

银川建发集团及银川建发公司共同答辩称，"建发大阅城"是宁夏回族自治区、银川市政府为创建"银川阅海湾中央商务区"打造的重要地标性项目，是宁夏对外开放的桥头堡。2013 年，银川建发集团通过媒体向市民征集项目名称，最终定名为"大阅城"，其命名与周边建筑项目名称、道路，如"阅海万家""阅福路"等均源于其所处的地理位置，符合地方地名命名的惯例，并于 2014 年被银川市民政局审批核准，银川建发集团使用具有正当合理性。

同时，银川建发集团在当地具有极高的商誉，相关公众对"大阅城""建发大阅城"楼盘系被告开发的认知非常清楚，不可能与原告及其注册商标所核定使用的服务产生混淆。相反，原告从未在银川使用过"大悦城"或近似名称开展相关服务，不为公众所知。被告没必要搭原告便车，也不存在搭便车的事实基础。

此外，"大阅城"与原告商标在整体及文字含义、字形等方面区别较大，"建发大阅城"区别更为明显，即便将其作为商标与原告商标比对，也不构成商标法侵权意义上的近似。银川建发集团还指出，"大阅城""建发大阅城"作为地标性建筑已成为市民生活的重要场景，改名将会损害公众利益且具有现实的不可能性。

搜房网则认为，即使认定构成侵权，但其仅是网络提供服务商，与银川建发没有互利关系，也没有侵权主观故意，因此请求驳回原告起诉。

庭审最后，原被告双方都同意调解解决。

"大悦城"诉"大阅城"案是典型的商标近似的纠纷案。商标近似是指是指两商标文字的字形、读音、含义或者图形的构图、着色、外观近似，或者文字和图形组合后的整体排列组合方式和外观近似，或者其三维标志的形状和外观近似，或者其颜色或者颜色组合近似，使用在同一种或者类似商品或者服务上易使相关公众对商品或者服务的来源产生误认。对于商标近似的纠纷案，主要会从商标注册的在先性、商标实用类别、原商标是否在相关领域具有广泛知晓性等方面去考虑。本案中，商标属于智力成果，可以成为法律关系的客体。

（三）法律关系的内容

法律关系的内容是法律关系主体之间的权利和义务。关于权利和义务，本书已在"第六章权利和义务"中详细介绍。一些教材为了行文简洁，在法律关系这章中只介绍法律关系的主体和客体，对法律关系的内容没有提及。法理学初学者不要因此误以为法律关系由法律关系主体和法律关系客体构成。法律关系是由法律关系主体、法律关系客体、法律关系内容三要素组成，缺一不可。

三、法律关系的形成、变更和消灭

法律关系的形成是指在法律关系主体之间形成了权利和义务关系。

法律关系的变更是指法律关系的构成要素（主体、客体或内容）发生了变化。

法律关系的消灭是指法律关系主体之间的权利和义务不存在了。

（一）法律关系形成、变更和消灭的条件

法律关系形成、变更和消灭的条件包括法律规范和法律事实。法律事实是法律规范所规定的、能够引起法律关系产生、变更和消灭的客观情况或现象。

（二）法律事实的种类

以是否以人的意志为转移为标准，法律事实可以分为法律事件和法律行为。

法律事件是法律规范规定的，不以当事人的意志为转移而引起法律关系形成、变更或消灭的客观事实。法律事件又分为自然事件和社会事件两种。自然事件如地震、海啸、闪电、人的生死。社会事件如战争和革命。

法律行为，本书已在"第七章法律行为"中详细介绍。法律行为作为法律事实的一种，能够引起法律关系形成、变更和消灭。

相关司法考试真题

1. 王某恋爱期间承担了男友刘某的开销计 20 万元。后刘某提出分手，王某要求刘某返还开销费用。经过协商，刘某自愿将该费用转为借款并出具了借条，不久刘某反悔，以不存在真实有效借款关系为由拒绝还款，王某诉至法院。法院认为，"刘某出具该借条系本人自愿，且并未违反法律强制性规定"，遂判决刘某还款。对此，下列哪些说法是正确的？（2014/1/53）

A. "刘某出具该借条系本人自愿，且并未违反法律强制性规定"是对案件事实的认定

B. 出具借条是导致王某与刘某产生借款合同法律关系的法律事实之一

C. 因王某起诉产生的民事诉讼关系是第二性法律关系

D. 本案的裁判是以法律事件的发生为根据作出的

解析："刘某出具该借条系本人自愿，且并未违反法律强制性规定"是对本案客观情况的认定。A 项正确。

出具借条是法律行为，能够引起王某与刘某之间借款合同法律关系的产生。B 项正确。

根据法律关系之间的因果联系，可以将法律关系分为第一性法律关系和

第二性法律关系。第一性法律关系是在法律规范发挥其指引作用的过程中，在人们合法行为的基础上形成的法律关系。第二性法律关系是在第一性法律关系受到干扰、破坏的情况下对第一性法律关系起补救、保护作用的法律关系。在本案中，王某与刘某之间借款合同法律关系是第一性法律关系，该法律关系受到干扰的情况下产生的因王某起诉产生的民事诉讼关系是第二性法律关系。C 项正确。

本案的裁判是以法律行为的发生为根据作出的。D 项错误。

2. 张某到某市公交公司办理公交卡退卡手续时，被告知：根据本公司公布施行的《某市公交卡使用须知》，退卡时应将卡内 200 元余额用完，否则不能退卡，张某遂提起诉讼。法院认为，公交公司依据《某市公交卡使用须知》拒绝张某要求，侵犯了张某自主选择服务方式的权利，该条款应属无效，遂判决公交公司退还卡中余额。关于此案，下列哪一说法是正确的？（2015/1/12）

A. 张某、公交公司之间的服务合同法律关系属于纵向法律关系

B. 该案中的诉讼法律关系是主法律关系

C. 公交公司的权利能力和行为能力是同时产生和同时消灭的

D.《某市公交卡使用须知》属于地方规章

解析： 按照法律主体在法律关系中的地位不同，法律关系可以分为纵向的法律关系和横向的法律关系。纵向的法律关系是指在不平等的法律主体之间所建立的权力服从关系。横向法律关系是指平等法律主体之间的权利义务关系。张某、公交公司之间的服务合同法律关系是平等主体之间形成的法律关系，是横向法律关系。A 项错误。

有的教材认为，按照相关的法律关系的作用和地位不同，可以将相关的法律关系分为主法律关系和从法律关系。主法律关系是人们之间依法建立的不依赖其他法律关系而独立存在的或在相互联系的几个法律关系中居于支配地位的法律关系。需依赖其他法律关系的存在而存在，居于从属地位的法律关系是从法律关系。在本案中，张某、公交公司之间的服务合同法律关系能够独立存在，是主法律关系；该案中的诉讼法律关系依赖张某、公交公司之间的服务合同法律关系的存在而存在，是从法律关系。B 项错误。

法人的权利能力和行为能力是一致的，同时产生和同时消灭。C 项正确。

地方（政府）规章是省、自治区、直辖市和设区的市、自治州的人民政府根据法律、行政法规和本省、自治区、直辖市的地方性法规制定、发布的规章。D项错误。

3. 甲和乙系夫妻，因外出打工将女儿小琳交由甲母照顾两年，但从未支付过抚养费。后甲与乙闹离婚且均不愿抚养小琳。甲母将甲和乙告上法庭，要求支付抚养费2万元。法院认为，甲母对孙女无法定或约定的抚养义务，判决甲和乙支付甲母抚养费。关于该案，下列哪一选项是正确的？（2016/1/10）

A. 判决是规范性法律文件
B. 甲和乙对小琳的抚养义务是相对义务
C. 判决在原被告间不形成法律权利和义务关系
D. 小琳是民事诉讼法律关系的主体之一

解析： 法律文件分为规范性法律文件和非规范性法律文件。规范性法律文件一般表现为成文法，可反复适用；非规范性法律文件是适用规范性法律文件的结果，只能针对特定对象适用，且不能反复适用。判决书属于非规范性文件。A项错误。

根据义务对人们的效力范围，将义务分为绝对义务和相对义务。绝对义务是无特定权利人与之相对的义务。相对义务是有特定权利人与之相对的义务。甲和乙的抚养义务的权利人是小琳，是特定的。故甲和乙对小琳的抚养义务是相对义务。B项正确。

判决在原被告间形成法律权利和义务关系，即甲和乙有支付甲母抚养费的义务。C项错误。

小琳未参加该民事诉讼法律关系。D项错误。

4. 2012年，潘桂花、李大响老夫妇处置房产时，发现房产证产权人由潘桂花变成其子李能。原来，早在七年前李能就利用其母不识字骗其母签订合同，将房屋作价过户到自己名下。二老怒将李能诉至法院。法院查明，潘桂花因精神障碍，被鉴定为限制民事行为能力人。据此，法院认定该合同无效。对此，下列哪一说法是不正确的？（2013/1/14）

A. 李能的行为违反了物权的取得应当遵守法律、尊重公德、不损害他人

合法权益的法律规定

B. 从法理上看，法院主要根据"法律家长主义"原则（即，法律对于当事人"不真实反映其意志的危险选择"应进行限制，使之免于自我伤害）对李能的意志行为进行判断，从而否定了他的做法

C. 潘桂花被鉴定为限制民事行为能力人是对法律关系主体构成资格的一种认定

D. 从诉讼"争点"理论看，本案争执的焦点不在李能是否利用其母不识字骗取其母签订合同，而在于合同转让的效力如何认定

解析：李能利用其母不识字骗其母签订合同取得房屋所有权，其行为违反了物权的取得应当遵守法律、尊重公德、不损害他人合法权益的法律规定。A项正确。

从法理上看，法院主要根据"法律家长主义"原则（即，法律对于当事人"不真实反映其意志的危险选择"应进行限制，使之免于自我伤害）对潘桂花的意志行为进行判断，从而否定了她转让房屋的做法。B项错误。

对法律关系主体构成资格的认定，包括对法律关系主体权利能力的认定和行为能力的认定。潘桂花被鉴定为限制民事行为能力人是对其行为能力的认定。C项正确。

争点是存在相反意见，足以影响判决的事实问题和法律问题。此案的争点是房屋转让合同是否有效，"从法院认定该合同无效"亦可看出。D项正确。

5. 张女穿行马路时遇车祸，致两颗门牙缺失。交警出具的责任认定书认定司机负全责。张女因无法与肇事司机达成赔偿协议，遂提起民事诉讼，认为司机虽赔偿3000元安装假牙，但假牙影响接吻，故司机还应就她的"接吻权"受到损害予以赔偿。关于本案，下列哪一选项是正确的？（2010/1/7）

A. 张女士与司机不存在产生法律关系的法律事实

B. 张女士主张的"接吻权"属于法定权利

C. 交警出具的责任认定书是非规范性法律文件，具有法律效力

D. 司机赔偿了3000元是绝对义务的承担方式

解析：因司机撞到张女士致其两颗门牙缺失这一法律事实存在，张女士与司机产生了侵权损害赔偿法律关系。A项错误。

法定权利就是法律规定或由法律推导出来的权利。法律未明确规定"接吻权",从法律的精神中也推导不出"接吻权"。张女士主张的"接吻权"不属于法定权利。B项错误。

规范性法律文件指对人们的行为有普遍的约束力的法律文件。非规范性法律文件,是指没有普遍约束力,仅针对个别人、具体事所作的有约束力的法律文件。交警出具的责任认定书是对司机撞到张女士这起交通事故的责任认定,仅对此事件有法律效力,但不具有普遍的约束力。C项正确。

根据义务对人们的效力范围,将义务分为绝对义务与相对义务。绝对义务是无特定权利人与之相对的义务。相对义务是有特定权利人与之相对的义务。司机赔偿3000元的义务有特定的权利人,即张女士,故司机赔偿3000元是相对义务的承担方式。D项错误。

6. "在法学家们以及各个法典看来,各个个人之间的关系,例如缔结契约这类事情,一般是纯粹偶然的现象,这些关系被他们看作是可以随意建立或不建立的关系,它们的内容完全取决于缔约双方的个人意愿。每当工业和商业的发展创造出新的交往形式,例如保险公司等的时候,法便不得不承认它们是获得财产的新方式。"据此,下列表述正确的是:(　　　)(2009/1/91)

A. 契约关系是人们有意识、有目的建立的社会关系

B. 各个时期的法都不得不规定保险公司等新的交往形式和它们获得财产的新方式

C. 法律关系作为一种特殊的社会关系,既有以人的意志为转移的思想关系的属性,又有物质关系制约的属性

D. 法律关系体现的是当事人的意志,而不可能是国家的意志

解析:缔结契约,"内容完全取决于缔约双方的个人意愿。"A项正确。

"每当工业和商业的发展创造出新的交往形式,例如保险公司等的时候,法便不得不承认它们是获得财产的新方式",这句话以保险公司为例,谈经济对法律的影响。B项错误。

法律关系是受人的意志支配,具有以人的意志为转移的思想关系的属性;同时,法律关系又是受社会物质条件制约,又具有物质关系制约的属性。C项正确。

法律关系是当事人意志的体现,同时也是国家意志的体现。D项错误。

7. 孙某的狗曾咬伤过邻居钱某的小孙子,钱某为此一直耿耿于怀。一天,钱某趁孙某不备,将孙某的狗毒死。孙某掌握了钱某投毒的证据之后,起诉到法院,法院判决钱某赔偿孙某 600 元钱。对此,下列哪一选项是正确的?(2008/1/7)

A. 孙某因对其狗享有所有权而形成的法律关系属于保护性法律关系

B. 由于孙某起诉而形成的诉讼法律关系属于第二性的法律关系

C. 因钱某毒死孙某的狗而形成的损害赔偿关系属于纵向的法律关系

D. 因钱某毒死孙某的狗而形成的损害赔偿关系中,孙某不得放弃自己的权利

解析: 根据法律关系产生的依据、执行的职能和实现规范的内容不同,法律关系可以分为调整性法律关系和保护性法律关系。调整性法律关系是基于人们的合法行为而产生的、执行法的调整职能的法律关系。保护性法律关系是由于违法行为而产生的、旨在恢复被破坏的权利和秩序的、执行法的保护职能的法律关系。本题中,孙某因对其狗享有所有权而形成的法律关系是基于合法行为产生的,属于调整性法律关系。A 项错误。

根据法律关系之间的因果联系,可以将法律关系分为第一性法律关系和第二性法律关系。第一性法律关系是在法律规范发挥其指引作用的过程中,在人们合法行为的基础上形成的法律关系。第二性法律关系是在第一性法律关系受到干扰、破坏的情况下对第一性法律关系起补救、保护作用的法律关系。本题中,由于孙某起诉而形成的诉讼法律关系,是在孙某因对其狗享有所有权而形成的法律关系遭到破坏的情况下产生的,属于第二性法律关系。B 项正确。

按照法律主体在法律关系中的地位不同,法律关系可以分为纵向的法律关系和横向的法律关系。纵向的法律关系是指在不平等的法律主体之间所建立的权力服从关系。横向法律关系是指平等法律主体之间的权利义务关系。本题中,因钱某毒死孙某的狗而形成的损害赔偿关系是在平等民事主体钱某和孙某之间形成的,属于横向法律关系。C 项错误。

因钱某毒死孙某的狗而形成的损害赔偿关系中,孙某的权利属于民事权利,可以放弃。D 项错误。

8. 汪某和范某是邻居,某天,双方因生活琐事发生争吵,范某怒而挥刀

砍向汪某，致汪某死亡。事后，范某与汪某的妻子在中间人的主持下，达成"私了"。后汪某父母得知儿子身亡，坚决不同意私了，遂向当地公安部门告发。公安部门立案侦查之后，移送检察院。最后，法院判处范某无期徒刑，同时判决范某向汪某的家属承担民事责任。就本案而言，下列哪些说法是错误的？（2006/1/51）

  A. 该案件形成多种法律关系

  B. 引起范某与司法机关之间的法律关系的法律事实属于法律事件

  C. 该案件中，范某与检察院之间不存在法律关系

  D. 范某与汪某的家属之间不形成实体法律关系

  解析： 本案中，范某与司法机关形成诉讼法律关系，范某与汪某的家属之间形成损害赔偿法律关系。A项正确。

  引起范某与司法机关之间的法律关系的法律事实是范某杀害汪某的行为，是在范某的意志支配下进行的，是法律行为，而不是法律事件。B项错误。

  该案件中，范某与检察院之间存在诉讼法律关系。C项错误。

  范某与汪某的家属之间形成的损害赔偿法律关系是实体法律关系。D项错误。

第九章

法律责任

知识结构图

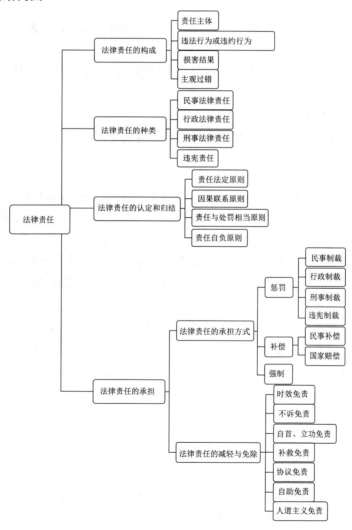

知识解析

一、法律责任释义

法律责任是由特定法律事实所引起的对损害予以补偿、强制履行或接受惩罚的特殊义务，亦即因违反第一性义务而引起的第二性义务。

法律责任的实质是因违反第一性义务而产生的第二性义务，法律责任与权利和义务存在着紧密的逻辑联系，法律责任存在于第二性法律关系之中。

二、法律责任的构成

法律责任的构成是指认定法律责任时必须考虑的条件和因素。

（一）责任主体

责任主体是指因违反法律、约定或法律规定的事由而承担法律责任的人，包括自然人、法人和其他社会组织。

（二）违法行为或违约行为

违法行为或违约行为是法律责任的核心构成要素。

［案例］ 张某报假警案[1]

2018年9月11日晚上11点多，浙江杭州半山派出所接到报警，一名女子称她在一家酒店内被强奸。民警赶到现场，发现原来是一只榴莲惹的祸。

张某要吃榴莲，但男朋友不给她剥，还说不给她吃。就为了吃榴莲，这对小情侣吵了起来，张某还顺势举起榴莲向男友砸了过去。榴莲可是带刺的，男友就被砸得火了，也跳起来动了手。男子称自己当时没控制住自己，还用床单闷女友的头打她。

因为怕报警称是民事纠纷民警会不重视，张某就往严重了说是强奸。民警到场后，张某明白了自己报假警的严重性，但想反悔也已经来不及了。张某的行为违反了《中华人民共和国治安管理处罚法》第25条，构成了谎报警情扰乱公共秩序的行为，被警方处以行政拘留5天的处罚。

（三）损害结果

损害结果是指违法行为或违约行为侵犯他人或社会的权利和利益所造成

---

　　〔1〕　参见"开房后因男友不让吃榴莲 女子深夜报警称被强奸"，载 https://cq. qq. com/a/201809 23/004389. htm，最后访问日期：2019年9月23日。

的损失和伤害，包括实际损害、丧失所得利益及预期可得利益。

（四）主观过错

主观过错是指行为人实施违法行为或违约行为时的主观心理状态。主观过错包括故意和过失两类。故意是指明知自己的行为会发生危害社会的结果，希望或放任这种结果发生的心理态度。过失是指应当预见自己的行为可能发生损害他人、危害社会的结果，因为疏忽大意而没有预见，或者已经预见但轻信能够避免，以致发生这种结果的心理态度。

法律责任的构成不像法律关系的构成那样严格：法律关系的构成，主体、客体、内容缺一不可，而某些法律责任的构成仅要求这四个方面中的若干要素而非全部。

三、法律责任的种类

根据引起法律责任的行为性质或所违反的法律规定的性质，将法律责任分为：

（一）民事法律责任

民事法律责任是指公民或法人因侵权、违约或因法律规定的其他事由而依法承担的不利后果。

（二）行政法律责任

行政法律责任是指因违反行政法律或因行政法规定的事由而应当承担的法定不利后果。

（三）刑事法律责任

刑事法律责任是指因违反刑事法律而应当承担的法定的不利后果。

（四）违宪责任

违宪责任是指因违反宪法而应当承担的法定的不利后果。

四、法律责任的认定和归结

在我国，违法者的民事法律责任和刑事法律责任的认定和归结权属于人民法院；行政法律责任认定和归结权属于有特定职权的国家行政机关；违宪责任的认定和归结权属于全国人民代表大会及其常务委员会。

依据我国法律规定，法律责任的认定与归结应遵循以下原则：

（一）责任法定原则

责任法定原则的基本要求是：作为一种否定性的法律后果，法律责任应当由法律规范预先规定；违法行为或违约行为发生后，应当按照法律规范事先规定的性质、范围、程度、期限、方式追究违法者、违约者或者相关人的责任。

（二）因果联系原则

因果联系原则主要包括两方面：一是行为人的行为与损害结果之间的因果联系；二是人的意志、心理、思想等主观因素与外部行为之间的因果联系。

[案例] 劝阻吸烟猝死案[1]

2017年5月，医生杨某在小区电梯里劝老人段某某不要抽烟，引起争执，段某某情绪激动心脏病发作离世。死者家属将杨某告上法庭，要求40余万元的赔偿。一审判决杨某补偿死者家属1.5万元。

死者家属仍不满意，上诉至郑州中院。结果，郑州中院的判决，令死者家属傻眼了：一分钱都不赔！

河南省郑州市中级人民法院认为，本案中杨某劝阻吸烟行为与段某某死亡结果之间并无法律上的因果关系，因此，一审判决依照《侵权责任法》第24条的规定，适用公平原则判决杨某补偿死者家属田某某15 000元，属于适用法律错误。

一审判决后，杨某没有上诉。河南省郑州市中级人民法院认为，虽然杨某没有上诉，但一审判决适用法律错误，损害了社会公共利益。

本案中，杨某对段某某在电梯内吸烟予以劝阻合法正当，是自觉维护社会公共秩序和公共利益的行为，一审判决判令杨某分担损失，让正当行使劝阻吸烟权利的公民承担补偿责任，将会挫伤公民依法维护社会公共利益的积极性，既是对社会公共利益的损害，也与民法的立法宗旨相悖，不利于促进社会文明，不利于引导公众共同创造良好的公共环境。一审判决判令杨某补偿死者家属田某某15 000元错误，二审法院依法予以纠正。

本案属于生命权纠纷，应当适用《侵权责任法》相关规定。《侵权责任法》第6条第1款规定："行为人因过错侵害他人民事权益，应当承担侵权责任。"因此，确定杨某应否承担侵权责任，关键是要分析杨某对段某某在电梯

---

[1] 参见"劝阻吸烟猝死案二审改判，一分钱不赔！这份判决书值得一读……"，载 http://news. youth. cn/sh/201801/t20180123_11325413. htm，最后访问日期：2019年2月1日。

间吸烟进行劝阻与段某某死亡的事实之间是否有因果关系、杨某是否存在过错。对此具体分析如下：

一、杨某劝阻段某某吸烟行为未超出必要限度，属于正当劝阻行为。在劝阻段某某吸烟的过程中，杨某保持理性，平和劝阻，双方之间也没有发生肢体冲突和拉扯行为，本案中也没有证据证明杨某对段某某进行过呵斥或有其他不当行为。

二、杨某劝阻段某某吸烟行为本身不会造成段某某死亡的结果。段某某自身患有心脏疾病，在未能控制自身情绪的情况下，发作心脏疾病不幸死亡。虽然从时间上看，杨某劝阻段某某吸烟行为与段某某死亡的后果是先后发生的，但两者之间并不存在法律上的因果关系。

三、杨某没有侵害段某某生命权的故意或过失。杨某此前不认识段某某，也不知道段某某有心脏病史并做过心脏搭桥手术，其劝阻段某某吸烟是履行公民应尽的社会责任，不存在加害段某某的故意，而且杨某在得知段某某突发心脏疾病后，及时发挥专业技能对段某某积极施救。杨某对段某某的死亡无法预见，也不存在疏忽或懈怠，没有过错。

综上，杨某对段某某在电梯间吸烟予以劝阻的行为与段某某死亡结果不存在法律上的因果关系，杨某不存在过错，不应承担侵权责任。

（三）责任与处罚相当原则

责任与处罚相当原则的含义是：法律责任的大小、处罚的轻重应与违法行为或违约行为的轻重相适应。

（四）责任自负原则

责任自负原则的含义是：凡是实施了违法行为或违约行为的人，应当对自己的违法行为或违约行为负责，必须独立承担法律责任。当然，责任自负原则也不是绝对的，在某些特殊情况下，为了社会利益保护的需要，会产生责任的转移承担问题，如监护人对被监护人、担保人对被担保人承担替代责任。

五、法律责任的承担

（一）法律责任的承担方式

1. 惩罚

惩罚即法律制裁，是国家通过强制对责任主体的人身、财产等实施制裁的责任方式。

（1）民事制裁。民事制裁是指依照民事法律规定对责任主体依其所应承担的民事责任而实施的强制性措施，民事制裁具有惩罚性，如支付违约金。

（2）行政制裁。行政制裁是指依照行政法律规定对责任主体依其所应承担的行政法律责任而实施的强制性措施。

（3）刑事制裁。刑事制裁即刑罚，是指依照刑事法律规定对责任主体依其所应承担的刑事法律责任而实施的强制性措施。

[案例] 高晓松醉驾案[1]

2011年5月9日晚，高晓松因酒后驾驶，造成四车追尾三人轻伤。10日下午4时15分，高晓松因涉嫌危险驾驶罪被刑事拘留。

2011年5月17日下午，高晓松醉驾案在北京市东城区法院开庭审理。在庭审过程中，高晓松交代了醉驾始末，他称当时找过代驾，但等了很久，代驾也没来，一冲动就自己开车走了。高晓松坦承说，"第一，我完全认罪。第二，我相信法律公正。第三，我相信法律也会维护一个犯罪人的其他权利。我希望传达给公众的就是，酒令智昏，以我为戒。"高晓松还称自己会接受教训，"愿意以最大的程度赔偿这次事故造成的损失"。最终，高晓松以"危险驾驶罪"被判拘役6个月，罚金4000元人民币。

《刑法修正案（八）》增设了危险驾驶罪，《刑法》第133条规定："在道路上驾驶机动车追逐竞驶，情节恶劣的，或者在道路上醉酒驾驶机动车的，处拘役，并处罚金。"高晓松醉酒驾驶，造成四车追尾三人轻伤的结果，构成危险驾驶罪，被处以拘役6个月，罚金4000元人民币的刑罚。其中拘役是短期剥夺犯罪人自由，就近实行劳动的刑罚方法。拘役由公安机关在就近的拘役所、看守所或者其他监管场所执行，在执行期间，受刑人每月可以回家一天至两天，参加劳动的，可以酌量发给报酬。拘役的期限为1个月以上6个月以下，数罪并罚时不得超过1年。

（4）违宪制裁。违宪制裁是指依照宪法的规定对责任主体依其所应承担的违宪责任而实施的一种强制措施。违宪制裁主要有：撤销同宪法相抵触的

---

〔1〕 参见"高晓松醉驾案"，载 http://baike.baidu.com/item/高晓松醉驾案/3662719? fr＝aladdin，最后访问日期：2018年9月6日。

法律、行政法规、地方性法规等；罢免国家机关的领导人员。

2. 补偿

补偿是通过国家强制力或当事人要求由责任主体以作为或不作为形式弥补或赔偿损失的责任方式。补偿的目的主要在于弥补受害人的损害。在我国，补偿主要包括以下两类：

（1）民事补偿。民事补偿是指依照民事法律规定，责任主体承担的停止、弥补、赔偿等责任承担方式。

（2）国家赔偿。国家赔偿包括行政赔偿和司法赔偿。行政赔偿是国家因行政机关及其工作人员行使职权造成相对人受损害，而给予受害人赔偿的一种责任方式。司法赔偿是国家因司法机关及其工作人员行使职权造成当事人受损害，而给予受害人赔偿的一种责任方式。

3. 强制

强制是指国家通过强制力迫使不履行义务的责任主体履行义务的责任方式。

（二）法律责任的减轻与免除

法律责任的减轻和免除，即通常所说的免责。在我国的法律规定中，免责的条件和情况是多种多样的。一般而言，免责的条件和方式主要有以下几种：

1. 时效免责

时效免责，是指违法行为发生一定期限后，国家不再追究违法者的法律责任。例如，我国《民法典》规定："向人民法院请求保护民事权利的诉讼时效期间为三年，法律另有规定的除外。"我国《刑法》规定："犯罪经过下列期限不再追诉：（一）法定最高刑为不满五年有期徒刑的，经过五年；（二）法定最高刑为五年以上不满十年有期徒刑的，经过十年；（三）法定最高刑为十年以上有期徒刑的，经过十五年；（四）法定最高刑为无期徒刑、死刑的，经过二十年。如果二十年以后认为必须追诉的，须报请最高人民检察院核准。"

2. 不诉免责

不诉免责，即所谓"告诉才处理""不告不理"。在我国，不仅大多数民事违法行为是受害当事人或有关人告诉才处理，而且有些轻微刑事违法行为也是不告不理。不告不理意味着当事人不告，国家就不会把法律责任归结于违法者，即违法者实际上被免除了法律责任。

[案例] 梁丽捡金案[1]

2008 年 12 月 9 日 8 时许，东莞一家珠宝公司的员工王某在深圳机场办理行李托运手续时，被值机人员指示到另一个柜台办理。王某于是离开柜台，并将一个装有一只小纸箱的行李手推车留在柜台前 1 米的黄线处。当时没有人知道，小纸箱装有 14 555 克黄金首饰。案发后，估价约 300 万元。

现场监控视频显示，王某离开 33 秒后，机场保洁员梁丽出现在这个纸箱旁。大约半分钟后，梁丽将纸箱搬进了机场一间厕所。王某 4 分钟后返回，发现纸箱不见了，随即向公安机关报警。

当日 9 时 40 分许，梁丽吃早餐时告诉同事，捡到一个比较重的纸箱。随后，两名同事经梁丽同意，将纸箱打开并取走两包黄金首饰。梁丽从同事那里得知纸箱内是黄金首饰后，将纸箱放到自己的清洁手推车底层后离开，并从纸箱内取出一件首饰交由同事到黄金首饰店鉴别，证实是黄金首饰。

当日 14 时许，梁丽下班后将纸箱带回住处，从纸箱取出一部分黄金首饰放入其丈夫放在床边的衣服口袋内，纸箱就放置于床底下。16 时许，同事找到梁丽，告知机场有旅客丢失黄金并已报警。

当日 18 时许，民警到梁丽家中询问其是否从机场带回物品，梁丽否认。民警遂对其进行劝说，直到床下存放的纸箱被民警发现，梁丽才承认该纸箱就是从机场带回的。当民警继续追问是否还有首饰未交出，梁丽仍予否认。民警随后从梁丽丈夫的衣服口袋内查获另一部分黄金首饰。最终民警将大部分黄金首饰追回，但尚有 136 克黄金首饰去向不明。

随即，深圳警方以涉嫌盗窃罪将梁丽逮捕。

对于梁丽究竟是"捡"还是"盗"，到底应该以侵占罪起诉还是以盗窃罪起诉，社会各界对此进行了热烈讨论。一方认为，梁丽在机场大厅"捡"到物品，以为是乘客遗弃的物品，当时并不知道里面装的是什么，应该是"捡"；另一方认为，物品是在机场办证、托运大厅的行李车上，梁丽是机场工作人员，在这种情形下拿走旅客物品，跟普通老百姓在大马路上捡到无主物品，性质是完全不同的。

---

[1] 参见"深圳机场女工梁丽'捡'黄金案余波未了"，载 http://news.xinhuanet.com/legal/2009-09/29/content_12125448.htm，最后访问日期：2018 年 7 月 6 日；"'捡金案'失主称绝不追究 女工梁丽彻底自由"，载 http://news.sohu.com/20090927/n267022669.shtml，最后访问日期：2018 年 7 月 6 日。

2009 年 9 月 25 日，检察机关最终认定梁丽犯盗窃罪的证据不足，认定其行为构成侵占罪，属"不告不理"的自诉案件。案中 300 万金饰的失主，东莞金龙珠宝首饰有限公司董事长刘先生表示："我们从来也没有想过追究谁的责任。"此案中，由于失主放弃追究梁丽侵占罪的法律责任，也就意味梁丽侵占罪法律责任的免除。

3. 自首、立功免责

对那些违法之后自动投案或有立功表现的人，免除其部分或全部法律责任。

4. 补救免责

对那些实施违法行为，造成一定损害，但在国家机关归责之前采取及时补救措施的人，免除其部分或全部责任。

5. 协议免责（意定免责）

协议免责是双方当事人在法律允许的范围内协商同意免责，即所谓"私了"。协议免责一般不适用于犯罪行为和行政违法行为，仅适用于民事违法行为。

6. 自助免责

自助免责是对自助行为所引起的法律责任的减轻或免除。自助行为是指权利人为保护自己的权益，在情势紧迫而又不能及时请求国家机关予以救助的情况下，对他人的财产或自由采取扣押、拘束或其他相应措施，而为法律或社会公共道德所认可的行为。自助行为可以免除部分或全部法律责任。

［案例］"瓜农抓贼倒赔三百"事件[1]

河南省鹤壁市淇县的庞某承包了 200 亩地，一部分地种了西瓜，附近的人经常来偷瓜，庞某多次劝阻，未能见效。2019 年 7 月 29 日下午，庞某在地里巡逻时，突然看到有人来偷瓜。宋某和女儿耿某到庞某的西瓜地里偷了大概有八九个西瓜。她们看到庞某过来了，准备逃走。庞某拽住电动车，三人

---

〔1〕 参见"'瓜农抓贼倒赔三百'事件反转！也谈执法办案的价值导向"，载 http://www. sohu. com/a/331569135_120032，最后访问日期：2019 年 10 月 8 日；"瓜农抓贼倒赔三百，孰对孰错"，载 http://baijiahao. baidu. com/s？id = 1640978073489269213&wfr = spider&for = pc，最后访问日期：2019 年 10 月 8 日。

同时摔倒，耿某的膝盖擦破了皮。没想到的是，偷瓜的人反而觉得自己有理，竟然报了警。更没人想到的是淇县北阳派出所的民警到达现场后，竟然让庞某赔偿受伤女子 300 元的医药费。

此事经媒体报道后，舆论哗然。8 月 2 日，淇县警方发布了一则警情通报，通报中称，"淇县北阳镇枣生村村民宋某与其女儿耿某路过庞某的西瓜地时，下地摘了八九个西瓜，价值二十余元"，"庞某追赶中拉拽电动车把，致使三人同时摔倒，耿某双膝盖擦伤，电动车把摔坏"。通报的最后称，淇县公安局民警已教育训诫宋某及其女儿，使其认识到"自己的错误在先，主动退还了之前赔偿的 300 元"。

8 月 4 日，鹤壁市公安局也发布警情通报称：经查，宋某和耿某偷瓜已构成违反治安管理的盗窃行为，对其作出行政拘留 3 日的处罚决定；庞某制止违法侵害的行为，不承担违反治安管理责任；淇县公安局北阳派出所处置本案过程中存在执法过错，对责任民警采取停止执行职务措施。

从法律上讲，庞某追赶并阻止偷瓜女子离去的行为属于典型的自助行为。宋某和耿某到庞某的西瓜地偷瓜，庞某的合法财产权益受到侵害，在情况紧迫且不能及时获得国家机关保护的情况下，受害人庞某是可以在必要范围内采取扣留侵权人的财物或阻止侵权人离开等合理措施的。庞某拽拉电动车属于必要的自助行为，且未造成严重后果，不应承担赔偿责任。

7. 人道主义免责

人道主义免责主要适用于财产责任或对特殊群体的人道主义考虑。对于财产责任，其承担以责任主体的财产数额为基础，当责任主体没有能力履行全部或部分财产责任的情况下，有关的国家机关或权利主体可以出于人道主义考虑免除或部分免除责任主体的财产责任。对于特殊群体往往也给予特殊的考虑，我国《刑法》关于又聋又哑的人或盲人犯罪，可以从轻、减轻或免除处罚的规定就属于这种情况。

相关司法考试真题

1. 张老太介绍其孙与马先生之女相识，经张老太之手曾给付女方"认大小"钱 10 100 元，后双方分手。张老太作为媒人，去马家商量退还"认大小"钱时发生争执。因张老太犯病，马先生将其送医，并垫付医疗费 1251.43

元。后张老太以马家未返还"认大小"钱为由，拒绝偿付医药费。马先生以不当得利为由诉至法院。法院考虑此次纠纷起因及张老太疾病的诱因，判决张老太返还马先生医疗费 1000 元。关于本案，下列哪一理解是正确的？(2012/1/13)

A. 我国男女双方订婚前由男方付"认大小"钱是通行的习惯法

B. 张老太犯病直接构成与马先生之医药费返还法律关系的法律事实

C. 法院判决时将保护当事人的自由和效益原则作为主要的判断标准

D. 本案的争议焦点不在于事实确认而在于法律认定

解析： 我国男女双方订婚前由男方付"认大小"钱是通行的习惯，而非习惯法。A 项错误。

张老太拒绝偿付医药费直接构成与马先生之医药费返还法律关系的法律事实。B 项错误。

法院判决张老太返还马先生医疗费 1000 元，而非马先生垫付的医疗费 1251.2 元，是考虑纠纷起因及张老太疾病的诱因，体现了公平原则。C 项错误。

本案事实清楚，其争议点在于张老太拒绝偿付医药费行为的法律认定。D 项正确。

2. 下列构成法律责任竞合的情形是（　　）(2014/1/91)

A. 方某因无医师资格开设诊所被卫生局没收非法所得，并被法院以非法行医罪判处 3 年有期徒刑

B. 王某通话时，其手机爆炸导致右耳失聪，可选择以侵权或违约为由追究手机制造商法律责任

C. 林某因故意伤害罪被追究刑事责任和民事责任

D. 戴某用 10 万元假币购买一块劳力士手表，其行为同时触犯诈骗罪与使用假币罪

解析： 法律责任的竞合，是指由于某种法律事实的出现，导致两种或两种以上的法律责任产生，而这些法律责任之间相互冲突的现象。

A 项中，方某因无医师资格开设诊所被卫生局没收非法所得，承担的是行政责任，并被法院以非法行医罪判处 3 年有期徒刑，承担的是刑事责任。这两个责任由同一个行为引起，但并不冲突，可以并存。A 项不构成法律责

任竞合。

B项中，王某手机爆炸导致右耳失聪，这一法律事实导致产生了侵权责任和违约责任这两种相互冲突的法律责任，王某只能以侵权或违约为由追究手机制造商法律责任，不能同时追究手机制造商的侵权责任和违约责任。B项构成法律责任竞合。

C项中，林某因故意伤害罪被追究刑事责任和民事责任，这两种责任可以并存，并不冲突。C项不构成法律责任竞合。

D项中，戴某用10万元假币购买一块劳力士手表，同时引起了两个法律责任，一是诈骗的法律责任，二是使用假币的法律责任。这两个法律责任彼此冲突，只能选择一个。D项构成法律责任竞合。

3. 李某向王某借款200万元，由赵某担保。后李某因涉嫌非法吸收公众存款罪被立案。王某将李某和赵某诉至法院，要求偿还借款。赵某认为，若李某罪名成立，则借款合同因违反法律的强制性规定而无效，赵某无需承担担保责任。法院认为，借款合同并不因李某犯罪而无效，判决李某和赵某承担还款和担保责任。关于该案，下列哪些说法是正确的？（2016/1/59）

A. 若李某罪名成立，则出现民事责任和刑事责任的竞合

B. 李某和王某间的借款合同法律关系属于调整性法律关系

C. 王某的起诉是引起民事诉讼法律关系产生的唯一法律事实

D. 王某可以免除李某的部分民事责任

解析：法律责任的竞合，是指由于某种法律事实的出现，导致两种或两种以上的法律责任产生，而这些法律责任之间相互冲突的现象。此案中，若李某罪名成立，只会导致刑事责任的产生，不会出现法律责任竞合的情况。A项错误。

根据法律关系产生的依据、执行的职能和实现规范的内容不同，法律关系可以分为调整性法律关系和保护性法律关系。调整性法律关系是基于人们的合法行为而产生的、执行法的调整职能的法律关系。保护性法律关系是由于违法行为而产生的、旨在恢复被破坏的权利和秩序的、执行法的保护职能的法律关系。本案中，李某和王某间的借款合同法律关系是基于合法行为产生的，属于调整性法律关系。B项正确。

本案中，引起民事诉讼法律关系产生的法律事实除王某起诉外，还包括

李某涉嫌犯罪被立案。李某涉嫌犯罪被立案可能会影响李某还款及赵某担保责任的履行。C 项错误。

王某与李某之间是民事法律关系，当事人可以协议免责。D 项正确。

4. 法律格言说："紧急时无法律。"关于这句格言涵义的阐释，下列哪一选项是正确的？（2009/1/6）

A. 在紧急状态下是不存在法律的

B. 人们在紧急状态下采取紧急避险行为可以不受法律处罚

C. 有法律，就不会有紧急状态

D. 任何时候，法律都以紧急状态作为产生和发展的根本条件

解析："紧急时无法律"是说紧急避险行为不需要承担法律责任。B 项正确。

5. 论述题（2009/4/7）

材料：潘晓大学毕业不久，向甲商业银行申领了一张信用卡，透支额度为 20000 元。潘晓每月收入 4000 元，缴纳房租等必需开销 3000 多元。潘晓消费观念前卫，每月刷卡透支 3000 多元，累计拖欠甲商业银行借款近 60000 元。不久，潘晓又向乙商业银行申领了一张信用卡，该卡的透支额度达 30000 元。

据报道，甲商业银行近几年累计发行信用卡近 600 万张，每张信用卡的透支额度从 5000 元至 10 万元不等。该银行 2009 年 8 月统计发现，信用卡持卡人累计透支接近 300 亿元，拖欠期限从一个月到四、五年不等。不少人至少持有两张甚至多张信用卡，因延期还款产生的利息和罚息达到数千元甚至上万元。由于上述现象大量存在，使得一些商业银行的坏账比例居高不下。对此，银行界拟对透支额度大、拖欠时间长的持卡人建立个人信用档案，列入"黑名单"，相关信息各银行共享；拟采取加大罚息比例、限制发放个人贷款、限制发放信用卡、停止信用卡功能等措施制裁信誉不良持卡人；拟建议在设立企业、购买不动产等方面对持卡人进行限制。

另据反映，为数不少的信用卡持卡人则认为，银行信用卡发放泛滥，安全防范功能不强，申领条件设定偏低，合同用语生涩，还款程序设计复杂且不透明，利息负担不尽合理，呼吁国家出台政策进行干预。

问题：

根据上述材料，请从合法性与合理性的角度就银行权益保护与限制、持卡人权利与法律责任、银行和持卡人的利益平衡与社会发展、资本市场风险的法律防范对策，或者其他任一方面阐述你的观点。

答题要求：

（1）应结合相关法律规定，运用部门法知识及法理学知识进行论述；

（2）观点明确，逻辑合理，说理充分，表述清晰；

（3）字数不少于500字。

解析：（略）

第十章
法律程序

知识结构图

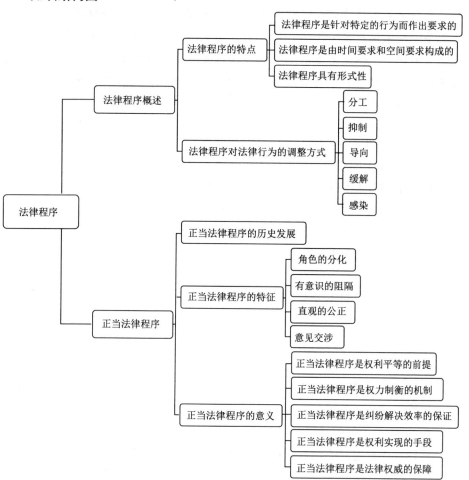

知识解析

一、法律程序概述

法律程序是从事法律行为作出法律决定的过程和方式。

[案例]《人民的名义》中的法律程序问题[1]

一些影视剧为了突出领导亲民的形象而采取打破常规法律程序的方式来平冤纠错，毋宁说，这也是一种反法治的思维。在反腐大剧《人民的名义》中，新任省委书记沙瑞金可谓剧中最大的清官。大风厂厂房被法院判决后贴上封条，新大风厂无处上班，沙瑞金便为民做主，当场撕毁法院封条。法院判决是有问题，但是省委书记不经任何法定程序当场撕毁法院封条，其实何尝又不是另一种滥权？清官思维盛行的背后，往往也是程序正义的缺乏。必须保持足够的反思。

（一）法律程序的特点

1. 法律程序是针对特定的行为而作出要求的。

2. 法律程序是由时间要求和空间要求构成的。

3. 法律程序具有形式性。

如果说权利和义务是法律的内容，那么法律程序无疑是法律的形式。

（二）法律程序对法律行为的调整方式

1. 分工

法律程序通过时空要素实现程序角色的分配。

2. 抑制

法律程序通过时间、空间要素来克服和防止法律行为的随意性。

3. 导向

法律程序通过时空要素指引人们的法律行为依照一定的指向和标准在时间上延续、在空间上展开。

4. 缓解

法律程序通过时空因素缓解人们原先的行为与心理冲突，消解紧张气氛，

---

〔1〕 参见蒋海松："口口声声高喊'正义'，却可能亵渎了司法"，载 https://dy.163.com/article/D7MTREJ4051284DV，最后访问日期：2020年10月3日。

为冲突解决提供有条不紊的秩序条件。

5. 感染

法律程序的仪式性、象征性和由其带来的神圣性会感染人的心态和情绪，使主体产生心理上的无意识的服从。

二、正当法律程序

正当法律程序是一种为了限制恣意，通过角色分派与交涉而进行的、具有高度职业自治的理性选择的活动过程。

（一）正当法律程序的历史发展

正当法律程序原则最早起源于英国。1215 年的英国《自由大宪章》第 39 条规定："凡自由人除经其贵族依法审判或依照国家的法律的规定外，不得被逮捕、监禁、没收其财产、褫夺法律保护权、流放，或加以任何其他损害。" 1354 年，"正当法律程序"的概念第一次出现在爱德华三世颁布的成文法上："未经法律的正当程序进行答辩，对任何财产和身份的拥有者一律不得剥夺其土地或住所，不得逮捕或监禁，不得剥夺其继承权和生命。"

在美国，"正当法律程序"这一法律术语最早见于 1692 年马萨诸塞州的一部制定法。美国宪法第 5 条修正案规定"非经正当法律程序，不得剥夺任何人的生命、自由或财产"，美国宪法第 14 条修正案采用"正当法律程序"一词保护公民不受州政府的侵犯。

（二）正当法律程序的特征

1. 角色的分化

在正当的法律程序中，决定权并不完全集中在程序的某一个参加者身上，也不集中于某一环节，而是将其分解于程序的整个过程之中，即通过角色分派体系来完成决定。如以刑事审判庭空间布局为例，刑事审判庭在空间上有审判台、公诉台、辩护台、书记员席位、被告席、证人席、旁听席等不同的设置。坐在不同的席位上，就注定了各自所扮演的角色。例如坐在审判台的法官就应不偏不倚，居中裁决，法官的"眼里不再有男人和女人，只有原告和被告"[1]；坐在公诉台的公诉人（检察官）通常就应指控被告人有罪或罪

---

〔1〕　这句话据说是哈佛大学法学院的名言：当你毕业走出法学院的大门时，你的眼里不再有男人和女人，只有原告和被告。

重；坐在辩护台的律师就应从维护当事人的利益出发，一般都会从无罪或罪轻的角度进行辩护，而不能称自己的当事人罪大恶极，死有余辜；而坐在旁听席上的旁听者就像在观看一场"戏剧"，要遵守剧场的规则，不能大声喧哗，更不能站起来指责法官——"你说的不对！"在刑事审判庭，法官、陪审员、公诉人、辩护人、证人、鉴定人等扮演着各自的角色，各司其职、互相配合、互相牵制。

2. 有意识的阻隔

程序的设置是为了有意识地阻隔对结果、对法律外的目标的过早的考虑和把握。如在刑事司法审判中，被告人可能社会关系复杂，可能想通过一些活动来影响判决的结果。但刑事审判诸如法官、公诉人、辩护人、证人、鉴定人等程序角色设定就决定了被告人的亲友及主要社会关系在刑事诉讼中并没有适合扮演的角色，最多是旁听席上的观众，这样就将与案件无关的一些因素切割出去。此外，对案件事实及适用法律的认定需要在法庭调查、举证、质证、法庭辩论、被告人最后陈述等程序的推演中逐步清晰，程序参与者只有积极参与程序活动，才能实现其利益最大化，这样也一定程度上可以避免法官在审判中先入为主的倾向。

3. 直观的公正

正当的法律程序通过直观的公正来间接地支持结果的妥当性。以司法实践为例，法院通过证据认定的事实为裁判事实，裁判事实与客观事实有可能一致，有可能不一致。由于一些主客观因素的制约，有时候法院的裁判结果是否合乎客观真实是难以检验的，而程序的公正却可以间接地支持结果的妥当性，因为程序的公正是一种"看得见的公正"。大家可能都听过这样一个小故事：两个自私的人在分一块不规则的蛋糕，怎样分蛋糕才能令双方都满意呢？一种最理智、实用的方法居然是切蛋糕的人后拿蛋糕。这样一种分蛋糕的公正程序就尽可能保证了双方对结果公正的认可。在法律领域，正当的法律程序同样可达到类似效果。

4. 意见交涉

正当程序营造了一种特定的时空和气氛，用来保证程序参加者根据证据资料和预定规则进行直接、充分、平等的对话。其好处在于使各种不同的利益、观点和方案均得到充分比较和推敲，以保障能够充分考虑和斟酌，从而实现优化选择，做出最为公正合理的决定。

（三）正当法律程序的意义

1. 正当法律程序是权利平等的前提

2. 正当法律程序是权力制衡的机制

［案例］周立波无罪的背后逻辑[1]

2017 年 1 月 19 日，周立波因蛇形驾车被警察截停，其后警察从其车上搜出毒品和上膛的枪支，检方遂以藏毒、非法持枪、危险驾驶等多项罪名起诉周立波。这个案子，已经开过十次庭。刚开始周立波的说法是枪和毒品都是别人放在他车上的，与他无关。后来换成大名鼎鼎的斯卡林律师以后，剧情出现戏剧性反转。斯卡林对警察的盘问与辛普森的律师对警察的盘问相比要简单得多，但却更为一招制敌。

其一，警察拦车有正当理由么？

斯卡林：为什么拦这辆车？

警察：看见驾驶员打手机。

紧接着，斯卡林拿出了电话公司的记录，记录显示，周立波的手机上，没有当时打电话的记录。

其二，警察搜车合法么？

斯卡林：驾驶员是否同意搜查车辆和袋子？

警察：周立波不懂英语，所以由同车的唐爽充当其翻译。在唐的帮助下，周立波点头同意后，才进行了搜查。

斯卡林当即指出：警方没有提供周立波同意搜查的文件。

警察当庭表示：警方没有同意书之类的东西。

周立波亦宣称：我是中国公民，讲普通话，不懂英文。

斯卡林指出警方未提供拦车搜查的合理理由，更未提供周立波同意搜查的相应证据，而另一当事人唐爽亦未被检方传证，警方搜证及检方举证均存在不合法程序。故在九次开庭时，斯卡林提出撤案动议并陈述了前述撤案依据。周立波真的不懂英语且警方不能证明周立波同意警察当时搜车的话，警察的执法行为会被认定为无效，搜出来的毒品和无证手枪都算是警方拿到的

---

〔1〕　参见吕良彪："特朗普败诉与周立波无罪的背后逻辑"，载 http://uzone. univs. cn/content. action? itemId=1471554_ 20fhr0hsi06fbl3bhsi1，最后访问日期：2020 年 7 月 28 日。

非法证据，根据美国法律规定，若警方收集证据的程序不合法，证据将作为非法证据被排除。这便是所谓的"毒树之果"理论，正如有毒的树结出的果子是不能吃的，非法获取的证据是不能用的。

警方调查取证过程违法，所获取证据不具备法律效力。这便是美国司法制度和社会理念中的程序正义原则。所以，刑事审判要达到"排除一切合理怀疑"（NO REASONABLE DOUBT）才能认定一个人构成犯罪。周立波案也正是因为存在合理怀疑，存在公权力执法过程中的违法，才会被撤销案件。

2018年6月4日，周立波"涉毒涉枪案"最终宣判，周立波承认开车打手机，因此他因交通违章被罚款150美元，其他所有的指控都不成立。最终，检方选择撤诉，法官判周立波无罪。

3. 正当法律程序是纠纷解决效率的保证
4. 正当法律程序是权利实现的手段

[案例] 米兰达规则[1]

在西方电影里，警察审讯犯罪嫌疑人之前总是会说一段相同的话："你有权保持沉默，但你所说的一切都将成为呈堂证供。你有权聘请律师，如果你付不起律师费，我们可以为你免费提供一位。"这段话被法学家们称为"米兰达警告"，它不是电影导演们的雷同发明，而是美国"米兰达诉亚利桑那州"案所确立的法律程序。

1963年3月2日深夜，美国亚利桑那州菲尼克斯大剧院18岁的女营业员芭芭拉·约翰逊遭遇了不幸。在下班回家的途中，一个男人将芭芭拉猛地推进一辆汽车，捆绑劫持到城郊，并实施了强奸。根据芭芭拉的事后描述，菲尼克斯警方于十天后逮住了劣迹斑斑的犯罪嫌疑人欧内斯脱·米兰达。从警方提供的一批犯罪嫌疑人中，芭芭拉指认出了米兰达，后者随即在警方审讯时亲笔写下供词，承认了罪行。供词中，米兰达还特别提到自己是主动交代，并且充分了解自己所享有的权利。

初审法院的审判开始了。法院为米兰达指定了一名辩护律师，这名辩护律师迫使警方承认，讯问时没有告知米兰达有权聘请律师，当时也无律师在

---

〔1〕 参见马长山主编：《法理学导论》，北京大学出版社2014年版，第299~300页。

场。但法官仍然同意米兰达的供词可以作为认定犯罪的证据，陪审团也认定米兰达强奸和绑架罪名成立，初审法官对两项罪行分别判处了20年和30年有期徒刑。米兰达不服判决，委托律师上诉至亚利桑那州最高法院，失败后又诉至美国联邦最高法院。

1966年6月，美国联邦最高法院以5:4的表决结果，推翻了米兰达的有罪判决。在这场举世闻名的"米兰达诉亚利桑那州"案审判中，联邦最高法院的多数意见认为，由于被警方强制性关押，且审讯环境肯定会对被告产生胁迫性的效果，因此除非犯罪嫌疑人清楚地知道自己的权利并且主动放弃这些权利，否则根据美国《宪法》第五条修正案中的"不得自证其罪"条款和第六条修正案中的"律师帮助权"条款，其所作的任何供词都将无效。

联邦最高法院特别指出，在审讯之前，警察必须明确告诉被讯问者：（1）你有权保持沉默；（2）你所说的一切，都能够而且将会在法庭上作为指控你的不利证据；（3）审问之前，你有权与律师谈话，得到律师的帮助和建议；你有权请律师在你受审问时在场；（5）如果你希望聘请律师但雇不起，法庭将为你指定一位律师。这就是著名的"米兰达警告"，如果警察在审讯时没有预先作出该警告，则被讯问人的供词不得作为证据进入司法程序。

联邦最高法院由此推翻了对米兰达的定罪，将该案发回重审。法院重新开庭，重新选择了陪审员，检察官重新提交了证据，米兰达之前的供词不再作为证据使用。不过，由于米兰达的女友作为证人提供了对他不利的证词以及其他证据，米兰达再次被判有罪，入狱11年。

1975年，米兰达刑满释放。仅仅一个月后，他就在一家酒吧里的争斗中被刺身亡。两名犯罪嫌疑人为此被抓捕，他们在审讯前听到了"米兰达警告"，选择了保持沉默。最终，由于警察无法得到其他更有利的证据，他们以"等待进一步调查"的名义被释放，没有人因为这起故意杀人案受到法律的惩罚。

米兰达规则首次确立了犯罪嫌疑人的沉默权。沉默权是指犯罪嫌疑人、被告人在接受警察讯问或出庭受审时，有保持沉默而拒不回答的权利。在西方各国的刑事诉讼中，大都赋予犯罪嫌疑人、被告人享有沉默权，并且被认为是受刑事追诉者用以自卫的最重要的一项诉讼权利。沉默权的积极意义在于它可以制约政府滥用权力，减弱警方对口供的依赖程度，有利于保护公民的人身自由和人格尊严不受侵害。当然，沉默权也给警察侦破案件设置了巨大的障碍，使某些老奸巨猾的职业罪犯轻易地逃避了法律的制裁，一旦将其推向了极端，必定对社会治安产生不利的影响。

5. 正当法律程序是法律权威的保障

[案例] 辛普森案[1]

出身于黑人家庭的辛普森，是家喻户晓的美式橄榄球明星，其名字英文缩写是当时美国体育英雄和超级广告明星的代名词。1994 年 6 月 12 日夜，辛普森前妻妮可·辛普森和朋友罗纳德·戈德曼在寓所被害，据警方勘查，案发现场留下的血迹、脚印、沾满血迹的手套都与辛普森的高度一致，且在辛普森寓所和汽车上发现了与案发现场一致的血迹，但因警方几处重大失误导致有力证据失效，以及在辛普森巨资聘请"全明星队式"辩护团队的有力辩护下，最终辛普森得以在两项一级谋杀罪的指控中被无罪释放。

1995 年 10 月 3 日，电视直播被称为"世纪审判"的辛普森杀妻案时，整个美国几乎是"万人空巷"，时任总统克林顿推开了军机国务，前国务卿贝克推迟了演讲，华尔街股市交易清淡，长途电话线路寂静无声。美国有线电视新闻网（CNN）统计数字表明，约 1.4 亿美国人收看或收听了"世纪审判"的最后裁决。

辛普森的无罪判决宣布之后，尽管大多数美国人相信，辛普森就是凶手，但是他们同时认为，案件审判是公正的——无论是黑人还是白人，不论他觉得辛普森是有罪还是无罪，都至少认为，他受到了公正的审判。案件的主审法官伊藤说过：全世界都看到了他沾满鲜血的手，但法律没有看到。通过辛普森一案，人们会注意到，整个美国宪法和司法制度的核心是防止政府权力滥用，注重保障公民权利和遵循正当程序。通过对政府权力予以程序性约束和制衡，防止国家权力凌驾于法律之上胡作非为，任意侵犯公民权益。因此在本案中法官貌似牺牲了个别的公正，但却没有给国家权力违反程序规定和侵害公民利益留下缺口，从而维护了更大的法律正义。正是从这个角度考虑，

---

〔1〕 参见"辛普森杀妻案 20 年难解 超八成美受访者认为有罪"，载 http://www.chinanews.com/gj/2014/06-11/6265957.shtml，最后访问日期：2017 年 5 月 6 日；"法治的启航需要一个辛普森案"，载 http://www.legaldaily.com.cn/fxjy/content/2016-08/01/content_ 6743097.htm？node=70700，最后访问日期：2017 年 5 月 6 日。

美国人认为辛普森案的审判是公正的。

这样一个案件极大地推动了美国的法治进步，它让普通民众关注法律，从中学习法律，进而深刻地领悟"法律是什么"，每个人都在思考什么是"超越合理怀疑"、程序正义和实质正义的关系、司法与民意的关系、司法与种族的关系等等，这是一堂生动的法治教育课。更重要的，案件最后形成严守法律、严守程序公正的判决，使民众真正地相信法律、尊重法律。

第三编　法的起源和发展

知识结构图

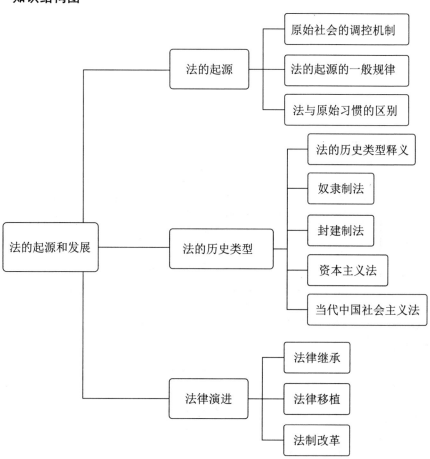

第十一章
法的起源

知识结构图

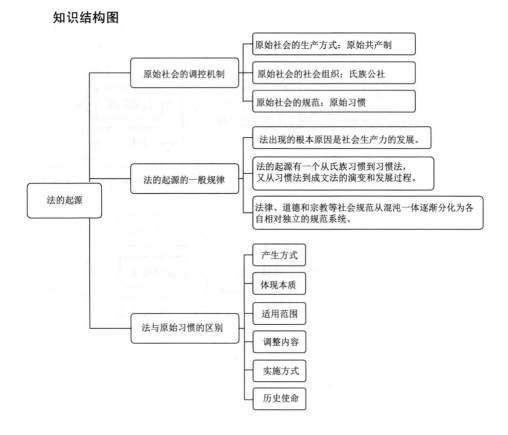

- 法的起源
  - 原始社会的调控机制
    - 原始社会的生产方式：原始共产制
    - 原始社会的社会组织：氏族公社
    - 原始社会的规范：原始习惯
  - 法的起源的一般规律
    - 法出现的根本原因是社会生产力的发展。
    - 法的起源有一个从氏族习惯到习惯法，又从习惯法到成文法的演变和发展过程。
    - 法律、道德和宗教等社会规范从混沌一体逐渐分化为各自相对独立的规范系统。
  - 法与原始习惯的区别
    - 产生方式
    - 体现本质
    - 适用范围
    - 调整内容
    - 实施方式
    - 历史使命

知识解析

一、原始社会的调控机制

原始社会的社会生产力发展水平极端低下[1]，形成了共同占有、共同劳动、平均分配的原始共产制。在原始共产制社会中，没有阶级的划分，也没有与阶级划分相联系的各种政治、经济组织。原始社会在经历了漫长的群婚和血缘家庭之后，在后期出现了氏族公社。氏族公社的产生虽然较晚，但它却是原始社会最典型的社会组织形式。氏族是原始人以血缘关系为纽带而形成的内部禁止通婚的亲属集团。作为一种社会组织，氏族完全按血缘亲属关系来划分和组织居民，并在氏族内部实行民主管理。原始社会的社会秩序是通过原始习惯来实现的。原始习惯是在原始人长期的共同生活中自发形成的，经过世代相袭，便成为全社会公认的神圣不可侵犯的传统。原始习惯包括关于共同劳动、平均分配的习惯，关于婚姻、家庭和亲属制度的习惯，关于处理公共事务的习惯，关于财产继承的习惯，关于解决纠纷的习惯，关于维护共同利益的习惯等内容。

[案例]　美拉尼西亚人氏族内部禁止通婚的习惯[2]

特罗布里安德群岛上的美拉尼西亚人氏族内部禁止通婚。一个名叫 Bomawaku 的女孩子爱上了本氏族的一个年轻人，同时他还有一个正式的并为大家认可的求婚者，但她并不爱这个求婚者。她住在父亲专门为她建造的 bukumatula（未婚青年宿舍）中，在那里她接待了她所爱的人。她的求婚者发现此事后就当众侮辱了她，于是，女孩穿上节日盛装，佩带好饰物，哭着从椰子树顶纵身跳下。这个女孩也只有这样才能从这一不堪忍受的困境中摆脱出来，走上她的激情和传统的禁令为她安排好的绝路。

[案例]　赛曲[3]

就大体论，爱斯基摩人不是一个爱吵闹的民族，格林兰的私人争执的裁

---

〔1〕　原始人的生活条件非常艰苦，相声演员方清平曾在相声中说"原始人穿的是皮草，吃的是烧烤"，那终究是一句戏言。

〔2〕　参见［英］马林诺夫斯基：《原始社会的犯罪与习俗》，原江译，法律出版社 2007 年版，第 64 页。

〔3〕　参见［美］罗维：《初民社会》，吕叔湘译，江苏教育出版社 2006 年版，第 246~247 页。

决方法可以代表他们的一般精神。一个格林兰人受到什么损害，无论是财物被窃或被毁，或是老婆被诱奸，总归是编一只讥讽犯人的曲子，约他来当众赛曲。一面击鼓，一面唱曲，他把他的仇人的劣迹当面提出诘责，还要过甚其词地嘲弄他，甚至把他的祖宗也拉出来辱骂。那位被告貌似镇定，静听他的嘲骂，等他唱完了，便投桃报李地也唱起来，除这唱曲时期外，不再有什么敌对行动的表示。赛曲的时候，旁观者极为高兴，还要鼓舞他们两位尽力而为之。这种竞赛不必限于一晚完结，可以隔些时再来一回，继续到若干年之久，两方轮流发起。

二、法的起源的一般规律

首先，法出现的根本原因是社会生产力的发展。原始社会末期，由于生产工具的改进，以及人们生产经验的积累和劳动技能的提高，社会生产力得到发展，出现了剩余产品，社会分工开始出现。社会分工促进了产品交换，从而促进了私有制的产生和发展。随着私有制的不断发展，氏族内部贫富分化日趋明显。氏族首领在掠夺战争中把战俘变为奴隶，强迫他们劳动。贫苦的氏族成员也逐渐沦为奴隶。这些氏族首领就成了奴隶主。从此，社会上便形成了奴隶和奴隶主两个相互对立的阶级。阶级矛盾的冲突导致国家和法产生。法在人类历史上的出现，是由社会基本矛盾运动所决定的，具有客观的历史必然性。这就是法的起源的根本原因。

[案例] 皋陶做"士"与"象刑"[1]

从中国的历史看，根据《史记·五帝本纪》记载，尧帝时，由于生产力水平比较低下，剩余产品十分有限，生产资料大体属于公有，社会财富平均分配，贫富差距不大。在舜帝辅佐尧帝的 20 年间，各氏族部落的生产能力大为提高。到舜帝继位时，货物交换更为频繁，剩余产品逐渐增加，于是部落首领开始拥有私产，而且，部落首领与部落百姓之间出现贫富差距。为了管理和解决逐渐出现的各种社会矛盾问题，开始设官分职。和法的起源密切相关的是舜帝起用皋陶做"士"，即任司法官吏，掌握司法和军事，制定五刑。

---

〔1〕 参见古棣、周英：《法和法学发生学——法和法学的历史探源》，中国人民大学出版社 1990 年版，第 26~30 页。

这些都说明舜帝时已经有专门解决纠纷的机关和司法活动。另根据《尚书·舜典》的记载，舜执政时期，在部落议事会上就再也没有舜服从多数的事了。同时，《舜典》中还记载有象刑制度，表现出法的萌芽状态。根据古棣、周英先生的说法，象刑是由道德"法庭"到刑事法庭的过渡。《舜典》"象以典刑"，据古人解释，象刑是与肉刑相对而言的，是一种耻辱刑，即"异章服，耻辱其形象，谓之象刑"。象刑有五刑，以蒙巾当墨，以草缨当劓，以菲履当刖，以艾韠当宫，布衣无领当大辟。象刑的出现，是由于贫富分化导致贫富之间、富者之间矛盾重重，原始社会的道德关系再难以维持。但是在奴隶主阶级和国家形成之前，在人类即将进入阶级社会的过渡时期，象刑合乎规律地出现了。象刑已经带有强制性，但主要还是靠舆论谴责来保证实施。随着阶级社会的确立，五种象刑就变成肉刑即奴隶制的五刑。到舜帝执政的后期，已经不再实行象刑。而且部落议事会议的机构，也越来越像国家了。

其次，法的起源有一个从氏族习惯到习惯法，又从习惯法到成文法的演变和发展过程。奴隶社会最初的法一般都是由原始社会的某些习惯转变而来，是国家对这些习惯法律效力的认可，即奴隶社会最初的法是以习惯法的形式出现的。后来，随着社会的发展，出现了一些新的社会关系，原有的习惯法不足以调整，国家机关有针对性地制定新的规则，成文法由此产生。

最后，法律、道德和宗教等社会规范从混沌一体逐渐分化为各自相对独立的规范系统。法由原始社会中的习惯演化而来。原始社会中的习惯，本身就是集各种社会规范于一体的，兼有风俗、道德、宗教规范等多种属性。在国家与法律萌芽之初，法律与道德、宗教规范并无明显的界限。随着社会管理经验的积累和文明的进化，法律与道德、宗教开始从混沌走向分化。

[案例]"十诫"[1]

"十诫"是犹太教和基督教共同遵守的最基本的行为准则。"十诫"的中心内容是：1. 独尊耶和华为上帝，不可有别的神；2. 不可拜偶像；3. 不可妄称上帝的名字；4. 要守安息日为圣日；5. 要孝敬父母；6. 不可杀人；7. 不可奸淫；8. 不可偷盗；9. 不可作假证陷害人；10. 不可贪图别人的妻子和财

---

〔1〕　参见梁工：《圣经指南》，北方文艺出版社2013年版，第94~95页。

物。其中前四诫是宗教戒律，后六诫是民事戒律，耶稣曾将其精辟地概括为"爱上帝"和"爱人如己"。"十诫"反映了法律形成初期宗教规范、法律规范、道德规范在内容方面一定程度的重合。

三、法与原始习惯的区别

	法	原始习惯
产生方式	国家有意识地制定、认可	自发形成，世代相传和演变
体现本质	体现统治阶级意志	体现氏族全体成员共同意志
适用范围	国家权力管辖范围内	本氏族、本部落
调整内容	权利义务的分离	依习惯行事，无所谓行使权利、履行义务
实施方式	暴力机关——国家来保证实施	社会舆论、首领威信、传统力量、内心驱使等因素保证实施
历史使命	维护有利于统治阶级的社会关系和社会秩序	维系氏族血缘关系，原始人之间相互团结、平等互助的社会关系和社会秩序

相关司法考试真题

1. "社会的发展是法产生的社会根源。社会的发展、文明的进步，需要新的社会规范来解决社会资源有限与人的欲求无限之间的矛盾，解决社会冲突，分配社会资源，维持社会秩序。适应这种社会结构和社会需要，国家和法这一新的社会组织和社会规范就出现了。"关于这段话的理解，下列哪些选项是正确的？（2012/1/51）

A. 社会不是以法律为基础，相反，法律应以社会为基础

B. 法律的起源与社会发展的进程相一致

C. 马克思主义的法律观认为，法律产生的根本原因在于社会资源有限与人的欲求无限之间的矛盾

D. 解决社会冲突，分配社会资源，维持社会秩序属于法的规范作用

解析： 法律应以社会为基础。A 项正确。

法的产生是社会发展的需要。B 项正确。

法出现的根本原因是社会生产力的发展。C 项错误。

解决社会冲突，分配社会资源，维持社会秩序属于法的社会作用，而非法的规范作用。D 项错误。

2. 《摩奴法典》是古印度的法典，《法典》第五卷第一百五十八条规定："妇女要终生耐心、忍让、热心善业、贞操，淡泊如学生，遵守关于妇女从一而终的卓越规定。"第一百六十四条规定："不忠于丈夫的妇女生前遭诟辱，死后投生在豺狼腹内，或为象皮病和肺痨所苦。"第八卷第四百一十七条规定："婆罗门贫困时，可完全问心无愧地将其奴隶首陀罗的财产据为己有，而国王不应加以处罚。"第十一卷第八十一条规定："坚持苦行，纯洁如学生，凝神静思，凡十二年，可以偿赎杀害一个婆罗门的罪恶。"结合材料，判断下列哪一说法是错误的？（2009/1/8）

A. 《摩奴法典》的规定表明，人类早期的法律和道德、宗教等其他规范是浑然一体的

B. 《摩奴法典》规定苦修可以免于处罚，说明《法典》缺乏强制性

C. 《摩奴法典》公开维护人和人之间的不平等

D. 《摩奴法典》带有浓厚的神秘色彩，与现代法律精神不相符合

解析：

《摩奴法典》第五卷第一百五十八条、第一百六十四条有关妇女义务的规定，就夹杂了道德、宗教内容。A 项正确。

《摩奴法典》规定苦修可以免于处罚，说明《法典》带有宗教色彩，并非缺乏强制性。B 项错误。

《摩奴法典》维护男女不平等，不同种姓的不平等。C 项正确。

《摩奴法典》受宗教影响，带有浓厚的神秘色彩，与现代法律精神不相符合。D 项正确。

第十二章
法的历史类型

知识结构图

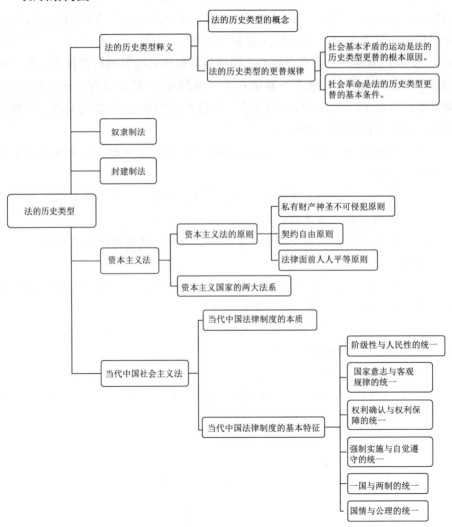

法的历史类型
- 法的历史类型释义
  - 法的历史类型的概念
  - 法的历史类型的更替规律
    - 社会基本矛盾的运动是法的历史类型更替的根本原因。
    - 社会革命是法的历史类型更替的基本条件。
- 奴隶制法
- 封建制法
- 资本主义法
  - 资本主义法的原则
    - 私有财产神圣不可侵犯原则
    - 契约自由原则
    - 法律面前人人平等原则
  - 资本主义国家的两大法系
- 当代中国社会主义法
  - 当代中国法律制度的本质
  - 当代中国法律制度的基本特征
    - 阶级性与人民性的统一
    - 国家意志与客观规律的统一
    - 权利确认与权利保障的统一
    - 强制实施与自觉遵守的统一
    - 一国与两制的统一
    - 国情与公理的统一

知识解析

一、法的历史类型释义

（一）法的历史类型的概念

法的历史类型，是指按照法的阶级本质和它所赖以建立的经济基础对法所作的一种基本分类。凡是建立在同一经济基础之上，反映同一阶级的整体意志的法，就属于同一个法的历史类型。

法律发展史上曾先后产生过四种类型的法律制度，即奴隶制法、封建制法、资本主义法和社会主义法，这是与人类进入阶级社会之后的社会形态的划分相适应的。

（二）法的历史类型的更替规律

其一，社会基本矛盾的运动是法的历史类型更替的根本原因。

其二，社会革命是法的历史类型更替的基本条件。新历史类型的法取代旧历史类型的法都是在社会革命的过程中实现的。社会革命的典型形式是自下而上的大规模暴力革命，如近代史上的法国大革命、俄国十月革命。此外，某些社会由于受当时具体历史条件的影响，也可能以渐进式的社会革命达到社会转型的目的，如英国资产阶级革命、日本的明治维新。

二、奴隶制法

奴隶制法是人类历史上出现的第一种历史类型的法。奴隶制法，是由奴隶社会的物质生活条件所决定的奴隶主阶级意志的体现。奴隶制法律制度主要具有如下特征：

1. 公开保护奴隶制生产关系。奴隶制法严格保护奴隶主对生产资料和奴隶的占有。

2. 用宗教迷信和极端野蛮而随意的刑罚维护奴隶主阶级的政治统治。

3. 公开确认人与人之间的等级划分与不平等地位。

4. 明显带有原始公社行为规范的残余。

[案例] 古代印度的《摩奴法典》[1]

古代印度的《摩奴法典》在人的身份等级上确立了种姓制度，婆罗门

---

〔1〕 参见舒国滢主编：《法理学》，中国人民大学出版社 2012 年版，第 161~162 页。

（僧侣贵族）为最高等级，刹帝利（武士贵族）次之，吠舍（农民、手工业者和商人）再次，首陀罗（奴隶和杂工）为最低等级。所有特权都归属于前两个种姓，第三个种姓是没有任何特权的平民百姓，首陀罗天生低贱，世代为奴。法律规定种姓之间原则上不准通婚，种姓间住所实行隔离。高级种姓对杀死一个首陀罗所做的忏悔，同对杀死一只小动物所做的忏悔一样。婆罗门有权随时没收首陀罗的持有物。在刑罚方面，如规定盗窃罪，初犯扒窃者，可断其两指；再犯，断一足一手；第三次者处死。抢夺珠宝者，处死刑。奸淫罪，男子诱奸他人妻子，处以腐刑。妇女不贞，与奸夫一同处狗吞食刑或火刑。再如，贱民伤害贵人的肢体，则以眼还眼，以牙还牙，体现了原始社会的"同态复仇"习惯痕迹。

三、封建制法

封建制法是在世界法律发展史上继奴隶制法之后出现的第二种历史类型的法律制度。封建制法具有以下特征：

1. 严格维护封建土地所有制和农民对封建主的人身依附关系。
2. 确立封建等级关系。
3. 维护专制王权。
4. 刑罚残酷野蛮。

[案例] 胡惟庸案 [1]

胡惟庸案起于明洪武十三年（1380年），终于二十五年（1402年）。明初，朱元璋对丞相胡惟庸专权擅政、结党营私、骄横跋扈的举动极为不满，采取种种方式对其限制。洪武十三年正月，有人上书告胡惟庸谋反，朱元璋遂以"枉法诬贤""蠹害政治"等罪名，将胡惟庸和涂节、陈宁等处死。胡惟庸死后，其谋反"罪状"逐渐暴露，朱元璋肃清谋反的党羽，株连杀戮者达3万余人，前后延续达10年之久，并作《昭示奸党录》通告天下。因"胡党"而受株连至死或已死而被追夺爵除的开国功臣有李善长、南雄侯赵庸、荥阳侯郑遇春、永嘉侯朱亮祖等一公、二十一侯。胡惟庸被杀后，朱元璋遂

---

〔1〕 参见赵晓耕主编：《中国法制史原理与案例教程》，中国人民大学出版社2006年版，第286～287页。

罢丞相，革中书省，并严格规定嗣君不得再立丞相；臣下敢有奏请说立者，处以重刑。丞相废除后，其事由六部分理，皇帝拥有至高无上的权力，中央集权得到进一步加强。

四、资本主义法

（一）资本主义法的原则

资本主义法是随着资产阶级革命和资产阶级国家政权的建立而产生的。资本主义法的主要原则有：

1. 私有财产神圣不可侵犯原则

私有财产神圣不可侵犯原则，在近代资本主义法中具体表现为一种绝对的所有权，它允许所有权人几乎可以任意地使用和处分自己的财产，任何人（包括政府）均不得干涉。这种绝对的所有权在后来引发一系列严重的社会矛盾。到了 20 世纪初，所有权的滥用开始受到限制，这是资本主义法制发展史上现代法制区别于近代法制的重要标志。

［案例］"风能进，雨能进，国王不能进"[1]

"风能进，雨能进，国王不能进"，这是一句古老的法谚，出自 18 世纪英国首相老威廉·皮特 1763 年在国会的一次演讲——《论英国人个人居家安全的权利》。当时他是这样说的："即使是最穷的人，在他的小屋里也能够对抗国王的权威。屋子可能很破旧，屋顶可能摇摇欲坠；风可以吹进这所房子，雨可以淋进这所房子，但是国王不能踏进这所房子，他的千军万马也不敢跨过这间破房子的门槛。"这句话的意思是私有财产神圣不可侵犯，后世将其浓缩为"风能进，雨能进，国王不能进"这样一个简短的句子。

2. 契约自由原则

契约自由原则是市场经济关系的本质要求在法律上的体现。近代资本主义法中的契约自由原则是以绝对的、极端的形式表现出来的，国家和法律对契约关系的形成持开放的态度，由此引发的许多社会矛盾和反道德行为使原

---

[1] 参见商海精："风能进，雨能进，国王不能进"，载 https://www.sohu.com/a/249342323_100252039，最后访问日期：2019 年 8 月 22 日。

有的启蒙理想受到全面破坏。自 20 世纪初开始，契约自由原则受到法律一定程度的限制。

[案例] 洛克纳诉纽约州（Lochner v. New York）关于契约自由的一个案例[1]

20 世纪初，美国纽约州制定了一项关于面包店工人最高工时的法律，其中规定："在饼干店、面包店或蛋糕店，任何职员都不得被要求或允许每星期工作超过 60 小时，或者每天超过 10 小时。"洛克纳是一个面包店的店主，他因为允许工人每周工作超过 60 小时而被州政府罚款 50 美元。洛克纳提起诉讼。在州法院败诉后，他上诉至联邦最高法院，诉纽约州政府的这一禁令违反了美国宪法第 14 条修正案的正当程序条款所保护的自由之一，即契约自由。最高法院以 5 比 4 的结果判决州政府败诉。多数意见承认州政府具有保障公共健康、安全和道德的广泛的"治安权力"（police power），但是，纽约州的这一禁令剥夺了工人挣一些额外收入的机会，侵害了洛克纳与其所雇工人之间的契约自由。而契约自由当属宪法第 14 条修正案所保护自由的一部分。此案有广泛影响，也引发了广泛争议。

3. 法律面前人人平等原则

法律面前人人平等原则的确立，是人类社会从古代法律制度进入现代法律制度最主要的标志，具有划时代的意义。但是，也应该看到，在资本主义的经济和政治结构中，这一原则对资本家和普通劳动者的法律意义和社会意义是不同的。

[案例] "法律面前人人平等"原则在新加坡的实施状况[2]

新加坡可以说是非常严格地执行了"法律面前人人平等"这条法律原则的。在新加坡，本国公民一旦犯罪，毫无私情可徇，不管是职位显赫的高官，还是普普通通的平民百姓，一样受到惩罚。即使是外国公民或法人在新加坡犯法，新加坡也不怕强国、大国施压威胁，同样是按照罪行严惩不贷。1994年轰动全球的新加坡高等法院惩处美国少年迈克·菲"涂鸦和破坏公物案"。

---

〔1〕 参见孙国华、朱景文主编：《法理学》，中国人民大学出版社 2015 年版，第 46 页。

〔2〕 参见王满春："新加坡法制建设的经验与启示"，载《当代法学》1997 年第 1 期。

尽管美国总统克林顿屡屡求情，申辩迈克·菲未成年，要求送交美国法庭处理，但新加坡不受干扰，仍根据新加坡的法律，判其坐牢 6 个月和鞭刑 6 鞭。还有像惩处美国《国际先驱论坛报》撰稿人林格尔诽谤案；处理涉及英国、德国等大国的英资巴林银行事件，不管外国如何阻挠、干涉，新加坡最终还是将涉案外逃犯引渡回新加坡。就此事，新加坡曾告诫国人及驻新人员："如果任何人被证明在新加坡触犯法律，不论他在什么地方都会引渡他。"

（二）资本主义国家的两大法系

1. 法系的概念

法系是依据法律的历史传统、外部特征及运行方式，而对现存的和历史上存在过的各种法律所作的分类。

理论界一般将资本主义国家的法律分为大陆法系和英美法系。

大陆法系是以古罗马法为基础，以《法国民法典》和《德国民法典》为代表的法律，以及在其法律传统的影响下仿照它们制定的各国法律的总称。[1]

英美法系是指以中世纪以来的英国普通法为基础的，以及在其法律传统的影响下所形成的各个国家和地区的法律的总称。

2. 大陆法系和英美法系的区别

（1）判例地位的差别。在大陆法系，除了行政法院系统外，基本上不存在判例法；而在英美法系，以普通法为基础，判例法是一种重要的法律形式。

（2）制定法编纂观念的差别。大陆法系国家强调法典化；英美法系国家也有制定法，一般表现为单行法，而不具有法典形式。

（3）司法诉讼制度上的差别。大陆法系注重实体法，英美法系注重程序法。在法律推理方法上，大陆法系采用演绎法，英美法系采用归纳法。在诉讼模式上，大陆法系采用纠问式，英美法系采用抗辩式。从法官地位看，大陆法系法官严格依法判案，不能立法；英美法系法官可以"造法"。

（4）法律分类和术语上的差别。大陆法系将法律分为公法和私法，英美法系则将法律分为普通法和衡平法。在法律术语上，大陆法系和英美法系也

---

〔1〕曾有国内学者称我国法律属于大陆法系，这种说法是错误的。我国法律深受大陆法系影响，但却不属于大陆法系。大陆法系和英美法系是对资本主义国家的法律依据法律传统而进行的分类方式。

有区别，如大陆法系有民法法律部门，英美法系则没有这种表述，相应的表达是契约法、财产法、侵权法等。

随着社会及法律自身的不断发展，大陆法系和英美法系出现了相互融合的趋势。然而，历史传统的力量是巨大的，西方两大法系的差异在短期内并不会消失。

五、当代中国社会主义法

（一）当代中国法律制度的本质

当代中国法律制度属于社会主义历史类型，因此，它具有与其他法律制度根本不同的本质规定性。这种本质规定性主要体现在以下四个层面：从阶级属性的层面上看，当代中国法律制度最重要的本质规定性在于它是工人阶级领导下的广大人民意志的体现；从产生方式和存在方式的层面上看，当代中国法律制度最重要的本质规定性在于它是经由民主立法程序形成并存在于各种法律渊源之中的国家意志；从生产方式的层面上看，当代中国社会主义法律制度最重要的本质规定性在于它的根本使命是为解放和发展生产力服务，为最终消灭剥削，消除两极分化和实现共同富裕服务；从社会作用的层面看，当代中国法律制度最重要的本质规定性在于它是引导和保障我国社会主义建设各项事业顺利发展的权威性行为准则。

（二）当代中国法律制度的基本特征

1. 阶级性与人民性的统一。
2. 国家意志与客观规律的统一。
3. 权利确认和权利保障的统一。
4. 强制实施与自觉遵守的统一。
5. 一国与两制的统一。
6. 国情与公理的统一。

相关司法考试真题

法系是法学上的一个重要概念。关于法系，下列哪些选项是正确的？（2008/1/55）

A. 法系是一个比较法学上的概念，是根据法的历史传统和外部特征的不同对法所作的分类

B. 历史上曾经存在很多个法系，但大多都已经消亡，目前世界上仅存的法系只有民法法系和普通法系

C. 民法法系有编纂成文法典的传统，因此，有成文法典的国家都属于民法法系

D. 法律移植是一国对外国法的借鉴、吸收和摄取，因此，法律移植是法系形成和发展的重要途径

解析：法系是依据法律的历史传统、外部特征及运行方式，而对现存的和历史上存在过的各种法律所作的分类。A项正确。

目前世界上的法系有民法法系、普通法系、社会主义法系等。B项错误。

民法法系有编纂成文法典的传统，但随着民法法系和普通法系两大法系的融合，普通法系也可能存在成文法典，如美国属于普通法系，但有成文宪法典。C项错误。

法律移植是指一个国家（或地区）对其他国家（或地区）法律的采用。法律移植表征一个国家对同时代的其他国家的法律或国际法律的引进和吸收。法律移植是法系形成和发展的重要途径。D项正确。

第十三章

法律演进

知识结构图

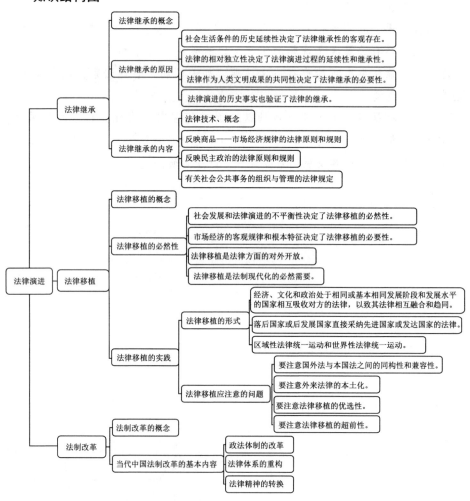

- 法律演进
  - 法律继承
    - 法律继承的概念
    - 法律继承的原因
      - 社会生活条件的历史延续性决定了法律继承性的客观存在。
      - 法律的相对独立性决定了法律演进过程的延续性和继承性。
      - 法律作为人类文明成果的共同性决定了法律继承的必要性。
      - 法律演进的历史事实也验证了法律的继承。
    - 法律继承的内容
      - 法律技术、概念
      - 反映商品——市场经济规律的法律原则和规则
      - 反映民主政治的法律原则和规则
      - 有关社会公共事务的组织与管理的法律规定
  - 法律移植
    - 法律移植的概念
    - 法律移植的必然性
      - 社会发展和法律演进的不平衡性决定了法律移植的必然性。
      - 市场经济的客观规律和根本特征决定了法律移植的必要性。
      - 法律移植是法律方面的对外开放。
      - 法律移植是法制现代化的必然需要。
    - 法律移植的实践
      - 法律移植的形式
        - 经济、文化和政治处于相同或基本相同发展阶段和发展水平的国家相互吸收对方的法律，以致其法律相互融合和趋同。
        - 落后国家或后发展国家直接采纳先进国家或发达国家的法律。
        - 区域性法律统一运动和世界性法律统一运动。
      - 法律移植应注意的问题
        - 要注意国外法与本国法之间的同构性和兼容性。
        - 要注意外来法律的本土化。
        - 要注意法律移植的优选性。
        - 要注意法律移植的超前性。
  - 法制改革
    - 法制改革的概念
    - 当代中国法制改革的基本内容
      - 政法体制的改革
      - 法律体系的重构
      - 法律精神的转换

知识解析

法律演进是指一个国家或者社会之中的法律，在整体上从落后状态向先进状态的不间断却长期而缓慢的发展或者进步的过程。法律演进的途径包括法律继承、法律移植和法制改革等方式。

一、法律继承

（一）法律继承的概念

法律继承是指新的历史类型的法对旧的历史类型的法的承接和继受。如奴隶制法不再具有效力，封建制法对奴隶制法相关内容的吸收；奴隶制法、封建制法不再具有效力，资本主义法对奴隶制法、封建制法相关内容的吸收；奴隶制法、封建制法、资本主义法不再具有效力，社会主义法对奴隶制法、封建制法、资本主义法相关内容的吸收。

（二）法律继承的原因

1. 社会生活条件的历史延续性决定了法律继承的客观存在。法律是社会生活的反映，反映社会生活条件的既有规则总会或多或少地被继承下来并被纳入新的法律系统之中。

2. 法律的相对独立性决定了法律演进过程的延续性和继承性。法律的产生和发展有其自身的规律，法律传统、法律形式、法律术语等在不同的历史类型的法之间都会存在一定的延续性。

3. 法律作为人类文明成果的共同性决定了法律继承的必要性。一国不仅能继承本国旧的历史类型的法，也可继承他国旧的历史类型的法。

4. 法律演进与发展的历史事实验证法律的继承。如当代资本主义国家、社会主义国家对作为奴隶制法的罗马法的研习与吸收。

（三）法律继承的内容

1. 法律技术、概念。

2. 反映商品——市场经济规律的法律原则和规则。

3. 反映民主政治的法律原则和规则。

4. 有关社会公共事务的组织与管理的法律规定。

[案例] 人民调解制度的继承[1]

我国现代《民事诉讼法》中规定的人民调解制度与古代的民间调解是有渊源关系的，可以说是对古代民间调解制度的一种创造性转换。封建社会的民间调解主要有两种方式：一是作为基层小吏的乡老、里正主管调解区内的民事案件和轻微刑事案件；二是家族、亲族均负有调解民事纠纷与轻微刑事案件的责任。我国现在城乡约设有100万个调解委员会，其职责是依照社会公德、法律及乡规民约等对一些民事纠纷和轻微的刑事案件进行调解（前提是当事人自愿），最终是当事人在互谅互让的基础上达成协议。从这一制度实施的效果看，确实对家庭和睦、邻里团结起了积极作用。据统计，近几年来，人民调解委员会平均每年调解民间纠纷700余万件从而大大缓解了民间的社会矛盾。澳大利亚维多利亚州最高法院大法官哈里·布吉斯在访问中国时说："中国司法制度最有特色的是人民调解制度。"日本著名律师天野宪治盛赞到："完全没有想到中国的调解委员会是这样好的一个组织，为民排难解纷，既能增加人民之间的团结，又能安定社会治安，非常公正又不接受任何报酬，这在世界其他国家是完全不能想象的。"另据称，"中国独创的人民调解方式已被联合国法律组织接受为综合治理的指导原则之一。"

二、法律移植

（一）法律移植的概念

法律移植是指一个国家（或地区）对其他国家（或地区）法律的采用。如果说法律继承是新法律对旧法律的借鉴和吸收，体现了两种不同历史类型的法律制度之间在时间上的先后顺序，而法律移植则表征一个国家（或地区）对同时代的其他国家或地区的法律或国际法律的引进和吸收。

（二）法律移植的必然性

1. 社会发展和法律演进的不平衡性决定了法律移植的必然性。法律移植是落后国家或地区促进社会发展、加速法律演进的一条捷径。

2. 市场经济的客观规律和根本特征决定了法律移植的必要性。这就决定了一国家或地区在市场经济相关立法中没必要"闭门造车"，完全可以吸收市

---

〔1〕 参见王丽英主编：《案例法理学》，中国政法大学出版社2014年版，第170~171页。

场经济发达国家以及地区的立法经验。

3. 法律移植是法律方面的对外开放,这是整个社会对外开放的应有内容。随着我国全方位的对外开放,法律在处理涉外问题和跨国问题的过程中,必须逐步与国际社会通行的法律和惯例接轨。

4. 法律移植是法制现代化的必然需要。如近代的日本、土耳其通过移植西方资本主义法律迅速实现了本国法制的现(近)代化。

[案例] 我国在知识产权法领域的法律移植[1]

在改革开放以前,我国的知识产权法基本上是空白。为了适应科学技术进步、文化事业繁荣、国际贸易发展以及国际经济技术合作的内在需要,从20世纪80年代初开始,我国认真研究、比较各发达国家和某些发展中国家有关知识产权的国内立法与国际知识产权保护制度的成熟技术和先进经验,并大胆引进,在此基础上制定和不断完善了《专利法》《商标法》和《著作权法》及其配套法规和实施细则,使我国的知识产权法律体系在较短的时间内跨入世界的先进行列。

(三)法律移植的实践

1. 法律移植的形式

(1)经济、文化和政治处于相同或基本相同发展阶段和发展水平的国家相互吸收对方的法律,以致其法律相互融合和趋同。如20世纪以来,英美法系和大陆法系出现了融合的趋势。

(2)落后国家或后发展国家直接采纳先进国家或发达国家的法律。如二战后许多发展中国家大量引进西方发达国家的法律。

(3)区域性法律统一运动和世界性法律统一运动。区域性法律统一运动如欧盟法律体系就是在比较、采纳和整合欧盟各国法律制度、国际法和国际惯例的基础上形成的;世界性法律统一运动如联合国、世贸组织、国际货币基金组织的公约或规则就对缔约国具有法律效力。

---

〔1〕 参见朱力宇主编:《法理学原理与案例教程》,中国人民大学出版社2010年版,第279页。

[案例] 罪刑法定原则"引进"中国[1]

我国 1979 年制定的《刑法》，由于当时历史条件，规定了与罪刑法定相对称的类推适用，"本法分则没有明文规定的犯罪，可以比照本法分则最相类似的条文定罪判刑，但是应当报请最高人民法院核准"（《刑法》第 79 条）。1997 年修订后的《刑法》删除了"类推适用"，规定了罪刑法定原则，即"法律明文规定为犯罪行为的，依照法律定罪处刑；法律没有明文规定为犯罪行为的，不得定罪处刑。"在中国刑事立法史上，这一修改是一个重大的进步，受到社会舆论的普遍赞扬。

2. 法律移植应注意的问题

（1）要注意国外法与本国法之间的同构性和兼容性。

[案例] 为什么美国在独立战争后未能改变普通法的传统?[2]

独立战争胜利之前，北美大陆曾长期处于英国的殖民统治之下，在此期间，殖民地逐渐建立起来类似英国的普通法法律制度。但在独立战争胜利之后不久的美国，出现了一种背离普通法传统的倾向，特拉华、肯塔基等州通过法律禁止引用独立战争后英国的判决。由于深受英国压迫和残暴统治的经历，在刚独立的美国人眼里，英国法是他们遭受奴役和耻辱的象征；与英国的敌对关系和与法国的结盟，使他们倾向于放弃英国法而接受法国法。独立战争后，许多熟悉英国法的律师和法官因效忠英王而逃离美国，使法律职业受到影响。由于这些因素，普通法在美国面临着严重危机，这种危机一直到 19 世纪初仍然存在。但是，随着政权的巩固和来自英国威胁的解除，人们的怀旧情绪开始复活。普通法开始逐步渡过危机，稳固了基础。普通法传统之所以没有被抛弃，主要原因还在于，在独立战争前，普通法在北美已经有一定基础，法律职业者不愿让自己的职业技术被全面的法典化弄得分文不值。即使是后来在 19 世纪 30 年代由纽约州的律师菲尔德发起了一场法典编纂运动，也未能最终改变美国的普通法传统。

（2）要注意外来法律的本土化，即用本国法同化和整合国外法。

---

〔1〕 参见王丽英主编：《案例法理学》，中国政法大学出版社 2014 年版，第 175~176 页。

〔2〕 参见由嵘主编：《外国法制史》，北京大学出版社 2003 年版，第 358 页。

（3）要注意法律移植的优选性。

（4）要注意法律移植的超前性。

[案例] 日本近代的法律移植[1]

1867年，日本明治天皇继位，得到了倒幕派的支持，最终战胜了幕府将军，结束了幕府统治，重新建立了以天皇为中心，以武士和资产阶级为中坚力量的政权。1868年，明治政府推行了一系列资产阶级性质的改革，史称"明治维新"。

尽管法制的西化是明治政府一开始就确立的方针，但促成日本迅速走上这一道路的直接动因却是西方列强的压力。明治政府掌权以后，把修改与列强签订的不平等条约作为自己的重要任务之一。1872年，明治天皇派出仓岩代表团，在旧金山向美国当局提出修约，而美国以日本司法不够完善为由予以拒绝。后来，日本与其他列强的谈判也屡遭失败。列强们提出，修改条约必须以日本国内拥有比较完善、能够为列强们所认可的近代化的法制为前提条件，这就成为日本法制西化的最直接的推动力量。从19世纪70年代中期开始，日本组织了法律起草委员会，在西方法学家的指导下，开始编纂自己的法典。

法典的制定经历了一个长期的探索过程。当时，日本国内在应当采用哪个西方国家的法律模式问题上分歧很大，出现了仿英与仿法之争。由于英国的判例法盘根错节，纷繁复杂，移植于日本困难重重，最终仿法派占了上风。在法国法学家保阿索那特的直接指导下，日本以法国法为蓝本，先后制定了刑法、民法和商法等重要法典。但是，法国和日本的社会状况存在很大差异：法国资产阶级革命进行得比较彻底，而日本却保留了浓厚的封建残余；法国资本主义发展已有相当长的时间，而日本却刚刚起步。另外，二者的文化传统也相去甚远。而日本仿效法国时，不加批判、全盘吸收，有些甚至是法国法的原样照搬，因此制定的法典严重脱离日本的国情，公布以后，朝野上下一片反对之声。如日本编纂的民法典以法国法为蓝本，没有考虑到日本的习惯，不少人以它依据的天赋人权论将破坏日本社会的人伦为由而提出反对。东京大学教授穗积陈重甚至提出"《民法》出，而忠孝灭"的观点，主张法典延期施行。其他法典也遭到了相同的命运，于是明治政府只得宣布进行修

---

〔1〕 参见蒋来用、高莉：《法学的故事》，中央编译出版社2006年版，第175~177页。

改或延期实施。

　　效仿法国未成功，日本又把法制建设的眼光和方向转向德国。日本政府通过考察和研究发现，德国和日本有很多相似之处：两国都是君主立宪制的二元政治结构；资产阶级革命都不彻底，保留了一些封建经济残余；都是后起的资本主义国家，且处在向垄断资本主义过渡的历史时期。因此，明治政府认为德国法更适合日本的国情。于是，以 1889 年《大日本帝国宪法》的制定为转机，日本法的西化又进入了德国化的阶段。1889 年的《大日本帝国宪法》大量抄袭德国的《普鲁士宪法》，仅有三条为日本所独创。继宪法颁布以后，日本成立了法典调查委员会，主要以德国法典为模式，并兼采法国法的法理，根据日本的实际情况修订了原先制定的民法、商法、刑法等法典，并对前一时期由德国人起草的诉讼法进行重新审议。到 1907 年，由宪法、民法、商法、刑法、民诉法和刑诉法组成的日本六法全部编纂完毕，形成了一个较为完备的法律体系。日本近代法制得以最终确立。

三、法制改革

（一）法制改革的概念

　　法制改革指的是一个国家或社会在其社会的本质属性与基本的社会制度结构保持相对稳定、其现行法律制度的基本性质也没有根本性变化的前提下，整体意义上的法律制度在法律的时代精神、法律的运作体制与框架、具体的法律制度方面的自我创造、自我更新、自我完善和自我发展。

（二）当代中国法制改革的基本内容

1. 政法体制的改革。

2. 法律体系的重构。

3. 法律精神的转换。

相关司法考试真题

1. "法的继承体现时间上的先后关系，法的移植则反映一个国家对同时代其他国家法律制度的吸收和借鉴，法的移植的范围除了外国的法律外，还包括国际法律和惯例。"据此，下列哪些说法是正确的？（2009/1/52）

A. 1804 年《法国民法典》是对罗马法制度、原则的继承

B. 国内法不可以继承国际法

C. 法的移植不反映时间关系，仅体现空间关系

D. 法的移植的范围除了制定法，还包括习惯法

解析： 法的继承不仅可以发生在一国内，也可以发生在不同国家之间。A项正确。

国内法与国际法是根据法律规范的对内对外属性对同时代的法律进行的划分，因此国内法不可以继承国际法。B项正确。

法的移植反映时间关系，即同时代性。C项错误。

法的移植是指一个国家（或地区）对其他国家（或地区）法律的采用。法的移植的范围除了制定法，还包括习惯法。D项正确。

2. 关于法律发展、法律传统、法律现代化，下列哪些选项可以成立？（2007/1/56）

A. 中国法律的现代化的启动形式是立法主导型

B. 进入20世纪以后，各国、各民族法律的特殊性逐渐受到普遍关注，民族历史传统可能构成现实法律制度的组成部分

C. 在当今经济全球化的背景下，对各国法律进行法系划分已失去意义

D. 法的继承体现时间上的先后关系，法的移植反映一个国家对同时代其他国家法律制度的吸收和借鉴

解析： 中国法律的现代化的路径是由政府通过大规模的立法自上而下实现。A项正确。

进入20世纪以后，由于比较法学的迅速发展，各国、各民族法的特殊性逐渐受到普遍关注。民族传统可能会构成法律的组成部分。B项正确。

法系是依据法律的历史传统、外部特征及运行方式，而对现存的和历史上存在过的各种法律所作的分类。即使在当今经济全球化的背景下，法系的划分仍有法律意义。C项错误。

法的继承是指不同历史类型的法律制度之间的延续、相继、继受，一般表现为旧法律制度对新法律制度的影响和新法律制度对旧法律制度的承接和继受。旧法、新法在时间上有先后。法律移植是指一个国家（或地区）对其他国家（或地区）法律的采用。法律移植表征一个国家对同时代的其他国家的法律或国际法律的引进和吸收。D项正确。

第四编 法的运行

知识结构图

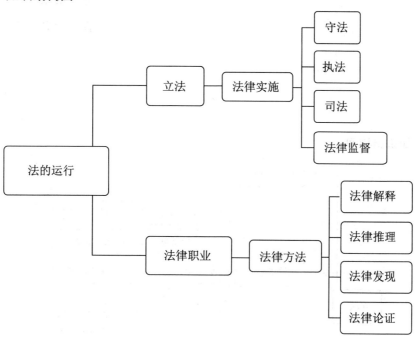

第十四章

立　法

知识结构图

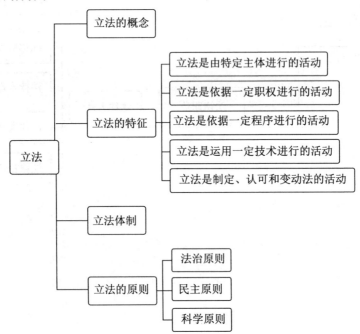

知识解析

一、立法的概念

立法是由特定主体，依据一定职权和程序，运用一定技术，制定、认可和变动法这种特定社会规范的活动。

二、立法的特征

（一）立法是由特定主体进行的活动

立法是国家的专有活动，也是国家履行职能的主要方式之一。立法由特定的国家机关进行，其他任何社会组织、团体和个人均不能进行这项活动。

（二）立法是依据一定职权进行的活动

立法不是任何国家机关都可以进行的，而是享有相应立法权的国家机关的专有活动，这种权力通常是由一国的宪法和其他有关法律规定的，不同国家对此有不同的规定。

[案例]

二十世纪90年代，某省的个别地区黑社会犯罪猖獗。为打击黑社会犯罪，某省人大常委会制定了打击黑社会犯罪的刑事法律。[1]

某省人大常委会是一个立法主体，可以制定地方性法规。但事关犯罪和刑罚的刑事法律，只有全国人民代表大会才能制定和修改，在全国人民代表大会闭会期间，全国人民代表大会常务委员会可以进行部分补充和修改，某省人大常委会没有这项立法权。因此，某省人大常委会制定的打击黑社会犯罪的刑事法律是无效的。

（三）立法是依据一定程序进行的活动

立法程序在不同时代和国家有较大差别。现代立法一般经过立法准备、由法案到法和立法完善三个阶段，每个立法阶段都有相应的法律程序。其中由法案到法阶段，一般经过法案提出、审议、表决和法的公布等程序，在特殊情况下还会有特殊程序。

[案例] 立法听证程序

2005年9月27日，全国人大法律委、常委会法工委在位于北京西皇城根的全国人大会议中心举行个人所得税起征点听证会。这是全国人大历史上的首次立法听证会。[2]

立法听证会是指由法案的起草单位主持，由代表不同利益的双方或多方参加，对立法草案内容的必要性、合理性等进行辩论，起草单位根据辩论结

---

〔1〕 广东省人大常委会于1993年通过了《广东省惩处黑社会性质组织活动的规定》，1997年修正，2010年被《广东省人大常委会关于废止部分地方性法规的决定》废止。

〔2〕 参见"为法治中国的宏伟大厦奠基"，载 http://news. xinhuanet. com/politics/2010-03/11/content_13152538_ 4. htm，最后访问日期：2010年3月11日。

果，确定草案内容。2000年，我国制定的《立法法》将听证程序确立为一种规范化的立法前期运行过程中的环节阶段（但并非每一项立法都经历听证程序）。立法听证程序在实现立法民主，提升立法质量等方面正在发挥着重要的作用。

（四）立法是运用一定技术进行的活动

立法技术主要包括法的名称、结构、内容、语言以及相关字、词的运用等，它既应符合科学性，又应具有逻辑性，立法技术的高低直接影响到立法的质量。

[案例] 罗马法的立法技术[1]

德国著名法学家耶林曾说过："罗马曾经三次征服世界，第一次以武力，第二次以宗教，第三次以法律。唯有法律征服世界是最平和最为持久的征服。"罗马第三次征服是指罗马法对后世各国的影响。罗马法是古代罗马奴隶社会的法律，为什么当下资本主义国家甚至一些社会主义国家都还在研究学习呢？除了罗马法对简单商品经济调整比较完备之外，高超的立法技术也是重要的原因。罗马法所确定的概念、术语，措词确切，结构严谨，立论清晰，言简意赅，学理精深。《法国民法典》就继承了这一立法传统。

（五）立法是制定、认可和变动法的活动

立法是直接产生和变动法的活动，包括制定法、认可法、修改法、补充法、废止法和立法解释等一系列活动。

三、立法体制

立法体制是关于一国立法机关设置及其立法权限划分的体系和制度。立法体制的核心问题是立法权限的划分问题。

我国现行的立法体制是"一元、两级、多层次"的立法体制。

"一元"——我国的立法体制是统一的、一体化的，全国范围内只存在一个统一的立法体系。

"两级"——根据《宪法》和《立法法》的规定，我国立法体制分为中

---

〔1〕 参见"罗马法"，载 http://baike.baidu.com/itme/罗马法/4905? fr=aladdin，最后访问日期：2019年3月8日。

央立法和地方立法两个立法权等级。

"多层次"——根据《宪法》和《立法法》的规定，不论是中央立法，还是地方立法，都可以各自分成若干个层次和类别。

我国立法体制简表

	层次	立法机关	立法形式
中央立法	1	全国人民代表大会	宪法
	2	全国人大及其常委会	法律
	3	国务院	行政法规
	4	国务院各部委	部门规章
地方立法	1	省、自治区、直辖市人大及常委会	地方性法规
		自治区的人大	自治条例和单行条例
	2	省、自治区、直辖市的人民政府	政府规章
	3	设区的市、自治州人大及常委会（广东省东莞市、中山市，甘肃省嘉峪关市，海南省三沙市，未设区，属地级市，这四市的人大及常委会依照2015年《全国人民代表大会关于修改〈中华人民共和国立法法〉的决定》可制定地方性法规。）	地方性法规
		自治州的人大	自治条例和单行条例
	4	设区的市、自治州的人民政府（广东省东莞市、中山市，甘肃省嘉峪关市，海南省三沙市，未设区，属地级市，这四市的人民政府依照2015年的《全国人民代表大会关于修改〈中华人民共和国立法法〉的决定》可制定政府规章。）	政府规章
	5	自治县人大	自治条例和单行条例
	6	特别行政区立法会	
	7	经济特区所在地的省、市人大及其常委会根据全国人大授权	经济特区法规

四、立法的原则

（一）法治原则

立法法治原则的含义：①立法主体必须依据法定的职权立法；②立法主体必须依据法定的程序立法；③立法的内容必须符合宪法及相关法律的规定。

[案例] 黄海波嫖娼事件[1]

2014 年 5 月 16 日，北京市公安局官方微博"平安北京"发布消息证实，演员黄海波 15 日晚因嫖娼已被北京警方依法行政拘留十五日。2014 年 5 月 31 日，拘留期满的黄海波并没有被北京警方释放。当日上午，北京警方向媒体证实：黄海波因嫖娼，被转为收容教育 6 个月。2014 年 6 月 8 日晚 11 点半，黄海波委托他的工作人员通过微博发布了一封道歉函，表示不复议，不诉讼，也不希望任何人再借此事炒作！坦陈"错已至此，愿受处理。唯有一颗心改过！深望社会各界宽。恳请各位当以我为戒！"

黄海波的声明，让人们看到了他悔改的决心；最终选择不复议，也是其个人享有的当然权利。但是，法学界和法律界的一些人士依然认为，黄海波嫖娼固然违法，可在 15 日行政拘留以外，还需接受半年收容教育的处罚并不公平。对黄海波进行行政拘留的依据是《治安管理处罚法》，对黄海波收容教育的依据是《卖淫嫖娼人员收容教育办法》。《卖淫嫖娼人员收容教育办法》是国务院于 1993 年 9 月 4 日制定的行政法规。按照《立法法》规定："限制人身自由的强制措施和处罚"的法律只能由全国人大及其常委会作出规定，其他机关无权立法。收容教育限制了行为人的人身自由，对这种处罚只能由全国人大及其常委会作出，国务院是无权立法的。因此，法学界、法律界一些人士呼吁废除《卖淫嫖娼人员收容教育办法》。[2]

（二）民主原则

立法民主原则的含义：①立法主体具有广泛性；②立法内容具有人民性；

---

〔1〕 参见段思平："黄海波不复议，收容教育当废止"，载 http://www.hbrc.com/rczx/news-3425232.html，最后访问日期：2016 年 6 月 10 日。

〔2〕 2019 年 12 月 28 日，十三届全国人大常委会第十五次会议通过了《全国人民代表大会常务委员会关于废止有关收容教育法律规定和制度的决定》，自 2019 年 12 月 29 日起施行。该决定废止了《全国人民代表大会常务委员会关于严禁卖淫嫖娼的决定》第四条第二款、第四款，以及据此实行的收容教育制度。

③立法程序具有民主性。

[案例] 物权法开门立法[1]

在中国历史上，从来没有一部法律，像《物权法》这样历经八次审议之多；也很少有一部法律，能引起民众如此高度的关注。2005年7月1日，在十届全国人大常委会第十六次会议闭幕会上，吴邦国委员长郑重宣布：委员长会议研究决定，将《物权法》草案向社会全文公布，广泛征求意见。2005年7月10日，《物权法》草案全文公布，向社会公开征集意见。到2005年8月10日结束征集意见时，《物权法》草案共征集到11543条意见。1万多条意见征集上来以后，全国人大常委会法工委的有关部门将这些意见分别进行整理，先后3次向社会公布。2005年10月，《物权法》草案第四次审议，其中已经包含着群众的一些要求和意见。2007年3月16日，十届全国人大五次会议高票通过《物权法》，创造了一部法律草案审议八次才获通过的新纪录。《物权法》是我国坚持民主立法、科学立法的典范。

（三）科学原则

立法本身也属于科学活动，立法要尊崇、反映客观规律，从而提升立法质量。

[案例]"常回家看看"入法的尴尬[2]

2013年7月1日起，新修订的《老年人权益保障法》实施。修订后的《老年人权益保障法》特别强调，与老年人分开居住的家庭成员，应当经常看望或者问候老年人。"常回家看看"值得提倡，但子女对老人的精神慰藉义务是否需要从道德转化为法律却值得商榷。善意的初衷，不一定能够取得理想的结果。伦理、精神层面的问题不能靠法律解决。以法治孝，无疑是在拿法律"绑架"道德和孝心。而且"常回家看看"没有实施细则，无法强制执行。此外，很多人不"常回家看看"，是源于一些现实的难题，"常回家看

---

〔1〕 参见"2007年物权法审议通过：五年八审创纪录"，载 http://news.sina.com.cn/c/sd/2009-09-22/170618703640.shtml，最后访问日期：2018年9月22日。

〔2〕 参见"'常回家看看'入法将沦为一纸空文"，载 http://news.ifeng.com/opinion/special/changhuijiakankan/，最后访问日期：2019年7月3日。

看"更需现实条件的支撑。"常回家看看"入法,因缺乏可操作性,可能会沦为一纸空文。立法缺乏科学性、理性,必然会损害法律的权威。

相关司法考试真题

1. 关于我国立法和法的渊源的表述,下列选项不正确的是(　　　)(2013/1/87)

A. 从法的正式渊源上看,"法律"仅指全国人大及其常委会制定的规范性文件

B. 公布后的所有法律、法规均以《国务院公报》上刊登的文本为标准文本

C. 行政法规和地方性法规均采取"条例"、"规定"、"办法"等名称

D. 所有法律议案(法律案)都须交由全国人大常委会审议、表决和通过

解析: 当代中国正式法的渊源主要为以宪法为核心的各种制定法,包括宪法、法律、行政法规、地方性法规、民族自治法规等。在这里,法的正式渊源中的"法律",仅指全国人大及其常委会制定的规范性文件。A项正确。

法律以全国人大常委会公报上刊载的法律文本为标准文本,行政法规以国务院公报上刊登的文本为标准文本。B项错误。

《行政法规制定程序条例》第4条规定,行政法规的名称一般称"条例",也可以称"规定"、"办法"等。实践中,地方性法规名称有"条例"、"(实施)办法"、"规则"、"规定"等。C项正确。

并非所有法律议案(法律案)都须交由全国人大常委会审议、表决和通过,如涉及犯罪和刑罚,对公民政治权利的剥夺、限制人身自由的强制措施和处罚,只能由全国人大审议、表决和通过。D项错误。

2. 律师潘某认为《母婴保健法》与《婚姻登记条例》关于婚前检查的规定存在冲突,遂向全国人大常委会书面提出了审查的建议。对此,下列哪一说法是错误的?(2015/1/11)

A. 《母婴保健法》的效力高于《婚姻登记条例》

B. 如全国人大常委会审查后认定存在冲突,则有权改变或撤销《婚姻登记条例》

C. 全国人大相关专门委员会和常务委员会工作机构需向潘某反馈审查研

究情况

　　D. 潘某提出审查建议的行为属于社会监督

　　解析：《母婴保健法》是全国人大常委会制定的法律，《婚姻登记条例》是国务院制定的行政法规，《母婴保健法》的效力高于《婚姻登记条例》。A项正确。

　　依《宪法》和《立法法》的相关规定，全国人大常委会有权撤销国务院、省级人大及其常委会制定的同宪法、法律相抵触的行政法规、决定和命令。如全国人大常委会审查后认定存在冲突，有权撤销《婚姻登记条例》，但无权改变。B项错误。

　　《立法法》第101条规定，全国人民代表大会有关的专门委员会和常务委员会工作机构应当按照规定要求，将审查、研究情况向提出审查建议的国家机关、社会团体、企业事业组织以及公民反馈，并可以向社会公开。C项正确。

　　社会监督是由国家机关以外的政治或社会组织和公民进行的不具有直接法律效力的监督。社会监督可分为中国共产党的监督、社会组织的监督、社会舆论的监督、公民的监督几类。潘某提出审查建议的行为属于公民的监督。D项正确。

　　3. 2011年6月15日，全国人大常委会法工委公布《个人所得税法》修正案草案征求意见结果，30多天收到82707位网民的237684条意见，181封群众来信，11位专家和16位社会公众的意见。据此，草案对个人所得税的起征点进行了调整。关于这种"开门立法"、"问法于民"的做法，下列哪一说法是准确的？（2011/1/4）

　　A. 这体现了立法平等原则

　　B. 这体现了立法为民、增强立法主体自身民主性的要求

　　C. 这表现了执法为民的理念

　　D. 这体现了国家权力的相互制约

　　解析：全国人大常委会在《个人所得税法》的制定过程中，"开门立法"、"问法于民"，体现了立法的民主原则。B项正确。

第十五章

守 法

知识结构图

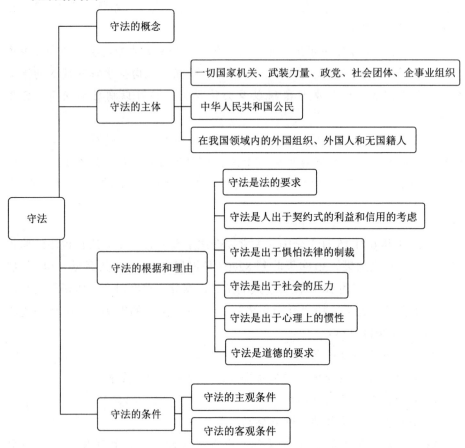

知识解析

一、守法的概念

守法是指国家机关、社会组织和公民个人依照法的规定，行使权利（权力）和履行义务（职责）的活动。

二、守法的主体

在我国，守法主体分为以下几类：

1. 一切国家机关、武装力量、政党、社会团体、企事业组织。

2. 中华人民共和国公民。

3. 在我国领域内的外国组织、外国人和无国籍人。

[案例] 守法好公民——苏格拉底[1]

苏格拉底（前469-前399），古希腊伟大的哲学家、思想家，被称为"西方的孔子"。苏格拉底认为城邦的法律是公民们一致制定的协议，应该坚定不移地去执行，只有遵守法律，才能使人民同心协力，使城邦强大无比，严守法律是人民幸福、城邦强大的根本保证。在雅典奴隶主阶级内部贵族派与民主派斗争中，苏格拉底站在贵族派一边，当贵族派统治被民主派推翻后，苏格拉底被指控违反城邦宗教、渎神和腐化青年等罪，被民主派政权判处死刑。苏格拉底的弟子已为他安排好了越狱计划，他是有机会出逃的，但他坚持一个公民必须遵守法律，乃于公元前399年在狱中服毒自尽。苏格拉底以他的行为践行了他的守法主张。

三、守法的根据和理由

（一）守法是法的要求

法律制定出来就是要求人们遵守的，守法是公民的法律义务。

（二）守法是人出于契约式的利益和信用的考虑

守法在一定程度上显示了当事人良好的信誉，在日常生活中，出于经济安全的考虑，人们通常更愿意与信誉良好的人进行经济活动，守法也就意味着利益的满足。

（三）守法是出于惧怕法律的制裁

在现实生活中，有的人遵守法律并不是因为他心悦诚服地信仰法律，而

---

〔1〕 参见"苏格拉底"，载 http://baike.baidu.com/itme/苏格拉底/12690? fr=aladdin，最后访问日期：2019年7月18日。

是惧怕违法后会受到法律的制裁。

（四）守法是出于社会的压力

人是社会性动物，需要与他人交往、交流。然而，违法的人往往会受到社会舆论的谴责，甚至会被其他社会成员排斥、孤立。因此，守法也可能源于社会强大的压力。

[案例] 布鲁斯之死[1]

电影《肖申克的救赎》中，老犯人布鲁斯在经过五十年的监狱生活后，已经完全适应了监狱的生活。在接到假释通知后，他没有一丝喜悦，取而代之是不安和惶恐。在监狱，他承担监狱图书管理员的工作，让他觉得自己是一个有用的人，被众囚犯看作是最有素养的绅士。假释对于年迈的布鲁斯而言，不是重获自由，而是去一个无法适应的社会。事实上，获得假释后的布鲁斯确实再无法融入社会，只有通过自杀来救赎自己。

（五）守法是出于心理上的惯性

许多人从小就接受诚实守信、行善积德、遵纪守法等方面的教育，逐渐遵纪守法就成为一种心理上的习惯，就像吃饭、睡觉一样自然。一旦当事人做出违法行为，就会产生心理上的不适。

[案例] 女子收到百元假币后花掉 内疚 7 年登门道歉[2]

2006 年，宝鸡市陈仓区虢镇一女子的婆婆做生意时收了一张 100 元假币，为挽回损失，该女子在宝鸡市陈仓区虢镇百货大楼附近一家男装店挑了一件 70 多元的衬衣，把假币花了出去。事情虽说过去 7 年了，但此事一直埋在她心里总也过不去，她不能原谅自己损人利己的行为。2013 年 1 月，该女子找到她曾花假币的服装店，向店主道歉，并赔偿 200 元。两人推来推去四五次，店主最后收了 100 元，该女子才勉强答应。

---

〔1〕 参见刘欣：“从《肖申克的救赎》看犯罪人的再社会化”，载《华人时刊》2014 年 1 月下旬刊。

〔2〕 参见“女子收到百元假币后花掉 内疚 7 年登门道歉”，载 http://news.sohu.com/20130106/n362508201.shtml，最后访问日期：2018 年 1 月 6 日。

（六）守法是道德的要求

德国法学家耶林曾言：法律是最低限度的道德。道德对人们的要求一般要高于法律。道德和法律在内容方面有一定的重合，一些法律对人们的要求本身也是道德对人们的要求。所以，守法在一定程度上就变成了道德义务。

四、守法的条件

守法的主观条件是守法主体的主观心理态度和法律意识水平。通常人们的政治意识、法律意识、道德意识、纪律观念、个性、文化教育程度等都对其守法行为产生潜移默化的影响。

守法的客观条件是守法主体所处的客观社会环境。如法制状况、政治状况、经济状况、民族传统、国际形势、科学技术的发展等，都会对守法行为产生不同程度的影响。

[案例] 美国71岁绝症老人为进监狱抢银行[1]

美国加州圣迭戈市一贫如洗的71岁的彼特曾在1997年和1999年两次抢劫银行并被判有罪。但从那之后，他就洗心革面重新做人，还找了份正式的工作。2010年6月，彼特被查出患结肠癌等病，然而，彼特根本无力负担昂贵的医疗费用。万念俱灰之下，彼特想持枪去银行抢劫，让自己被关进监狱。如此一来，他不仅可以不用整天露宿街头，更重要的是，监狱中的医疗条件也可以让他的各种疾病得到适当治疗。2010年7月24日，彼特带着一把BB枪，乘坐轮椅前往美国大通银行的一家分行。他平静地滑动轮椅来到柜台前，然后面带微笑地向银行职员递上一张纸条，称他想要2000美元现金，同时掀起衣角，向银行职员展示他腰间插着的那把BB枪。银行职员将2000美元现金递到彼特手中，彼特不慌不忙将钱放进口袋离开银行。一出银行大门，几名保安就将他逮个正着。2010年12月10日，圣迭戈市高等法庭对这一离奇银行劫案进行了审理。法官杰弗里满足了彼特坐牢的"心愿"，判处他长达21年的有期徒刑，这意味着彼特很可能将在牢里度过余生。法官杰弗里表示："我希望彼特能活着服完他的21年刑期，不过到那时彼特将是90多岁高龄，而他显然再不可能实施抢劫案了。"

---

〔1〕 参见"美71岁绝症老汉为进监狱抢银行"，载 http://news.sina.com.cn/s/2010-12-13/030521628054.shtml，最后访问日期：2016年12月13日。

彼特的健康状况恶化，老无所依，不得已采取进监狱的方式解决医疗、养老难题。经济状况的好坏直接影响着一个人的守法态度。

相关司法考试真题

王某向市环保局提出信息公开申请，但未在法定期限内获得答复，遂诉至法院，法院判决环保局败诉。关于该案，下列哪些说法是正确的？（2016/1/60）

A. 王某申请信息公开属于守法行为

B. 判决环保局败诉体现了法的强制作用

C. 王某起诉环保局的行为属于社会监督

D. 王某的诉权属于绝对权利

解析：

守法是指国家机关、社会组织和公民个人依照法的规定，行使权利（权力）和履行义务（职责）的活动。王某申请信息公开是王某依法行使权利的行为，当属守法。A项正确。

依照判决，环保局败诉后须依法向王某公开信息，是国家强制力保证环保局履行义务，这体现法的强制作用。B项正确。

社会监督是由国家机关以外的政治或社会组织和公民进行的不具有直接法律效力的监督。社会监督可分为中国共产党的监督、社会组织的监督、社会舆论的监督、公民的监督几类。王某起诉环保局的行为属于公民的监督。C项正确。

根据权利对人们的效力范围，将权利分为绝对权利和相对权利。绝对权利是无特定义务人与之相对的权利。相对权利是有特定义务人与之相对的权利。此案中，王某的诉权有特定的义务人（环保局）与之相对，属于相对权利。D项错误。

第十六章

执　法

知识结构图

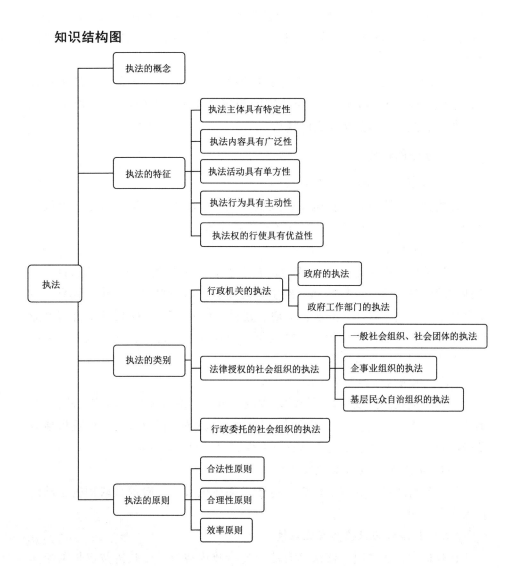

知识解析

一、执法的概念

执法有广义狭义两种理解。广义的执法是指一切执行法律、适用法律的活动，包括国家行政机关、司法机关和法律授权、委托的组织及其公职人员，依照法定职权和程序，贯彻实施法律的活动。如社会主义法治理念内容之一的"执法为民"中的"执法"就是指广义的执法；再如媒体报道"某地人大常委会正在进行执法大检查"，其中的"执法"一般也是指广义的执法。

狭义的执法仅指国家行政机关和法律授权、委托的组织及其公职人员在行使行政管理权的过程中，依照法定的职权和程序，贯彻实施法律的活动。本章所讲的执法，就是指狭义的执法。

二、执法的特征

（一）执法主体具有特定性

在我国，执法主体包括国家行政机关及其公职人员、法律或法规授权的组织及其工作人员、行政机关委托的组织或个人。

（二）执法内容具有广泛性

执法是行政机关运用国家权力对社会实行全方位的组织和管理的行为，所涉领域十分广泛，包括政治、经济、外交、国防、财政、文化、教育、卫生、科学、工业、农业、商业、交通、建设、治安、社会福利以及公用事业等各个领域。特别在现代社会，社会事务愈加复杂，行政管理的范围更为广泛，执法的范围也日益扩大。

（三）执法活动具有单方性

行政机关在法律规定和授权的范围内，可自行决定和直接实施执法行为，不需要行政相对人的同意。但行政复议、行政裁决、行政调解、行政指导以及行政合同等部分执法行为不具有单方性。

（四）执法行为具有主动性

执法是行政机关的法定职责，行政机关在执法中一般都采取积极主动的行为去履行职责。

（五）执法权的行使具有优益性

行政机关在执法时，依法享有法定的行政优益权。行政优益权是国家为确保行政主体有效地行使职权，以法律、法规等形式赋予行政主体享有各种职务上或物质上优益条件的资格。

三、执法的类别

（一）行政机关的执法

1. 政府的执法。政府执法包括中央人民政府的执法和地方各级人民政府的执法。

2. 政府工作部门的执法。

（二）法律授权的社会组织的执法

1. 一般社会组织、社会团体的执法，如律师协会、体育协会、红十字组织的执法。

2. 企事业组织的执法。企业执法如烟草公司、电力公司等企业的执法；事业组织的执法，如疾病预防控制中心的执法。

3. 基层民众自治组织的执法，如居民委员会和村民委员会的执法。

（三）行政委托的社会组织的执法

行政委托是指行政机关依法把一定的事务委托另一个机关或者其他组织、个人办理的行为。行政机关委托的机关、社会组织或个人有权以行政机关的名义执法，其执法的法律后果由行政机关承受。

四、执法的原则

（一）合法性原则

合法性原则是指执法活动要以法律为依据，符合法律的要求。合法性原则具体内容包括：

1. 执法主体必须在法律规定的权限范围内行使职权。

2. 执法内容要合法。

[案例] 麻旦旦"处女嫖娼案"[1]

2001 年 1 月 8 日晚，陕西省泾阳县蒋路乡派出所民警与聘用司机来到该乡一家美容美发店，将正在看电视的 19 岁少女麻旦旦带回派出所讯问，要

---

〔1〕 参见"麻旦旦处女嫖娼案"，载 http://www.chinacourt.org/artide/detail/2003/11/id/93700.shtml，最后访问日期：2003 年 11 月 30 日。

求麻旦旦承认有卖淫行为。麻旦旦拒绝指控后，受到威胁、恫吓、猥亵、殴打并被背铐在篮球架杆上。非法讯问 23 小时后，1 月 9 日，泾阳县公安局出具了一份《治安管理处罚裁决书》，该裁决书以"嫖娼"为由决定对麻旦旦拘留 15 天。少女麻旦旦在裁决书中被写成了"男"，时间竟写成一个月后的 2 月 9 日。

为证明清白，麻旦旦自己去医院做了检查，证明自己还是处女。2 月 9 日，咸阳市公安局有关人员将麻旦旦带到医院，医院再次证明麻旦旦是处女，咸阳市公安局遂撤销了泾阳县公安局的错误裁决。

此后，麻旦旦将泾阳县、咸阳市两级公安局告上法院，要求赔偿精神损失费 500 万元。

5 月 19 日，咸阳市秦都区法院一审判决赔偿 74 元。2001 年 12 月 11 日，二审法院，陕西省咸阳市中级人民法院审判庭经过审理判令，泾阳县公安局支付麻旦旦违法限制人身自由两天的赔偿金 74.66 元，加上医疗费、交通费、住宿费以及 180 天的误工费共 9135 元整。

此案一出，引起广泛关注，争议颇多。单从执法的合法性视角观察，陕西省泾阳县蒋路乡派出所民警的执法活动不符合法律规定甚至到了荒唐的地步，违反了合法性原则，应承担相应的法律责任。

3. 执法程序必须合法。

[案例] 有权也不能任性[1]

2013 年，广东某地政府因城市建设征用城市周边农民土地，三农民为多获得征地补偿款，在地里突击建房。政府为减少拆除违章建筑的阻力，于是在夜间拆迁。因政府违反《行政强制法》"行政机关不得在夜间或者法定节假日实行强制执行"的规定，三农民对该政府提起了行政诉讼。法院判决政府败诉，政府因违反法律程序向三农民赔了钱。政府领导后悔不迭，没想到竟因法律程序问题付出了代价。

---

〔1〕 改编自周斌："地方政府征地拆迁重结果忽程序易尝败诉赔偿之苦"，载 http://www.legaldaily.com.cn/index/content/2014-09/04/content_ 5750536.htm？ node=20908，最后访问日期：2014 年 9 月 4 日。

（二）合理性原则

执法的合理性原则是指执法主体在执法活动中，特别在行使自由裁量权时，必须客观、适度、合乎理性。执法的合理性原则体现在：

1. 要平等对待行政相对人，公平、公正、不偏私、不歧视。

2. 行使自由裁量权应当符合法律目的，排除不相关因素的干扰。

3. 所采取的措施和手段应当必要、适当。

4. 可以采用多种方式实现行政目的，应当避免采用损害当事人权益的方式。

[案例]

2003 年，某市为加强道路交通管理，规范日益混乱的交通秩序，决定出台一项新举措：由交通管理部门向市民发布通告，凡自行摄录下机动车辆违章行驶、停放的照片、录像资料，送经交通管理部门确认后，被采用并在当地电视台播出的，一律奖励人民币 200 元~300 元。此举使许多市民踊跃参与，积极举报违章车辆，当地的交通秩序一时间明显好转，市民满意。新闻报道后，省内甚至外省不少城市都来取经、学习。但与此同时，也发生了一些意想不到的事：有违章驾车者去往不愿被别人知道的地方，电视台将车辆及背景播出后，引起家庭关系、同事关系紧张，甚至影响了当事人此后的正常生活的；有乘车人以肖像权、名誉权受到侵害，把电视台、交管部门告上法庭的；有违章司机被单位开除，认为是交管部门超范围行使权力引起的；有抢拍者被违章车辆故意撞伤后，向交管部门索赔的；甚至有利用偷拍照片向驾车人索要高额"保密费"的，等等。报刊将上述新闻披露后，某市治理交通秩序的举措引起了社会不同看法和较大争议。[1]

从合法性角度看，该市治理交通秩序的新举措不符合法治国家对行政权运作的基本要求。行政权必须依法行使，没有哪部法律明确规定了某市所采取的执法方式，因此某市治理交通秩序的新举措并没有明确的法律依据，是不合法的。从合理性角度看，该新举措虽然可以在短期内使交通状况有所改善，但是却引发了一系列社会问题。由此可见，该项新举措弊大于利，是不合理的，是不值得提倡和效仿的。

---

〔1〕 此案例为 2003 年国家司法考试卷四真题。

（三）效率原则

执法的效率原则是指在依法行政的前提下，行政机关对社会实行组织和管理过程中，以尽可能低的成本取得尽可能大的收益，获得最大的执法效益。

相关司法考试真题

1. 2011 年 7 月，某市公安机关模仿诗歌《见与不见》的语言和风格，在官方网站上发布信息，敦促在逃人员投案自首："你逃，或者不逃，事就在那，不改不变。你跑，或者不跑，网就在那，不撤不去。你想，或者不想，法就在那，不偏不倚。你自首，或者不自首，警察就在那，不舍不弃。早日去投案，或者，惶惶终日。潜逃无聊，了结真好。"关于某市公安机关的做法，下列哪一说法是恰当的？（2011/1/8）

A. 公安机关有权减轻或者免除对自首人员的处罚

B. 公安机关应以社会管理职能代替政治统治职能

C. 公安机关可以从实际工作出发，对法律予以行政解释

D. 公安机关可以创新工作手段、利用有效宣传形式，促进全面充分履职

解析：公安机关无权减轻或者免除对自首人员的处罚。A 项错误。

公安机关执法，既行使社会管理职能，也行使政治统治职能，二者是统一的。B 项错误。

公安机关无行政解释权。C 项错误。

公安机关依法履行职责，创新工作手段，在官方网站上发布信息，敦促在逃人员投案自首。D 项正确。

2. 市民张某在城市街道上无照销售食品，在被城市综合管理执法人员查处过程中暴力抗法，导致一名城市综合管理执法人员受伤。经媒体报道，人们议论纷纷。关于此事，下列哪一说法是错误的？（2008/1/4）

A. 王某指出，城市综合管理执法人员的活动属于执法行为，具有权威性

B. 刘某认为，城市综合管理机构执法，不仅要合法，还要强调公平合理，其执法方式应让一般社会公众能够接受

C. 赵某认为，如果百姓认为执法不公，就有奋起反抗的权利

D. 陈某说，守法是公民的义务，如果认为城市综合管理机构执法不当，

可以采用行政复议、行政诉讼的方式寻求救济，暴力抗法显然是不对的

    解析：执法活动具有权威性。A 项正确。

    执法不仅要合法，还要合理，符合公平正义。B 项正确。

    面对执法不公，公民应依法定方式寻求救济。C 项错误，D 项正确。

第十七章
司 法

知识结构图

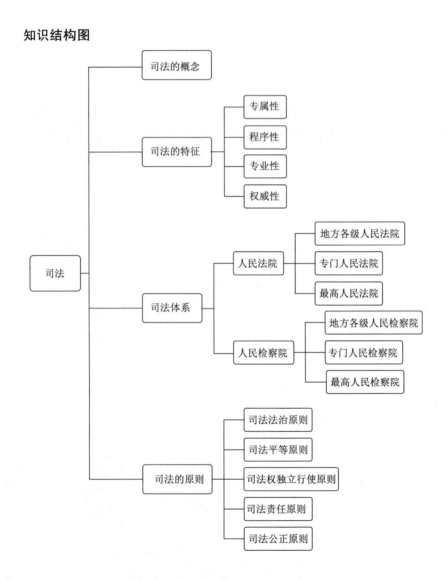

知识解析

一、司法的概念

司法是指国家司法机关依据法定职权和法定程序，具体应用法律处理案件的专门活动。

二、司法的特征

（一）专属性

司法权只能由国家司法机关及其司法人员行使，其他任何国家机关、社会组织和个人都不能行使此项权力。在我国，司法权专属于人民法院和人民检察院。

（二）程序性

司法是司法机关严格按照法定程序所进行的专门活动，因此，程序性是司法的重要的特征之一。目前我国司法领域有刑事诉讼、民事诉讼和行政诉讼这三大类法定诉讼程序，这些诉讼程序法是保证司法公正的重要条件。

（三）专业性

司法审判是一种专业性非常强的工作。因此要求司法人员必须具备很高的文化素质和业务水平。司法审判工作牵涉的社会生活内容十分广泛，这又要求司法人员具备丰富的社会经验和成熟的分析并解决社会冲突问题的能力。

[案例]　柯克法官的故事[1]

1608 年的某一天，英国国王詹姆斯一世闲来无事，晃到皇家法院，突然心血来潮，要求亲自审理几件案子过把瘾。但普通诉讼法院首席大法官爱德华·柯克爵士坚决地拒绝了国王的要求。"岂有此理，这国家都在朕的统治之下，区区一桩案件，朕竟然无权御驾亲审，这是什么道理？难道你认为朕天生愚笨，不及你和你的同僚们有理性？"面对国王如此质问，柯克大法官说出了流传至今的一番名言："不错，上帝的确赋予陛下极其丰富的知识和无与伦比的天赋；但是，陛下对于英格兰王国的法律并不精通。法官要处理的案件动辄涉及臣民的生命、继承、动产或不动产，只有自然理性是不可能处理好

---

〔1〕　参见高行玮："骄傲的柯克大法官"，载 http://shfy. chinaco-urt. org/article/detail/2012/10/id/672091. shtml，最后访问日期：2018 年 7 月 26 日。

的，更需要人工理性。法律是一门艺术，在一个人能够获得对它的认识之前，需要长期的学习和实践。"

（四）权威性

司法是国家司法机关以国家强制力为后盾，以国家的名义运用法律处理案件的专门活动。因此，国家司法机关作出的裁决具有权威性，任何组织和个人都必须执行，不得擅自修改和违抗。

三、司法体系

司法体系是指由国家宪法所规定的享有国家司法权并依法处理案件的专门组织机构即司法主体所构成的体系。

根据《宪法》《人民法院组织法》《人民检察院组织法》的规定，当代中国的司法体系包括：

（一）人民法院

人民法院代表国家独立行使国家审判权。

1. 地方各级人民法院。包括基层人民法院、中级人民法院和高级人民法院。

2. 专门人民法院。我国现有的专门人民法院主要有军事法院、知识产权法院、金融法院、海事法院等。

3. 最高人民法院。最高人民法院是国家最高审判机关。

（二）人民检察院

人民检察院代表国家行使检察权和法律监督权。

1. 地方各级人民检察院。基层人民检察院包括县、县级市、自治县、不设区的市和市辖区人民检察院；设区的市级人民检察院，包括省、自治区辖市人民检察院，自治州人民检察院，省、自治区、直辖市人民检察院分院；省级人民检察院包括省、自治区、直辖市人民检察院。

2. 专门人民检察院。我国现有的专门人民检察院有军事检察院等。

3. 最高人民检察院。最高人民检察院是国家最高检察机关，统一领导全国的检察工作。

除上述司法系统，在一国两制条件下，我国的香港和澳门特别行政区实行不同于大陆的司法体制。

四、司法的原则

（一）司法法治原则

司法法治原则是指在司法过程中，要严格依法司法。依法司法既指依实体法司法，也指依程序法司法。在我国，这条原则具体地体现为"以事实为依据，以法律为准绳"的原则。

（二）司法平等原则

司法平等原则是指各级国家司法机关及其司法人员在处理案件、行使司法权时，对于任何公民，不论其民族、种族、性别、职业、宗教信仰、教育程度、财产状况、居住年限等有何差别，也不论其出身、政治历史、社会地位和政治地位有何不同，在适用法律上一律平等，不允许有任何的特殊与差别。这一原则不仅适用于公民个人，也适用于法人和其他各种社会组织。

[案例]

2012年12月3日，江西农业大学原副校长廖为明酒驾致2死4伤案二审宣判，法院判廖为明犯交通肇事罪，判有期徒刑3年缓刑3年。法院认为，廖为明具有自首和积极赔偿等从轻处罚情节，并且系"我国农业领域高科技应用型人才"，对其适用缓刑更适宜。死者杨菲的父母当庭抗议，尤其是法院以"廖为农业领域高科技应用型人才"作为从轻理由。[1]

二审法院对廖为明从轻改判、适用缓刑的理由之一是，"廖为明系我国农业领域高科技应用型人才"。但"农业领域高科技应用型人才"既不是从轻或减轻处罚的法定或酌定量刑情节，也不是适用缓刑的法定条件。法律面前人人平等，任何公民，只要触犯了法律都要受到法律制裁，任何人都不得有超越法律的特权。以廖为明系"我国农业领域高科技应用型人才"作为从轻改判、适用缓刑的理由是不成立的。

（三）司法权独立行使原则

司法权独立行使原则，是指司法机关在办案过程中，依照法律规定独立行使司法权，不受其他行政机关、社会团体和个人的干涉。

―――――――――――

〔1〕 参见"江西农大原副校长酒驾撞死2人 二审改判缓刑家属抗议"，载 http://news. xinhuanet. com/local/2012-12/04/c_ 124046444. htm，最后访问日期：2016年12月4日。

[案例]

1996 年，四川省夹江县某个体印刷厂仿冒印制另一企业的产品商标标识，被技术监督机构查封并处罚。该印刷厂认为技术监督机构无权对其实施行政处罚，属于越权行政，遂向法院提起行政诉讼。对此，中央电视台"焦点访谈"栏目以"打假者上了被告席"为题进行了报道，并以"恶人先告状"为道德评判模式，对"制假者"的起诉行为予以谴责。面对媒体形成的舆论压力，法院不得不违心地作出不利于"制假者"的裁判。实际上，依据相关法律，"制假者"是有起诉权的，新闻媒体的本意是为了进行舆论监督，但这种监督却干预了法院的独立审判。[1]

(四) 司法责任原则

司法责任原则，是指司法机关和司法人员在行使司法权的过程中，由于侵犯公民、法人和其他社会组织的合法权益，造成严重后果而承担相应责任的原则。在我国，已颁布实施的《国家赔偿法》《法官法》《检察官法》等法律都明确规定了相应的司法责任制度。

[案例] 呼格吉勒图案[2]

呼格吉勒图案是一起近年在我国引起了广泛关注的冤案。

1996 年 4 月 9 日，在呼和浩特市第一毛纺厂家属区公共厕所内，一女子被强奸杀害。报案人是呼格吉勒图，公安机关认定呼格吉勒图是凶手。

1996 年 5 月 23 日，呼和浩特市中级人民法院作出判决，判处呼格吉勒图死刑，剥夺政治权利终身。呼格吉勒图不服，提出上诉。1996 年 6 月 5 日，内蒙古自治区高级人民法院作出刑事裁定，驳回上诉，维持原判。1996 年 6 月 10 日，呼格吉勒图被执行死刑。

2005 年 10 月 23 日，赵志红承认他曾经在 1996 年 4 月的一天，在呼和浩特市第一毛纺厂家属区公共厕所内杀害了一名女性，引发媒体和社会的广泛关注。2006 年，内蒙古司法机构组织了专门的调查组复核此案。2007 年 1 月

---

〔1〕 参见舒国滢主编：《法理学》，中国人民大学出版社 2012 年版，第 104 页。

〔2〕 参见"呼格吉勒图案"，载 http://baike.baidu.com/itme/呼格吉勒图案/9877190? fr＝aladdin，最后访问日期：2020 年 5 月 1 日。

1 日，赵志红的死刑被临时叫停。

2014 年 11 月 20 日，呼格吉勒图案进入再审程序。2014 年 12 月 15 日，内蒙古自治区高级人民法院再审判决宣告原审被告人呼格吉勒图无罪。

2014 年 12 月 30 日，内蒙古自治区高级人民法院依法作出国家赔偿决定，决定向呼格吉勒图的父母李三仁、尚爱云支付国家赔偿金共计 2059621.40 元。

呼格吉勒图案经内蒙古自治区高级人民法院改判无罪后，有关部门迅速启动追责程序，依法依规对呼格吉勒图错案负有责任的 27 人进行了追责。有 26 人受到党纪、政纪处分，时任呼和浩特市公安局新城区公安分局副局长冯志明因涉嫌职务犯罪，依法另案处理。

错案只能减少，不能杜绝。对于错案，必须坚持实事求是、有错必纠的原则。对错判的案件，不仅要依法改判，而且要追究相关人员的法律责任，符合法定标准的还应该进行国家赔偿。

（五）司法公正原则

司法公正原则是指司法机关及其工作人员在司法活动的过程和结果中应坚持和实现公平和正义的原则。司法公正包括实体公正和程序公正。实体公正主要是指司法裁判的结果公正，当事人的权益得到了充分的保障，违法犯罪者受到了应有的惩罚和制裁。程序公正主要是指司法过程的公正，司法程序具有正当性，当事人在司法过程中受到公正的对待。

司法是社会公正的最后一道防线。培根曾说，一次不公的裁判比多次的违法行为更严重，因为这些违法行为不过弄脏了水流，而不公的裁判则把水源败坏了。司法公正是司法的生命和灵魂，也是民众对司法的期望。

[案例] 于欢案[1]

于欢的母亲苏银霞在山东省冠县工业园区经营山东源大工贸有限公司，于欢系该公司员工。2014 年 7 月 28 日，苏银霞及丈夫于西明向吴学占、赵荣

---

〔1〕 参见"于欢案二审宣判：于欢犯故意伤害罪 被判有期徒刑五年"，载 http://news. xinhuanet. com/2017-06/23/c1121196738. htm，最后访问日期：2017 年 6 月 23 日；"于欢案二审：一堂生动的全民普法课"，载 http://news. sina. com. cn/c/2017－06－24/doc－ifyhmtrw3733235. shtml，最后访问日期：2019 年 7 月 8 日。

荣借款 100 万元，双方口头约定月息 10%。至 2015 年 10 月 20 日，苏银霞共计还款 154 万元。期间，吴学占、赵荣荣因苏银霞还款不及时，曾指使郭彦刚等人采取在源大公司车棚内驻扎、在办公楼前支锅做饭等方式催债。2015年 11 月 1 日，苏银霞、于西明再向吴学占、赵荣荣借款 35 万元。其中 10 万元，双方口头约定月息 10%；另外 25 万元，通过签订房屋买卖合同，用于西明名下的一套住房作为抵押，双方约定如逾期还款，则将该住房过户给赵荣荣。2015 年 11 月 2 日至 2016 年 1 月 6 日，苏银霞共计向赵荣荣还款 29.8 万元。吴学占、赵荣荣认为该 29.8 万元属于偿还第一笔 100 万元借款的利息，而苏银霞夫妇认为是用于偿还第二笔借款。吴学占、赵荣荣多次催促苏银霞夫妇继续还款或办理住房过户手续，但苏银霞夫妇未再还款，亦未办理住房过户。

2016 年 4 月 1 日，赵荣荣与杜志浩、郭彦刚等人将于西明上述住房的门锁更换并强行入住，苏银霞报警。赵荣荣出示房屋买卖合同，民警调解后离去。同月 13 日上午，吴学占、赵荣荣与杜志浩、郭彦刚、杜建岗等人将上述住房内的物品搬出，苏银霞报警。民警处警时，吴学占称系房屋买卖纠纷，民警告知双方协商或通过诉讼解决。民警离开后，吴学占责骂苏银霞，并将苏银霞头部按入坐便器接近水面位置。当日下午，赵荣荣等人将上述住房内物品搬至源大公司门口。期间，苏银霞、于西明多次拨打市长热线求助。当晚，于西明通过他人调解，与吴学占达成口头协议，约定次日将住房过户给赵荣荣，此后再付 30 万元，借款本金及利息即全部结清。

同月 14 日，于西明、苏银霞未去办理住房过户手续。当日 16 时许，赵荣荣纠集郭树林、郭彦刚、苗龙松、张博到源大公司讨债。为找到于西明、苏银霞，郭彦刚报警称，源大公司私刻财务章。民警到达源大公司后，苏银霞与赵荣荣等人因还款纠纷发生争吵。民警告知双方协商解决或到法院起诉后离开。李忠接赵荣荣电话后，伙同么传行、张书森和严建军、程学贺到达源大公司。赵荣荣等人先后在办公楼前呼喊，在财务室内、餐厅外盯守，在办公楼门厅外烧烤、饮酒，催促苏银霞还款。期间，赵荣荣、苗龙松离开。20 时许，杜志浩、杜建岗赶到源大公司，与李忠等人一起饮酒。20 时 48 分，苏银霞按郭彦刚要求到办公楼一楼接待室，于欢及公司员工张立平、马金栋陪同。21 时 53 分，杜志浩等人进入接待室讨债，将苏银霞、于欢的手机收走放在办公桌上。杜志浩用污言秽语辱骂苏银霞、于欢及其家人，将烟头弹到苏银霞胸前衣服上，将裤子褪到大腿处裸露下体，朝坐在沙发上的苏银霞等人左右转动身体。在马金栋、李忠劝阻下，杜志浩穿好裤子，又脱下于欢的鞋让苏银霞闻，被苏银霞打掉。杜志浩还用手拍打于欢面颊，其他讨债人员实施了揪抓于欢头发或按压于欢肩部不准其起身等行为。22 时 07 分，公司员工刘付昌打电话报警。22 时 17 分，民警朱秀明带领辅警宋长冉、郭起志到达源大公司了解情况，苏银霞和于欢指认杜志浩殴打于欢，杜志浩等人否认并称系讨债。22 时 22 分，朱秀明警告双方不能打架，然后带领辅警到院内寻找报警人，并给值班民警徐宗印打电话通报警情。于欢、苏银霞欲随民警离开接待室，杜志浩等人阻拦，并强迫于欢坐下，于欢拒绝。杜志浩等人卡于欢项部，将于欢推拉至接待室东南角。于欢持刃长 15.3 厘米的单刃尖刀，警告杜志浩等人不要靠近。杜志浩出言挑衅并逼近于欢，于欢遂捅刺杜志浩腹部一刀，又捅刺围逼在其身边的程学贺胸部、严建军腹部、郭彦刚背部各一刀。22 时 26 分，辅警闻声返回接待室。经辅警连续责令，于欢交出尖刀。杜志浩等 4 人受伤后，分别被杜建岗等人驾车送至冠县人民医院救治。次日 2 时 18 分，杜志浩因抢救无效，因腹部损伤造成肝固有动脉裂伤及肝右叶创伤导致失血性休克死亡。严建军、郭彦刚的损伤均构成重伤二级，程学贺的损失构成轻伤二级。

此案一审由山东省聊城市中级人民法院审理。法院认为，被告人于欢面对众多讨债人的长时间纠缠，不能正确处理冲突，持尖刀捅刺多人，致一名被害人死亡、二名被害人重伤、一名被害人轻伤，其行为构成故意伤害罪，公诉机关指控被告人于欢犯故意伤害罪成立。被告人于欢所犯故意伤害罪后果严重，应当承担与其犯罪危害后果相当的法律责任，鉴于本案系在被害人一方纠集多人，采取影响企业正常经营秩序、限制他人人身自由、侮辱谩骂他人的不当方式讨债引发，被害人具有过错，且被告人于欢归案后能如实供述自己的罪行，可从轻处罚。2017 年 2 月 17 日，判决被告人于欢犯故意伤害罪，判处无期徒刑，剥夺政治权利终身。

山东聊城于欢故意伤害案引发舆论广泛关注后，最高人民检察院高度重视。最高人民检察院工作组会同山东省人民检察院专案组，先后赴冠县、聊城、济南等地，开展了相关调查工作。

于欢案二审由山东省高级人民法院审理。法院审理认为，于欢持刀捅刺杜志浩等四人，属于制止正在进行的不法侵害，其行为具有防卫性质；其防卫行为造成一人死亡、二人重伤、一人轻伤的严重后果，明显超过必要限度造成重大损害，构成故意伤害罪，依法应负刑事责任。鉴于于欢的行为属于防卫过当，于欢归案后能如实供述主要罪行，且被害方有以恶劣手段侮辱于欢之母的严重过错等情节，对于欢应当减轻处罚。2017年6月23日，于欢案二审宣判，山东省高级人民法院认定于欢属防卫过当，构成故意伤害罪，判处于欢有期徒刑5年。

于欢案从二审审理到宣判，司法机关用全程微博直播的方式展现公开透明的决心。正是二审的微博直播，把引发舆论热议的更多案件细节展现在公众面前，消除了一段时间以来存在公众心中的疑虑，流言让位于事实，并让公众对案件的关注走入以审判为中心的诉讼体制，走进法治轨道。

关于本案量刑的辨析，判决书称，"杜志浩的辱母行为严重违法、亵渎人伦，应当受到惩罚和谴责，但于欢在实施防卫时致一人死亡、二人重伤、一人轻伤，且其中一重伤者系于欢持刀从背部捅刺，防卫明显过当"。基于这样辨析作出的判决，有利于消除此前产生的舆论分歧。

司法是维护社会公平正义的最后一道防线。党的十八届四中全会提出，公正是法治的生命线；司法公正对社会公正具有重要引领作用，司法不公对社会公正具有致命破坏作用。实现这个要求，需要司法机关高度关注社情民意，将个案的审判置于国法、人情之中综合考量。

相关司法考试真题

1. 我国司法承担着实现公平正义的使命，据此，下列哪些说法能够成立？(2013/1/83)

A. 中国特色社会主义司法制度是我国实现公平正义的重要保障

B. 司法通过解决纠纷这一主要功能，维持社会秩序和正义

C. 没有司法效率，谈不上司法公正，公平正义也难以实现，因此应当选择"公平优先，兼顾效率"的价值目标

D. 在符合法律基本原则的前提下，司法兼顾法理和情理更利于公平正义的实现

解析：司法是解决纠纷、实现社会公平正义的最后一道防线。A、B项正确。

"公平优先，兼顾效率"，这是我国司法的重要价值立场。C项正确。

在符合法律基本原则的前提下，司法兼顾法理和情理更利于实现实质性的公平正义。D 项正确。

2. 关于司法、司法制度的特征和内容，下列哪一表述不能成立？（2012/1/45）

A. 中国特色社会主义司法制度包括司法规范体系、司法组织体系、司法制度体系、司法人员管理体系

B. 法院已成为现代社会最主要的纠纷解决主体，表明司法的被动性特点已逐渐被普遍性特点所替代

C. 解决纠纷是司法的主要功能，它构成司法制度产生的基础、决定运作的主要内容和直接任务，也是其他功能发挥的先决条件

D. "分权学说"作为西方国家一项宪法原则，进入实践层面后，司法的概念逐步呈现技术性、程序性特征

解析： A、C、D 项没有问题。

被动性是司法的根本属性之一，法律适用活动的惯常机制是"不告不理"，司法程序的启动离不开权利人或特定机构的提请或诉求，司法者从来都不能主动发起一个诉讼，因为这与司法权的性质相悖。B 项错误。

3. 司法公正体现在司法活动各个方面和对司法人员的要求上。下列哪一做法体现的不是司法公正的内涵？（2014/1/45）

A. 甲法院对社会关注的重大案件通过微博直播庭审过程

B. 乙法院将本院公开审理后作出的判决书在网上公布

C. 丙检察院为辩护人查阅、摘抄、复制案卷材料提供便利

D. 丁检察院为暴力犯罪的被害人提供医疗和物质救助

解析： A、B 两项涉及司法公开，属司法公正的内容。A、B 项正确。

C 项中，丙检察院依法为辩护人提供便利，保证辩护人辩护权的实现，也是司法公正的体现。C 项正确。

D 项中，丁检察院为暴力犯罪的被害人提供医疗和物质救助属伦理道德范畴，不属于司法活动，与司法公正无关。D 项错误。

4. 1943 年，马锡五任陕甘宁边区高等法院陇东分庭庭长，他深入基层，依靠群众，就地办案，形式灵活，手续简便，被总结为"马锡五审判方式"。

关于"马锡五审判方式"体现的法治意义，下列哪一说法是准确的？（2011/1/7）

    A. 是不断提高依法行政能力和职业道德水平的典范

    B. 是努力树立司法权威及司法为民的典范

    C. 是从我国国情出发，借鉴国外法治经验的典范

    D. 是立足我国国情，坚持科学立法、维护法制统一的典范

    解析："马锡五审判方式"为司法问题，不涉及立法、执法问题。A、D项错误。

    "马锡五审判方式"形式灵活，方便群众，体现了司法为民。B项正确。

    题目中未提及"马锡五审判方式"借鉴国外经验。C项错误。

第十八章
法律监督

知识结构图

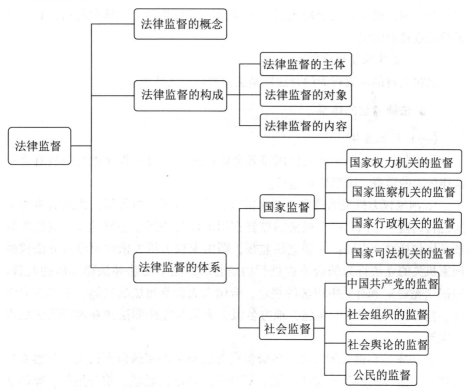

知识解析

一、法律监督的概念

法律监督有广义和狭义之分。狭义的法律监督，是指由特定国家机关依照法定权限和法定程序，对立法、执法和司法活动的合法性所进行的监督。广义的法律监督，是指由所有国家机关、社会组织和公民对各种法律活动的合法性所进行的监督。本章所讲的法律监督主要是指广义的法律监督。

二、法律监督的构成

一般说来，法律监督由三个要素构成：

（一）法律监督的主体

法律监督的主体包括国家机关、社会组织和公民三类。

（二）法律监督的对象

法律监督的对象包括国家机关、社会组织和公民三类，其中最主要的监督对象是国家机关及其公职人员，也包括运用公共权力、具有政治优势地位的政治或社会组织。

（三）法律监督的内容

法律监督的对象行为的合法性是法律监督的主要内容。

三、法律监督的体系

（一）国家监督

国家监督是由国家机关以国家名义依据法定职权和程序进行的具有直接法律效力的监督。国家监督包括：

1. 国家权力机关的监督。国家权力机关的监督是指各级人大及其常委会所进行的监督。国家权力机关的监督在国家监督中居于主导地位。其监督职能具体包括两个方面：一是立法监督，即国家权力机关依法对享有立法权的国家机关的立法行为的合法性进行的监督。二是对宪法和法律实施的监督。根据《宪法》和有关组织法的规定，全国人大监督宪法的实施，全国人大常委会监督宪法和法律的实施，地方各级人大监督宪法和法律在本行政区域内的实施。

2. 国家监察机关的监督。各级监察委员会是国家的监察机关，监察委员会依照《监察法》和有关法律规定对公职人员依法履职、秉公用权、廉洁从政从业以及道德操守情况进行监督。

3. 国家行政机关的监督。行政机关的监督是以各级国家行政机关为主体所进行的监督。其监督内容包括两个方面：一方面是对行政机关行为合法性及合理性的监督，另一方面是对社会组织和公民行为合法性的监督。

4. 国家司法机关的监督。国家司法机关的监督是以审判机关和检察机关为主体所进行的监督。国家司法机关的监督分为检察监督和审判监督。检察监督是人民检察院依法对有关国家机关及其公职人员执法、司法活动的合法性和部分刑事犯罪活动所进行的监督。审判监督是人民法院依法对法院系统和其他国家机关、社会组织、公民的执法、司法、守法活动所进行的监督。

（二）社会监督

社会监督是由国家机关以外的政治或社会组织和公民进行的不具有直接法律效力的监督。社会监督可分为中国共产党的监督、社会组织的监督、社会舆论的监督、公民的监督几类。

[案例]　刘伶利事件[1]

刘伶利，女，1984年出生，原兰州交通大学博文学院教师。2014年6月，刘伶利突然觉得腰部疼痛难忍。由于当时正值期末，刘伶利打算等学生们考完试放了假再去检查。2014年7月，刚刚过完30岁生日的刘伶利住进了甘肃省人民医院，接受了进一步的检查，诊断的结果是卵巢癌。出院后，刘伶利的母亲带着女儿去北京检查，并向刘伶利工作单位的外语系主任请假。在治病期间，用人单位兰州交大博文学院以"旷工"的名义将刘伶利开除，并停缴医疗保险。2015年3月29日，刘伶利向甘肃省榆中县劳动人事争议仲裁委员会提出仲裁请求，请求对学校作出的开除决定进行仲裁。2015年4月17日，因证据不足，该委员会做出对刘伶利的仲裁请求不予受理的决定。2015年5月，刘伶利向学校所在地的榆中县人民法院提起了诉讼。2015年10月20日，甘肃省榆中县法院一审判决兰州交通大学博文学院的开除决定无效，双方恢复劳动关系。一审判决后，兰州交通大学博文学院以一审认定的事实不清，适用的法律错误为由向兰州市中级人民法院提起上诉。随后，兰州市中级人民法院二审维持了原判。但直到刘伶利病逝，兰州交通大学博文学院也没有理会法院的判决。为了补贴医疗费用，癌症晚期的刘伶利不得不上街摆摊，几乎是在绝望之中走向生命的终点。2016年8月14日8点多，因为癌症并发心脏病，在甘肃省人民医院的病房里，年仅32岁的刘伶利离开了人世。刘伶利病逝后，此事被媒体曝光，引爆了社会公愤。迫于舆论的压力，2016年8月22日晚上，兰州交通大学博文学院官网发出向刘伶利老师家人的

---

〔1〕　参见"刘伶利"，载http://baike.baidu.com/item/刘伶利/4328831? fr=aladdin，最后访问日期：2018年7月6日。

公开道歉信。2016 年 8 月 23 日下午，兰州交通大学博文学院院长陈玲等人，来到了患癌去世女教师刘伶利的家中，向刘伶利的父母道歉。随后，校方与刘伶利老师家属对补偿问题进行了具体商谈，双方达成和解并现场签署了《和解协议书》。《和解协议书》中包括兰州交通大学博文学院向刘伶利家属已经补发的工资 57600 元，丧葬抚恤金 14400 元；此外还包括补偿所有医疗费 40 万元、亲属救助金 6 万元和抚慰金 4 万元，以上三项共计 50 万元将于签约 2 日内付清。

刘伶利事件引发社会各界对劳动者权益保障的反思。涉事的兰州交通大学博文学院冷漠到对法院的判决都置若罔闻，但在媒体曝光后，在强大的社会舆论压力下却反应迅速，妥善解决此事件。这让我们看到了社会舆论监督的强大力量。社会舆论监督是我国法律监督的重要形式。在网络时代，我们应重视发挥社会舆论监督的积极作用。

第十九章
法律职业

知识结构图

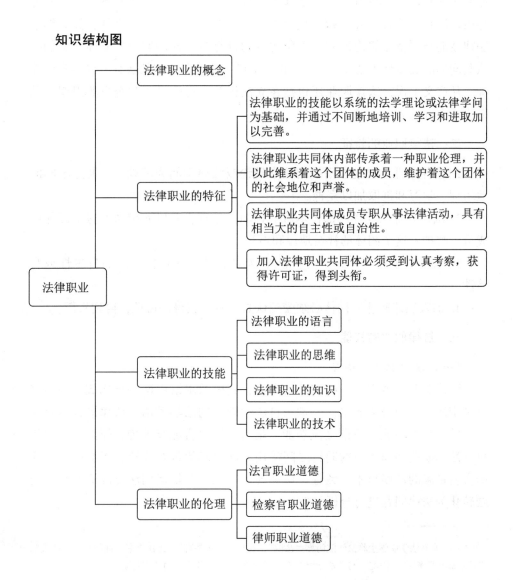

法律职业
- 法律职业的概念
- 法律职业的特征
  - 法律职业的技能以系统的法学理论或法律学问为基础,并通过不间断地培训、学习和进取加以完善。
  - 法律职业共同体内部传承着一种职业伦理,并以此维系着这个团体的成员,维护着这个团体的社会地位和声誉。
  - 法律职业共同体成员专职从事法律活动,具有相当大的自主性或自治性。
  - 加入法律职业共同体必须受到认真考察,获得许可证,得到头衔。
- 法律职业的技能
  - 法律职业的语言
  - 法律职业的思维
  - 法律职业的知识
  - 法律职业的技术
- 法律职业的伦理
  - 法官职业道德
  - 检察官职业道德
  - 律师职业道德

知识解析

一、法律职业的概念

构建现代法律职业共同体，是中国法治化进程的一个重要环节。法律职业的技能和伦理，将直接影响法律的实施效果，影响法治的实现。法律职业是指以法官、检察官和律师为代表的，受过专门的法律专业训练，具有娴熟法律技能与严格法律伦理的人士所构成的具有自治性的职业共同体。我们把该共同体的成员称为法律人[1]。狭义上讲，法律职业包括法官、检察官和律师。从广义上说，法律职业还包括在立法机关、行政机关和企事业组织中从事法律事务的人员。

二、法律职业的特征

1. 法律职业的技能以系统的法学理论或法律学问为基础，并通过不间断地培训、学习和进取加以完善。

2. 法律职业共同体内部传承着一种职业伦理，并以此维系着这个团体的成员，维护着这个团体的社会地位和声誉。

3. 法律职业共同体成员专职从事法律活动，具有相当大的自主性或自治性。

4. 加入法律职业共同体必须受到认真考察，获得许可证，得到头衔。

三、法律职业的技能

（一）法律职业的语言

法律职业的语言是一种特殊的语言，其中的术语由两部分构成，一是来自制定法规定的法定术语，一是来自法学理论的法学术语。法律语言具有交流与转化两大功能。所谓交流功能，是指法律语言能够准确、简约地传递信息，法律职业共同体内的同行之间使用相同的术语进行交流，不会产生大众语言所带来的烦琐与不一致性。所谓转化功能，是指运用法言法语将社会问题转化为法律问题进行分析判断。

---

〔1〕 常有法学院学生将法学院简称"法院"，而且是"大法院"，无比自豪，自称是"法律人"。这是非常不严谨的。"法院"与"法学院"有着天壤之别，"法律人"也是有特定含义的。

[案例]　德国立法及司法实践中对"夜晚"的规定[1]

德国《刑法典》第 292 条：禁止在"夜晚"狩猎。在司法判决中：夜晚指从黄昏结束到黎明开始，也就是天色黑暗的时间段，而不是通常所指的夜晚。

德国《狩猎法》第 19 条第 4 款：在关于禁止狩猎的规定中，对"夜晚"的法律定义为"太阳下山后一个半小时到太阳上山前一个半小时"。

根据德国《刑事诉讼法》第 104 条第 3 款对夜晚住宅搜查中的"夜晚"进行了法律上的定义（同样，德国《民事诉讼法》第 188 条第 1 款也有这样的规定）

从 4 月 1 日到 9 月 30 日：21：00—4：00

从 10 月 1 日到 3 月 31 日：21：00—6：00

"夜晚"是个来自日常生活的用语，具有很大程度的模糊性。法律语言要求简洁、准确、平淡。因此，严谨的德国人在立法及司法实践中对"夜晚"一词进行了严格的限定。

（二）法律职业的思维

法律思维是法律人重要的职业技能之一，法律思维只有经过专门训练才能形成。法律思维与大众思维相比，有其自身特点。比如法律人重视程序、优先考虑程序的思维习惯。比如法律人对法律规则的严谨和守成的思维特点，比如法律人尊崇逻辑、克制情感的思维特点，都与大众思维有区别。

[案例]　法律思维[2]

中国政法大学的郑永流教授认为法律人的思维有十大要义：（1）合法律性优于合道德性；（2）普遍性优于特殊性；（3）复杂优于简约；（4）形式优于实质；（5）程序优于实体；（6）严谨胜于标新；（7）谨慎超于自信；（8）论证优于结论；（9）逻辑优于修辞；（10）推理优于描述。

（三）法律职业的知识

法律职业的知识是一种专业知识，它主要由两部分构成：一部分是制定

---

〔1〕　参见［德］魏德士：《法理学》，丁晓春、吴越译，法律出版社 2005 年版，第 80~81 页。

〔2〕　参见郑永流：《法律方法阶梯》，北京大学出版社 2012 年版，第 3 页。

法中关于规则的知识，另一部分是法律学问中的关于原理的知识。当然，由于法律问题和社会生活息息相关，法律人还应当了解有关自然、社会等方面的知识。

[案例] 西红柿到底是蔬菜还是水果？[1]

美国 1883 年的关税法（Tariffof1883）规定进口蔬菜要缴纳高达 10% 的税，而水果则不用。当时纽约海关认为西红柿是蔬菜，需交税。约翰·尼克斯（JohnNix）等人是做进口西红柿生意的，他们可能认真研习了一番植物学知识，决定钻钻空子，于 1887 年将纽约港海关税收员爱德华·L·赫登（EdwardL. Hedden）告上了法庭，他们认为西红柿应该归为水果，要求返还被征收的税款。

按照植物学的定义，尼克斯的说法还真有道理。英语中"水果"和"果实"是一个单词：fruit. 一般认为它包含植物的种子，由植物的花衍生而来。从植物学上来看，西红柿是"果实"。此案一路闹到了美国联邦最高法院，直到 6 年之后的 1893 年，法庭才做出最终裁定。虽然原告律师颇费口舌地朗读词典，但法官一致站在了被告一方，裁决西红柿是蔬菜而不是水果。尽管西红柿完美符合植物学中水果的定义，但是人们通常将之作为主菜烹饪食用，而不是作为甜点。从大众观念和日常吃法而言，它还是更像蔬菜一点。法官哈瑞斯·格雷（HoraceGray）指出，尽管词典定义水果为"植物种子，或者包含种子的部分，特别是某些植物的多肉多汁的包含种子的部分"，但是此定义并未明确表明西红柿就是水果，而不是蔬菜。此外，格雷法官还援引了联邦最高法院此前的两个案例，认为如果词汇在商业贸易中出现特殊含义时，法院应当采信其普通含义，而非特殊含义。因此，在本案中，字典中的内容并不能被视为证据，只是帮助法院理解和记忆的工具。

此案中，西红柿到底是蔬菜还是水果？这其实并不是法学或法律专业知识。蔬菜和水果本就不是一个科学的分类，更多的是一种习惯。西红柿蔬菜水果之争之所以要闹上法庭，归根结底还是因为涉及利益问题。而法官的裁定，也是根据"在贸易中的词语释义"这一点，认为西红柿属于蔬菜。

---

〔1〕 参见苏木七："西红柿奇案，是蔬菜还是水果？"，载 http://www.guokr.com/article/278044/，最后访问日期：2017 年 7 月 16 日。

（四）法律职业的技术

法律职业的技术是一种专门化的技术，它包括法律解释技术、法律推理技术、法律程序技术、证据运用技术、法庭辩论技术以及法律文书制作技术等等。法律职业的技术非经法律教育和长期的法律实践，是无法掌握的。

[案例]　夫妻醉驾案[1]

酒气冲天、醉眼迷茫地操持方向盘，这可是罪大恶极的违规行为。更糟糕的是不只一个，而是一对醉鬼夫妻同驾一辆车。事发当时究竟是醉酒夫妻中的哪一个在驾驶车辆，已无从查证，且二人都辩称："不是我。"在驾驶人未明的情况下，德国科隆的高等法院即做出一项值得大书特书的裁判，两人的驾照均予吊销。

四、法律职业的伦理

（一）法官职业道德

法官职业道德的核心是公正、廉洁、为民。基本要求是忠诚司法事业、保证司法公正、确保司法廉洁、坚持司法为民、维护司法形象。

[案例]　法院官微力挺马蓉到底"不当"在哪里?[2]

2016 年 10 月 29 日，山东菏泽巨野县法院在其官微评论王宝强离婚案，内容为："一纸声明，高下立判，王宝强就这样赶绝孩子他妈妈！"配图除了有王宝强一家四口照片外，还对马蓉的个人信息作了介绍，并简单梳理了两人离婚案的相关内容。此微博引发网友热议，随后文章被删除。2016 年 10 月 31 日，巨野县法院官微发文致歉，表示将官微管理员调离工作岗位，声明称："官方微博发布了涉及某知名演员离婚案件的不当言论，造成了不良的社会影响。在此，我院表示诚恳的歉意！欢迎大家继续批评指正！"

法官要遵守相应的职业道德。我国《法官职业道德基本准则》规定，法官要"尊重其他法官对审判职权的依法行使，除履行工作职责或者通过正当

---

〔1〕　参见［奥地利］鲁道夫·维瑟编著：《法律也疯狂》，林宏宇、赵昌来译，中国政法大学出版社 2011 年版，第 60 页。

〔2〕　参见杨鹏："法院官微力挺马蓉到底'不当'在哪里?"，载 http://ehsb.hsw.cn/shtml/hsb/20161102/617683.shtml，最后访问日期：2018 年 11 月 2 日。

程序外，不过问、不干预、不评论其他法官正在审理的案件"。从维护司法尊严、司法公正和司法权独立行使的高度来看，法官这一特殊职业群体尤其要谨言慎行，法官的言论是受到一些明确限制的。在进入微博时代之后，最高人民法院还曾明确要求"规范微博运行，不得随意对个案进行点评，不得发表不当言论"。

（二）检察官职业道德

检察官职业道德的基本要求是：①坚持忠诚品格，永葆政治本色。②坚持为民宗旨，保障人民权益。③坚持担当精神，强化法律监督。④坚持公正理念，维护法制统一。⑤坚持廉洁操守，自觉接受监督。

（三）律师职业道德

律师职业道德的内容是忠诚、为民、法治、正义、诚信、敬业。

[案例] 律师对当事人的保密义务[1]

"作为律师，我的嘴巴是密封的"，福克斯先生（美国律师协会道德与专业职责常务委员会前任主席）十分风趣地开始了第一个话题——律师对当事人的保密义务。

"因为律师是受聘于当事人的，他的全部收入也来源于当事人付给的佣金，所以每一个案件的全过程，乃至案件每一道程序的推进，当事人拥有最终的决定权，律师的第一义务就是对当事人的绝对忠诚。在这个前提下，律师当然地需要为当事人严守秘密——尽管这些秘密有时候看起来是那么不可思议。"

为了形象地说明律师必须三缄其口的职责，福克斯先生讲述了在美国非常著名的一个案例：Purcell案件。Purcell先生在与他的律师进行了多次接触之后，感到这位律师不仅十分不称职，而且令人不可理喻。于是他对这位律师说："我将要烧掉你的律师楼。"律师立刻奉劝Purcell先生说："如果你焚烧掉我们的律师楼，那会是非常糟糕的事情，你将因此受到法律的制裁。"尽管如此，在Purcell先生离开律师楼后，这位律师仍然十分紧张，担心Purcell先生会做出过激的举动，于是拨通"911"报了警。警方当即拘捕了Purcell

---

〔1〕 参见杨亮庆："美国名律师谈职业道德——我的嘴巴是密封的"，载《中国青年报》2002年1月16日。

先生，但到了法庭调查取证的时候，戏剧性的场面出现了：报警的律师拒绝向法官透露 Purcell 先生与他谈话的一切内容，理由是他必须为当事人的所有言行保密。就这样，Purcell 先生被无罪开释。

"这就是美国律师严格遵守的'忠诚于当事人'的原则"，福克斯先生用幽默的语调说，"即使律师楼将被烧掉，他们也会遵循这个原则。"

相关司法考试真题

1. 卡尔·马克思说："法官是法律世界的国王，法官除了法律没有别的上司。"下列哪一理解是正确的？（2015/1/14）

A. 法官的法律世界与其他社会领域（政治、经济、文化等）没有关系

B. 法官的裁判权不受制约

C. 法官是法律世界的国王，但必须是法律的奴仆

D. 在法律世界中（包括在立法领域），法官永远是其他一切法律主体（或机构）的上司

解析： 法官的法律世界会受到其他社会领域（政治、经济、文化等）的深刻影响。A 项错误。

司法是指国家司法机关依据法定职权和法定程序，具体应用法律处理案件的专门活动。法官的裁判权是受到严格制约的。B 项错误。

法官是法律世界的国王，但必须依法裁判。C 项正确。

在法律世界中（包括在立法领域），法官不可能永远是其他一切法律主体（或机构）的上司。法官的司法活动会受到人大、上级法院等的监督。D 项错误。

2. 关于法律职业道德，下列哪一表述是不正确的？（2013/1/45）

A. 基于法律和法律职业的特殊性，法律职业人员被要求承担更多的社会义务，具有高于其他职业的职业道德品行

B. 互相尊重、互相配合为法律职业道德的基本原则，这就要求检察官、律师尊重法官的领导地位，在法庭上听从法官的指挥

C. 选择合适的内化途径和适当的内化方法，才能使法律职业人员将法律职业道德规范融进法律职业精神中

D. 法律职业道德教育的途径和方法，包括提高法律职业人员道德认识、

陶冶法律职业人员道德情感、养成法律职业人员道德习惯等

解析：在现代社会，法律职业是一种高度专业化的职业，对法律职业者具有很高的道德要求，一般高于其他职业的职业道德要求。法律职业者一旦违反职业道德，将可能承担更多的社会义务。A项正确。

互相尊重、互相配合为法律职业道德的基本原则，但检察官、律师和法官在法庭上不是领导与被领导的关系。B项不正确。

C、D项表述正确。

3. 法律在社会中负有分配社会资源、维持社会秩序、解决社会冲突、实现社会正义的功能，这就要求法律职业人员具有更高的法律职业道德水准。据此，关于提高法律职业道德水准，下列哪些表述是正确的？（2016/1/83）

A. 法律职业道德主要是法律职业本行业在职业活动中的内部行为规范，不是本行业对社会所负的道德责任和义务

B. 通过长期有效的职业道德教育，使法律职业人员形成正确的职业道德认识、信念、意志和习惯，促进道德内化

C. 以法律、法规、规范性文件等形式赋予法律职业道德以更强的约束力和强制力，并加强道德监督，形成他律机制

D. 法律职业人员违反法律职业道德和纪律的，应当依照有关规定予以惩处，通过惩处教育本人及其他人员

解析：职业道德是人们在职业实践活动中形成的行为规范，体现职业活动的客观要求。职业道德既是本行业人员在职业活动中的行为规范，又是本行业对社会所负的道德责任和义务。A项错误。

B、C、D项表述正确。

第二十章

法律方法

知识结构图

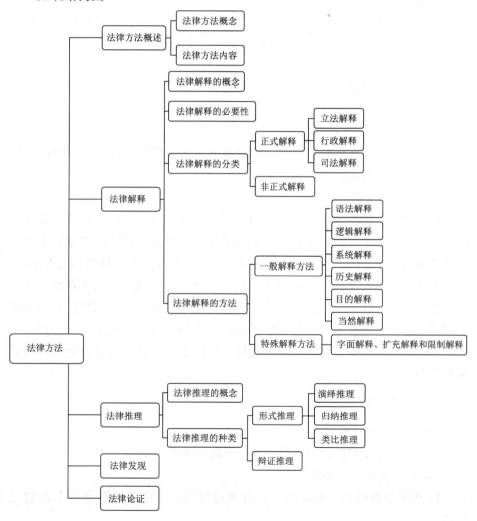

知识解析

一、法律方法概述

(一) 法律方法概念

法律方法是指法律职业者(或称法律人)认识、判断、处理和解决法律问题的专门方法。

法律方法具有以下特征:

1. 专业性

法律职业者有自己思考和解决问题的方式,这是一种与其他职业者相区别的判断与解决问题的方法,其核心是法律思维。

2. 法律性

法律方法是根据法律思考和解决问题的方法。法律是法律人判断是非的标准。

3. 实践性

法律方法是从事审判、检察、法律服务等法律实务工作的法律职业者解决实际生活中面临的法律问题的方法。

(二) 法律方法内容

由于法律职业者的活动领域相当广泛,涉及立法、执法、司法、非诉讼法律服务等,法律方法的种类、形式极其复杂、多样。司法过程中的法律方法是典型的法律方法,主要包括法律发现、法律解释、法律推理和法律论证。法律发现是法律人寻找和确定所要适用的法律规定的过程。法律解释是法律人在法律适用的过程中对法律的含义所做的进一步的说明。法律推理是法律人将逻辑运用于处理案件过程的思维方式。法律论证是通过语言的形式,主要是书面语言,根据一定的理由对案件处理决定的正确性进行符合形式逻辑的推导和证明。

二、法律解释

(一) 法律解释的概念

法律解释是指对法律的内容和含义所做的说明。

(二) 法律解释的必要性

1. 法律是概括的、抽象的,只有经过解释,才能成为具体行为的规范标准。

2. 法律具有相对的稳定性，只有经过解释，才能适应不断变化的社会需求。

3. 人的能力是有限的，只有经过不断的解释，法律才能趋于完善。

（三）法律解释的分类

根据解释是否具有法律约束力为标准，法律解释可分为正式解释和非正式解释。

1. 正式解释

正式解释通常也叫有权解释，是指特定的国家机关根据法定的职权和程序对法律所作出的具有法律约束力的解释。正式解释可分为立法解释、行政解释和司法解释。

（1）立法解释

立法解释是指立法机关及其授权的国家机关在其职权范围内对法律所作的解释。它包括全国人大常委会对宪法和狭义的法律所作的解释、国务院及其主管部门对自己制定的法规所作的解释以及省、自治区、直辖市和其他有权制定地方性法规的地方人大常委会对自己制定的地方性法规的解释。立法解释属于立法活动。

（2）行政解释

行政解释是指依法有权解释法律的行政机关在其职权范围内，对具体应用法律问题所作的解释。在我国，行政解释包括两种情况：一种是国务院及其主管部门对不属于审判和检察工作中的其他法律如何具体应用的问题所作的解释；另一种是省、自治区、直辖市人民政府主管部门对地方性法规如何具体应用的问题所作的解释。行政解释是有权的行政机关对权力机关（人大及常委会）制定的法律、地方性法规进行的解释。

（3）司法解释

司法解释是指国家最高司法机关在适用法律的过程中，对具体应用法律问题所作的解释。这种解释对于指导具体司法工作、保障司法活动的统一起到了关键的作用。由于我国的司法解释机关包括最高人民法院和最高人民检察院，因此司法解释分为审判解释、检察解释和审判检察共同解释三类。在我国，为了工作上配合的便利，有时司法机关与行政机关联合对法律应用中的共同性问题进行解释，这种解释兼具司法解释和行政解释的性质。

[案例] 齐玉苓案[1]

齐玉苓与陈晓琪均系山东省滕州市第八中学 1990 届的初中学生。陈晓琪参加了 1990 年中专预选考试，成绩不合格，失去继续参加统一招生考试的资格。而齐玉苓通过预选考试后，又在当年的统一招生考试中取得了超过委培生录取分数线的成绩。山东省济宁商业学校给齐玉苓发出录取通知书，由滕州八中转交。陈晓琪从滕州八中领取齐玉苓的录取通知书，并在其父亲陈克政的策划下，运用各种手段，以齐玉苓的名义到济宁商校就读直至毕业。毕业后，陈晓琪仍然使用齐玉苓的姓名，在中国银行滕州支行工作。

1999 年，齐玉苓在得知陈晓琪冒用其姓名上学并且就业之后，以陈晓琪及有关学校和单位侵害其姓名权和受教育权为由诉至法院，要求被告陈晓琪停止侵害并赔偿物质损失和精神损失。1999 年，滕州市中级人民法院作出一审判决：陈晓琪停止对齐玉苓的侵害，并赔偿其精神损失费 3.5 万元。对于齐玉苓所主张的受教育权，法院则认为属于公民一般人格权的范畴，齐玉苓已经实际放弃了这一权利，故其主张陈晓琪侵犯其受教育权不能成立。

齐玉苓对滕州市中级人民法院作出的一审判决不服，上诉至山东省高级人民法院。在二审期间，山东省高级人民法院向最高人民法院提交了《关于齐玉苓与陈晓琪、陈克政、山东省济宁商业学校、山东省滕州市第八中学、山东省滕州市教育委员会姓名权纠纷一案的请示》。2001 年 7 月 24 日，最高人民法院作出了《关于以侵犯姓名权的手段侵犯宪法保护的公民受教育的基本权利是否应承担民事责任的批复》。该《批复》指出，陈晓琪等以侵犯姓名权的手段，侵犯了齐玉苓依据宪法规定所享有的受教育的基本权利，并造成了具体的损害后果，应承担相应的民事责任。山东省高级人民法院据此作出二审判决：陈晓琪停止对齐玉苓姓名权的侵害，齐玉苓获得因受教育权被侵犯而造成的经济损失 48045 元的赔偿及精神损害赔偿 5 万元，陈晓琪和其父陈克政、山东省济宁市商业学校、山东省滕州市第八中学、山东省滕州市教育委员会对此承担连带责任。

齐玉苓案引发宪法学界对"宪法司法化"的热烈讨论。此案中，最高人民法院于 2001 年 7 月 24 日作出的《关于以侵犯姓名权的手段侵犯宪法保护

---

〔1〕 参见姚国建、秦奥蕾编著：《宪法学案例研习》，中国政法大学出版社 2013 年版，第 33~34 页。

的公民受教育的基本权利是否应承担民事责任的批复》就是审判解释。2008年12月8日，最高人民法院审判委员会第1457次会议通过了《最高人民法院关于废止2007年底以前发布的有关司法解释（第七批）的决定》，《关于以侵犯姓名权的手段侵犯宪法保护的公民受教育的基本权利是否应承担民事责任的批复》被废止。

[案例] 李宁组织卖淫案[1]

2003年，李宁先后伙同他人，采取张贴广告、登报招聘公关的手段，招募、组织多名男青年在酒吧内与男性消费者从事性活动。警方对李宁等人提请批捕后，对案件如何定性出现了争议。由于争议很大，警方无奈放人，向上级有关部门汇报。省政法委有关负责人认为，李宁等人的行为已造成较为严重的社会危害，符合犯罪的基本特征。但由于《刑法》对"组织卖淫罪"的规定过于笼统，而且没有相关立法或司法解释，因此，会议决定，由省高级人民法院立即向最高人民法院请示。最高人民法院接到请示后，随即向全国人大常委会汇报。全国人大常委会下属专业委员会做出口头答复：《刑法》规定的"组织卖淫罪"中的"他人"既包括"女人"，也包括"男人"。警方以此答复为依据再次行动，李宁等落网，随后被检方提起公诉。李宁被秦淮区人民法院以组织卖淫罪，判处有期徒刑8年，并处罚金6万元。一审判决后，李宁不服，以"自己的行为不构成组织卖淫罪及量刑过重"为由，向南京中级人民法院提起上诉。南京中级人民法院审理后认定一审判决事实清楚、适用法律正确，遂做出终审裁定，驳回上诉，维持原判。

本案争议的焦点在于对"卖淫"的理解。本案的辩护律师认为，根据《中华人民共和国治安管理处罚条例》《全国人大常委会关于严禁卖淫嫖娼的决定》《刑法》和相关法律法规规定，卖淫是指妇女出卖肉体的行为，后来也指男性。但对于同性之间的性交易是否是卖淫，上述的三部法律都没有明确规定。另外按常理解释（指字典），权威的《法学大字典》（中国政法大学出版社出版）对卖淫罪的解释是：女性为获取报酬与其他男性进行非法性性活动行为。

---

〔1〕 参见中华人民共和国最高人民法院刑事审判第一庭、第二庭编：《刑事审判参考》，2004年第3集，法律出版社2004年版，第137~142页。

　　我国法律对"卖淫"并没有明确的界定，按照通常的理解卖淫就是女性向男性提供性服务并获取报酬的行为。怎奈在现实生活中又出现了新的情况，男性向异性提供性服务，这种情况算卖淫吗？1992年最高人民法院、最高人民检察院印发《关于执行〈全国人民代表大会常务委员会关于严禁卖淫嫖娼的决定〉的若干问题的解答》的通知，认为"组织、协助组织、强迫、引诱、容留、介绍他人卖淫中的'他人'，主要是指女人，也包括男人。"2003年，案发后全国人大人大常委会下属专业委员会做出口头答复：《刑法》规定的"组织卖淫罪"中的"他人"既包括"女人"，也包括"男人"。于是，经过这样一些法律解释，男人向异性提供性服务属于卖淫似乎没什么疑问了。紧接着，在现实生活中又出现了新的情况，男性向男性提供性服务，这算卖淫吗？其实，在2001年2月28日发布的《公安部关于对同性之间以钱财为媒介的性行为定性处理问题的批复》就作出了说明：不特定的异性之间或者同性之间以金钱、财物为媒介发生不正当性关系的行为，包括口淫、手淫、鸡奸等行为，都属于卖淫嫖娼行为，对行为人应当依法处理。依照此批复，可以认为，男性之间的性交易行为也应属于卖淫行为。

　　此案中，1992年最高人民法院、最高人民检察院作出的《关于执行〈全国人民代表大会常务委员会关于严禁卖淫嫖娼的决定〉的若干问题的解答》属于审判检察共同解释。2001年2月28日公安部发布的《公安部关于对同性之间以钱财为媒介的性行为定性处理问题的批复》属于行政解释。

　　2. 非正式解释

　　非正式解释也称无权解释，是指未经立法机关授权的机关、团体、社会组织、学术机构以及公民个人对法律所作出的不具有法律效力的解释。非正式解释，通常包括学理解释和任意解释。学理解释是指由教学机构、学术团体、法学家和法学工作者在学术研究、法学教学和法制宣传教育中对法律进行的解释。任意解释是指在司法活动中的当事人、代理人和公民在日常生活中对法律所作的解释。

　　非正式解释不具有法律的约束力，一般不能作为法律实施的必然依据。虽然如此，非正式解释在法学研究、法学教育、法制宣传以及法律发展等方面还是有着重要的意义。有时，在没有正式法的渊源的情况下，学理解释也可以作为非正式的法的渊源。

（四）法律解释的方法

1. 一般解释方法

（1）语法解释（文义解释）

语法解释是指根据语法规则对法律条文的含义进行分析，以说明其内容的解释方法。

[案例]"同性恋婚姻登记第一案"[1]

2016年4月13日，全国"同性恋婚姻登记第一案"在湖南长沙芙蓉区人民法院开庭审理，原告孙文麟和同性恋人胡明亮双双出庭，被告长沙芙蓉区民政局则由副局长黄天明出庭，包括媒体记者在内的近200人参加了旁听。

孙文麟是湖南长沙的一名同性恋者，2015年6月23日，他和男朋友胡明亮来到长沙市芙蓉区民政局婚姻登记处办理结婚登记，被以"没有法律规定同性可以结婚"为由拒绝。孙文麟不服，遂将其告上法庭。

庭审焦点集中在如何理解《婚姻法》对"一夫一妻"的定义。被告芙蓉区民政局认为"一夫一妻"说明了结婚对象须为一男一女，而孙文麟的代理律师石伏龙认为，一夫一妻和一男一女是两个概念，一夫一妻是针对于多夫或多妻而言的，而一男一女是指性别。

庭审持续了3个多小时，芙蓉区法院审理认为，根据《婚姻法》第2条、第5条以及《婚姻登记条例》相关条款的规定，一夫一妻即缔结婚姻关系的两人需为一男一女，现行法律没有为同性恋登记婚姻的规定，行政机关只能依据法律行政，因此芙蓉区民政局做出的行政行为程序合法，适用法律正确，据此驳回了原告的诉讼请求。

此案中，原、被告都从语法角度分析"一夫一妻"的字面含义，均属于语法解释。

（2）逻辑解释

逻辑解释是指运用形式逻辑的方法分析法律规范的结构、内容、适用范围和所用概念之间的关系，以保持法律内部统一的解释方法。

---

[1] 参见"'同性恋婚姻登记第一案'在长沙宣判：民政局拒办登记合法"，载 http://www.thepaper.cn/newsDetail_forward_1455824，最后访问日期：2018年4月13日。

（3）系统解释（体系解释）

系统解释是指将需要解释的法律条文与其他法律条文联系起来，从该法律条文与其他法律条文的关系、该法律条文在所属法律文件中的地位等方面入手，系统全面地分析该法律条文的含义和内容。

（4）历史解释

历史解释是指通过研究立法时的历史背景资料、立法机关审议情况、草案说明报告及档案资料，来阐明法律的内容与含义。

（5）目的解释

目的解释是指从法律的目的出发进而对法律所作的说明。

［案例］里格斯诉帕尔默案[1]

1882年，帕尔默在纽约用毒药杀死了自己的祖父，他的祖父在现有的遗嘱中给他留下了一大笔遗产。帕尔默因杀人的罪行被法庭判处监禁几年，但帕尔默是否能享有继承其祖父遗产的权利成了一个让法官头疼的疑难问题。帕尔默的姑姑们主张，既然帕尔默杀死了被继承人，那么法律就不应当继续赋予帕尔默以继承遗产的任何权利。但纽约州的法律并未明确规定如果继承人杀死被继承人将当然丧失继承权，相反，帕尔默祖父生前所立遗嘱完全符合法律规定的有效条件。因此，帕尔默的律师争辩说，既然这份遗嘱在法律上是有效的，既然帕尔默被一份有效遗嘱指定为继承人，那么他就应当享有继承遗产的合法权利。如果法院剥夺帕尔默的继承权，那么法院就是在更改法律，就是用自己的道德信仰来取代法律。

审判这一案件的格雷法官亦支持律师的说法，格雷法官认为：如果帕尔默的祖父早知道帕尔默要杀害他，他或许愿意将遗产给别的什么人，但法院也不能排除相反的可能，即祖父认为即使帕尔默杀了人（甚至就是祖父自己）他也仍然是最好的遗产继承人选。法律的含义是由法律文本自身所使用的文字来界定的，而纽约州遗嘱法清楚确定，因而没有理由弃之不用。此外，如果帕尔默因杀死被继承人而丧失继承权，那就是对帕尔默在判处监禁之外又加上一种额外的惩罚。这是有违"罪刑法定"原则的，对某一罪行的惩罚，

---

〔1〕 参见"里格斯诉帕尔默案"，载 http://baike.baidu.com/item/里格斯诉帕尔默案/3639171? fr=aladdin，最后访问日期：2019年3月8日。

必须由立法机构事先作出规定，法官不能在判决之后对该罪行另加处罚。

但是，审理该案的另一位法官厄尔却认为，法律的真实含义不仅取决于法律文本，而且取决于文本之外的立法者意图，立法者的真实意图显然不会让杀人犯去继承遗产。厄尔法官的另外一条理由是，理解法律的真实含义不能仅以处于历史孤立状态中的法律文本为依据，法官应当创造性的构思出一种与普遍渗透于法律之中的正义原则最为接近的法律，从而维护整个法律体系的统一性。厄尔法官最后援引了一条古老的法律原则——任何人不能从其自身的过错中受益——来说明遗嘱法应被理解为否认以杀死继承人的方式来获取继承权。最后，厄尔法官的意见占了优势，有四位法官支持他；而格雷法官只有一位支持者。纽约州最高法院判决剥夺帕尔默的继承权。此案中，法官厄尔运用的就是目的解释的方法。

（6）当然解释

当然解释是指在法律没有明文规定的情况下，根据已有的法律规定，某一行为当然应该纳入该规定的适用范围的法律解释方法。当然解释一般是以"举重以明轻，举轻以明重"的规则进行。

［案例］　裸体利用图书馆案[1]

图书馆禁止衣衫不整者进入。某人裸体，可否主张"无衣衫，故非衣衫不整"而主张仍可利用图书馆？

衣衫不整者禁止进入图书馆，裸体者无衣衫，更不能进入图书馆，举轻以明重。

2. 特殊解释方法

依据解释尺度，将法律解释分为字面解释、扩充解释和限制解释。

字面解释是指对法律所作的忠于法律文字含义的解释。例如，所有法律条文之中的"中华人民共和国公民"就必须依据字面作出解释，严格依据自然人的国籍作出判断。

扩充解释是指当法律条文的字面含义过于狭窄，不足以表现立法意图、体现社会需要时，对法律条文所作的宽于其文字含义的解释。如《刑法》信

---

〔1〕　参见李惠宗：《案例式法学方法论》，新学林出版股份有限公司 2009 年版，第 241 页。

用卡诈骗罪中的"信用卡"，不仅包括可透支的信用卡，也包括不可透支的借记卡，这就采用了扩充解释。

限制解释是指法律条文的字面含义较之立法意图明显失之过宽时，对法律条文所作的窄于其文字含义的解释。例如我国《婚姻法》规定："父母对子女有抚养教育的义务，子女对父母有赡养扶助的义务。"这里应当将前者的"子女"解释为未成年或丧失独立生活能力的子女，将后者的"子女"解释为已成年并有独立生活能力的子女，这就采用了限制解释。

三、法律推理

（一）法律推理的概念
法律推理是法律人将逻辑运用于处理案件过程的思维方式。

（二）法律推理的种类

1. 形式推理

形式推理又称分析推理，就是运用形式逻辑进行推理。它包括演绎推理、归纳推理和类比推理。

（1）演绎推理

演绎推理是指从一般的法律规定到个别特殊行为的推理。演绎推理为大陆法系所推崇，它强调从法律规范到案件的三段论式推演，其特征是从大前提和小前提出发来导出结论。演绎推理的大前提是可以适用的法律规则和法律原则，小前提是经过认定的案件事实，结论就是判决或裁定。我国是成文法国家，在司法活动中演绎推理一般被认为是主要的形式推理形式。

例一：所有的贪污罪都是故意犯罪，
张三犯贪污罪，
张三犯的是故意犯罪。

例二：所有作案人都有作案时间，
张三没有作案时间，
张三不是作案人。

例三：勾结外国，危害中华人民共和国的主权、领土完整和安全的，处无期徒刑或者十年以上有期徒刑。（《刑法》第102条）

某人的行为属于勾结外国，危害中华人民共和国的主权、领土完整和安全的行为。

对某人处无期徒刑或者十年以上有期徒刑。

（2）归纳推理

归纳推理是指从特殊到一般的推理。当法官处理案件时，手边没有合适的法律规则和原则可供适用，而刚巧从一系列早期的判例中可以总结出可适用的规则和原则，那么，法官就按从先例中总结出的规则和原则处理本案。这就是归纳推理。司法活动中运用归纳推理的典型是判例法国家依据判例而进行的法律推理活动。

例一：

甲案中从事易燃作业的 A 对他人造成损害，虽无过错，但承担了民事责任。

乙案中从事易爆作业的 B 对他人造成损害，虽无过错，也同样承担了民事责任。

结论：从事易燃、易爆等危险作业的人对他人造成损害的，应承担无过错责任。

（3）类比推理

类比推理又称类推适用，是指法律没有明确规定的情况下，比照相应的法律规定加以处理的推理形式。我国 1979 年制定的《刑法》规定了类推适用，1997 年《刑法》修订时，取消了类推适用，规定了"罪刑法定"原则。而在民事领域，一般允许类推适用，例如我国《民法典》第 467 条明确指出，本法或者其他法律没有明文规定的合同，适用本编通则的规定，并可以参照本编或者其他法律最相类似合同的规定。

[案例] 简雍巧妙纠正禁酒令[1]

简雍是刘备的发小。某年蜀国发生旱灾，粮食匮乏。为了保证粮食供应，

---

〔1〕 参见"刘备的发小谋士巧妙纠正禁酒令"，载 http://history.sina.com.cn/bk/gds/2015-08-27/1736125052.shtml，最后访问日期：2018 年 8 月 27 日。

蜀国禁酒，酿酒属于犯罪行为。然而，对于这项法令的执行，出现了过分的现象，蜀国官吏们如果在老百姓家中搜出酿酒工具，就算没有酿酒行为，也要依法论处。这种做法就很不近人情，引发了民间的不满。简雍是个有心人，一直想着劝阻这种行为。一日，简雍和刘备外出游玩，看见一男一女前行，简雍就对刘备说："彼人欲行淫，何以不缚?"刘备说："卿何以知之?"简雍回答说："彼有其具，与欲酿者同。"刘备大笑，于是宽宥了那些私藏酿酒工具的百姓。

此案例中，简雍的劝谏就采用了类比推理。简雍的聪明之处就在于用眼前事情的荒谬性，来推论一些官吏所做事情的荒谬性，形象生动，容易被接受，用类比的方法达到了劝谏的目的。刘备马上醒悟，从善如流，马上纠正了某些官吏不合情理的做法。

2. 辩证推理

(1) 辩证推理的概念

辩证推理是指在两个相互矛盾的、都有一定道理的陈述中选择其一的推理。

(2) 司法过程中辩证推理产生的情况:

①法律没有规定，但对如何处理存在两种对立的理由。

②法律虽然有规定，但它的规定过于原则、模糊，以至可以根据同一规定提出两种对立的处理意见，需要法官从中加以选择。

③法律规定本身就是矛盾的，存在两种相互对立的法律规定，法官同样需要从中加以选择。

④法律虽然有规定，但是，由于新的情况出现，适用这一规定明显不合理，即出现了合法与合理的冲突。

[案例] 霍尔姆斯案 [1]

在 1842 年美国诉霍尔姆斯案 (U. S. v. Holmes) 中，一艘从利物浦驶往费城的移民船布朗号在纽芬兰岛海岸因撞到冰山开始下沉。船上只装备有两艘救生艇，可供八十名乘客和船员使用。最终共有四十一名乘客和水手挤到一艘二十二英尺长的大艇上，另有船长和船员共九人占据了一艘只能容纳六七

---

　　[1] 参见 [美] 彼得·萨伯:《洞穴奇案》，陈福勇、张世泰译，生活·读书·新知三联书店 2012 年版，第 7~8 页。

人的小艇，剩下的三十人则被弃在船上，与船一起沉没。这些沉没者之中没有一个船员，大部分是儿童。后来，船长命令一个助手带着航海图和罗盘加入大艇。这样一来，有四十二人在大艇上，八人在小艇上。大艇有桨没有帆，小艇则两者都有。

小艇驶向纽芬兰海岸，最终被一艘渔船救起。大艇则因严重超载几乎无法航行，在海上漂浮了一整天后，船舷上缘已紧贴水面。随着天气的恶化，海水开始溢入船里。本有缝隙的大艇裂开了一个大洞，不得不大量向外排水。几个大浪袭来，大艇在沉没的边缘飘摇。船长助手嚷着叫水手想办法减轻负载，水手霍尔姆斯事后回应，在另外两名水手的帮助下把六个男人和两个女人抛出船外。第二天他又把另外两个男人扔下船。

他们向东边漂移，以仅有的一点食物充饥，几周之后船在法国海岸获救。他们的经历震惊了世界，有些幸存者返回美国后，给费城地区的检察官施加压力，要求指控大艇的水手犯谋杀罪。不幸的是，霍尔姆斯是当时唯一一住在费城的大艇上的水手，于是他被逮捕了。大陪审团不愿意指控他谋杀，迫使检察官将起诉减轻为非预谋故意杀人。

霍尔姆斯提出紧急避难的抗辩。他辩护说，如果杀人对于船上的人的存活是必要的，那在法律上就是正当的。这个案子由美国联邦最高法院的鲍尔温法官审理，当时他临时担任费城承审法官。他告知陪审团，一定数量的水手是大艇航行所必需的，但超过这一数量的其他水手与乘客相比并没有任何特权，这些水手必须与乘客一起经受命运的考验。在这一原则的指引下，陪审团认定霍尔姆斯非预谋故意杀人罪成立，鲍尔温法官对他处以六个月的监禁和二十美元的罚金。霍尔姆斯服了监禁之刑，罚金则由泰勒总统（John Taylor）赦免掉。

此案中，如何看待水手霍尔姆斯的行为的确是一个难题，法官需要在故意杀人与紧急避难这两个相互冲突的命题中作出艰难选择，即首先要进行辩证推理，其次才能进行相应的形式推理，进而适用法律，裁处案件。

相关司法考试真题

1. 关于我国司法解释，下列哪些说法是错误的？（2014/1/54）

A. 林某认为某司法解释违背相关法律，遂向全国人大常委会提出审查建议，这属于社会监督的一种形式

B. 司法解释的对象是法律、行政法规和地方性法规

C. 司法解释仅指最高法院对审判工作中具体应用法律、法令问题的解释

D. 全国人大法律委员会和有关专门委员会经审查认为司法解释同法律规定相抵触的，可以直接撤销

解析：依据《各级人民代表大会常务委员会监督法》第32条第2款的规定，公民认为最高人民法院、最高人民检察院作出的具体应用法律的解释同法律规定相抵触的，可以向全国人民代表大会常务委员会书面提出进行审查的建议，由常务委员会工作机构进行研究，必要时，送有关专门委员会进行审查、提出意见。社会监督是非国家机关的监督，由各政党、各社会组织和公民进行。林某是公民，其监督是社会监督。A项正确。

司法解释的对象只能是法律。B项错误。

司法解释是指最高人民法院和最高人民检察院对审判工作中具体应用法律作出的解释。C项错误。

《各级人民代表大会常务委员会监督法》第33条规定，全国人民代表大会法律委员会和有关专门委员会经审查认为最高人民法院或者最高人民检察院作出的具体应用法律的解释同法律规定相抵触，而最高人民法院或者最高人民检察院不予修改或者废止的，可以提出要求最高人民法院或者最高人民检察院予以修改、废止的议案，或者提出由全国人民代表大会常务委员会作出法律解释的议案，由委员长会议决定提请常务委员会审议。故D项错误。

2.《最高人民法院关于适用〈中华人民共和国合同法〉若干问题的解释（二）》第十九条规定："对于《合同法》第74条规定的'明显不合理的低价'，人民法院应当以交易当地一般经营者的判断，并参考交易当时交易地的物价部门指导价或者市场交易价，结合其他相关因素综合考虑予以确认。"关于该解释，下列哪些说法是正确的？（2015/1/60）

A. 并非由某个个案裁判而引起

B. 仅关注语言问题而未涉及解释结果是否公正的问题

C. 具有法律效力

D. 不需要全国人大常委会备案

解析：该解释是对《合同法》第74条规定的"明显不合理的低价"这一

抽象规定的解释，并非由某个个案裁判引起。A 项正确。

该解释试图明确"明显不合理的低价"的问题，涉及到了解释结果的公正问题。B 项错误。

该法律解释由最高人民法院作出，属于正式解释，具有法律效力。C 项正确。

《立法法》规定，最高人民法院、最高人民检察院作出的属于审判、检察工作中具体应用法律的解释，应当自公布之日起 30 日内报全国人民代表大会常务委员会备案。D 项错误。

3. 赵某与陈女订婚，付其 5000 元彩礼，赵母另付其 1000 元"见面礼"。双方后因性格不合解除婚约，赵某诉请陈女返还该 6000 元费用。法官根据《婚姻法》和最高法院《关于适用〈婚姻法〉若干问题的解释（二）》的相关规定，认定该现金属彩礼范畴，按照习俗要求返还不违反法律规定，遂判决陈女返还。对此，下列哪一说法是正确的？（2013/1/12）

A. 法官所提及的"习俗"在我国可作为法的正式渊源

B. 在本案中，法官主要运用了归纳推理技术

C. 从法理上看，该判决不符合《婚姻法》第 19 条"夫妻可以约定婚姻关系存续期间所得的财产"之规定

D. 《婚姻法》和《关于适用〈婚姻法〉若干问题的解释（二）》均属于规范性法律文件

解析：习俗（习惯）在我国可作为法的非正式渊源。A 项错误。

此案中，法官主要运用演绎推理。"《婚姻法》和最高法院《关于适用〈婚姻法〉若干问题的解释（二）》的相关规定"是大前提，"该现金属彩礼范畴，按照习俗要求返还不违反法律规定"是小前提，"判决陈女返还"是结论。B 项错误。

赵某与陈女只是订婚，不存在婚姻关系，不适用《婚姻法》第 19 条"夫妻可以约定婚姻关系存续期间所得的财产"之规定。C 项错误。

规范性法律文件是指对不同对象能反复适用的法律文件。《婚姻法》和《关于适用〈婚姻法〉若干问题的解释（二）》均能反复适用，属规范性法律文件。D 项正确。

4. 李某在某餐馆就餐时，被邻桌互殴的陌生人误伤。李某认为，依据《消费者权益保护法》第 7 条第 1 款中"消费者在购买、使用商品和接受服务时享有人身、财产安全不受损害的权利"的规定，餐馆应负赔偿责任，据此起诉。法官结合该法第 7 条第 2 款中"消费者有权要求经营者提供的商品和服务，符合保障人身、财产安全的要求"的规定来解释第 7 条第 1 款，认为餐馆对商品和服务之外的因素导致伤害不应承担责任，遂判决李某败诉。对此，下列哪一说法是不正确的？（2013/1/13）

A. 李某的解释为非正式解释

B. 李某运用的是文义解释方法

C. 法官运用的是体系解释方法

D. 就不同解释方法之间的优先性而言，存在固定的位阶关系

解析： 非正式解释也称无权解释，是指未经立法机关授权的机关、团体、社会组织、学术机构以及公民个人对法律所作出的不具有法律效力的解释。李某的解释为公民个人对法律所作出的不具有法律效力的解释。A 项正确。

文义解释是指根据语法规则对法律条文的含义进行分析，以说明其内容的解释方法。李某对《消费者权益保护法》第 7 条第 1 款的字面含义进行解释，属于文义解释。B 项正确。

体系解释是指将需要解释的法律条文与其他法律条文联系起来，从该法律条文与其他法律条文的关系、该法律条文在所属法律文件中的地位等方面入手，系统全面地分析该法律条文的含义和内容。法官结合《消费者权益保护法》第 7 条第 2 款的规定来解释该法第 7 条第 1 款的规定，属于体系解释。C 项正确。

不同的法律解释方法之间并没有固定的位阶，不同的解释方法是约定俗成的，非法定的。一般而言，文义解释往往被作为优先采用的解释方法。但一旦条件发生变化，就有可能采用其他解释方法。D 项错误。

5. 范某参加单位委托某拓展训练中心组织的拔河赛时，由于比赛用绳索断裂导致范某骨折致残。范某起诉该中心，认为事故主要是该中心未尽到注意义务引起，要求赔偿 10 万余元。法院认定，拔河人数过多导致事故的发生，范某本人也有过错，判决该中心按 40% 的比例承担责任，赔偿 4 万元。关于该案，下列哪一说法是正确的？（2013/1/15）

A. 范某对案件仅做了事实描述，未进行法律判断

B. "拔河人数过多导致事故的发生"这一语句所表达的是一种裁判事实，可作为演绎推理的大前提

C. "该中心按40%的比例承担责任，赔偿4万元"是从逻辑前提中推导而来的

D. 法院主要根据法律责任的效益原则作出判决

解析：本案中范某对案件不仅做了事实描述——比赛用绳索断裂导致范某骨折致残，而且进行了法律判断——事故主要是该中心未尽到注意义务引起，要求赔偿10万余元。A项错误。

"拔河人数过多导致事故的发生"这一语句所表达的是一种裁判事实，可作为演绎推理的小前提。B项错误。

法院判决"该中心按40%的比例承担责任，赔偿4万元"的依据是，法院认定"拔河人数过多导致事故的发生，范某本人也有过错"。故该法律判断是从逻辑前提中推导而来的。C项正确。

效益原则是指在追究行为人的法律责任时，应当进行成本收益分析，讲求法律责任的效率。本案中，法院判决该中心承担40%的责任，根据是双方的过错，是过错原则，而非效益原则。D项错误。

6. 新郎经过紧张筹备准备迎娶新娘。婚礼当天迎亲车队到达时，新娘却飞往国外，由其家人转告将另嫁他人，离婚手续随后办理。此事对新郎造成严重伤害。法院认为，新娘违背诚实信用和公序良俗原则，侮辱了新郎人格尊严，判决新娘赔偿新郎财产损失和精神抚慰金。关于本案，下列哪些说法可以成立？（2014/1/52）

A. 由于缺乏可供适用的法律规则，法官可依民法基本原则裁判案件

B. 本案法官运用了演绎推理

C. 确认案件事实是法官进行推理的前提条件

D. 只有依据法律原则裁判的情形，法官才需要提供裁判理由

解析：法律规则对某些新类型的案件没有规定或适用法律规则可能会导致个案的极端不公正，可以直接适用法律原则作为裁判的依据。本案中，由于缺乏可供适用的法律规则，法官依诚实信用和公序良俗原则裁判案件。A项正确。

本案法官运用了演绎推理。大前提是法律规定——"诚实信用和公序良俗原则"，小前提是法律事实——"新娘违背诚实信用和公序良俗原则，侮辱了新郎人格尊严"，结论是判决新娘赔偿新郎财产损失和精神抚慰金。B、C项正确。

任何裁判，无论依据法律原则还是依据法律规则，都需要提供裁判理由。D项错误。

7. 徐某被何某侮辱后一直寻机报复，某日携带尖刀到何某住所将其刺成重伤。经司法鉴定，徐某作案时辨认和控制能力存在，有完全的刑事责任能力。法院审理后以故意伤害罪判处徐某有期徒刑 10 年。关于该案，下列哪些说法是正确的？（2015/1/58）

A. "徐某作案时辨认和控制能力存在，有完全的刑事责任能力"这句话包含对事实的法律认定

B. 法院判决体现了法的强制作用，但未体现评价作用

C. 该案中法官运用了演绎推理

D. "徐某被何某侮辱后一直寻机报复，某日携带尖刀到何某住所将其刺成重伤"是该案法官推理中的大前提

解析：

"徐某作案时辨认和控制能力存在，有完全的刑事责任能力"是对徐某刑事责任能力的认定，是法律事实的认定。A项正确。

法院以故意伤害罪判处徐某有期徒刑 10 年，法院的判决体现了法的评价作用。B项错误。

该案中，法官依据一般性的法律规定，结合案件事实，作出判决，是典型的演绎推理。C项正确。

"徐某被何某侮辱后一直寻机报复，某日携带尖刀到何某住所将其刺成重伤"是法官对案件事实的认定，是演绎推理中的小前提。D项错误。

8. 李某因热水器漏电受伤，经鉴定为重伤，遂诉至法院要求厂家赔偿损失，其中包括精神损害赔偿。庭审时被告代理律师辩称，一年前该法院在审理类似案件时并未判决给予精神损害赔偿，本案也应作相同处理。但法院援

引最新颁布的司法解释，支持了李某的诉讼请求。关于此案，下列认识正确的是：（　　）（2015/1/89）

　　A. "经鉴定为重伤"是价值判断而非事实判断

　　B. 此案表明判例不是我国正式的法的渊源

　　C. 被告律师运用了类比推理

　　D. 法院生效的判决具有普遍约束力

　　解析：李某"经鉴定为重伤"，是对李某伤情的客观认定，是事实判断，而非价值判断。A 项错误。

　　判例是我国非正式的法的渊源。B 项正确。

　　被告律师列举"一年前该法院在审理类似案件时并未判决给予精神损害赔偿"，主张"本案也应作相同处理"，这属于类比推理。C 项正确。

　　法院生效的判决属于非规范性法律文件，仅对该案的当事人具有法律效力，不具有普遍约束力。D 项错误。

　　9. 2003 年 7 月，年过七旬的王某过世，之前立下一份"打油诗"遗嘱："本人已年过七旬，一旦病危莫抢救；人老病死本常事，古今无人寿长久；老伴子女莫悲愁，安乐停药助我休；不搞哀悼不奏乐，免得干扰邻和友；遗体器官若能用，解剖赠送我原求；病体器官无处要，育树肥花环境秀；我的一半财产权，交由老伴可拥有；上述遗愿能实现，我在地下乐悠悠。"

　　对于王某遗嘱中"我的一半财产权"所涉及的住房，指的是"整个房子的一半"，还是"属于父亲份额的一半"，家人之间有不同的理解。儿子认为，父亲所述应理解为母亲应该继承属于父亲那部分房产的一半，而不是整个房产的一半。王某老伴坚持认为，这套房子是其与丈夫的共同财产，自己应拥有整个房产（包括属于丈夫的另一半房产）。关于该案，下列哪一说法是正确的？（2012/1/11）

　　A. 王某老伴与子女间的争议在于他们均享有正式的法律解释权

　　B. 王某老伴与子女对遗嘱的理解属于主观目的解释

　　C. 王某遗嘱符合意思表示真实、合法的要求

　　D. 遗嘱中的"我的一半财产权"首先应当进行历史解释

　　解析：法律解释分为正式解释和非正式解释。正式解释通常也叫有权解释，是指特定的国家机关根据法定的职权和程序对法律所作出的具有法律约

束力的解释。正式解释的法律解释权属于特定的国家机关。非正式解释也称无权解释，是指未经立法机关授权的机关、团体、社会组织、学术机构以及公民个人对法律所作出的不具有法律效力的解释。王某老伴与子女均不享有正式的法律解释权。A 项错误。

目的解释（主观目的解释）是指从法律的目的出发对法律所做的说明。此处"遗嘱"并非法律，王某也不是立法者。B 项错误。

王某遗嘱意思表示真实、合法。C 项正确。

历史解释是指通过研究立法时的历史背景资料、立法机关审议情况、草案说明报告及档案资料，来阐明法律的内容与含义。此处"遗嘱"并非法律，王某也不是立法者。D 项错误。

10. 某商场促销活动时宣称："凡购买 100 元商品均送 80 元购物券。对因促销活动产生的纠纷，本商场有最终解释权。"刘女士在该商场购买了 1000 元商品，返回 800 元购物券。刘女士持券买鞋时，被告知鞋类商品 2 天前已退出促销活动，必须现金购买。刘女士遂找商场理论，协商未果便将商场告上法庭。关于本案，下列哪一认识是正确的？（2012/1/14）

A. 从法律的角度看，"本商场有最终解释权"是一种学理解释权的宣称

B. 本案的争议表明，需要以公平正义去解释合同填补漏洞

C. 当事人对合同进行解释，等同于对合同享有法定的解释权

D. 商场的做法符合"权利和义务相一致"的原则

解析：学理解释是指由教学机构、学术团体、法学家和法学工作者在学术研究、法学教学和法制宣传教育中对法律进行的解释。学理解释是非正式法律解释的一种。学理解释的对象是法律。商场解释的只是商场的促销规则，而非法律。此案中，商场不具有学理解释权。A 项错误。

法律原则可以填补法律漏洞。B 项正确。

法定的解释权只属于特定的国家机关，当事人对合同进行解释，但不享有法定的解释权。C 项错误。

商场以"本商场有最终解释权"强调其权利，规避其义务，违反了"权利和义务相一致"的原则。D 项错误。

11. 杨某与刘某存有积怨，后刘某服毒自杀。杨某因患风湿病全身疼痛，

怀疑是刘某阴魂纠缠，遂先后 3 次到刘某墓地掘坟撬棺，挑出刘某头骨，并将头骨和棺材板移埋于自家责任田。事发后，检察院对杨某提起公诉。一审法院根据《中华人民共和国刑法》第 302 条的规定，认定杨某的行为构成侮辱尸体罪。杨某不服，认为坟内刘某已成白骨并非尸体，随后上诉。杨某对"尸体"的解释，属于下列哪些解释？（2012/1/55）

A. 任意解释

B. 比较解释

C. 文义解释

D. 法定解释

解析： 任意解释是指在司法活动中的当事人、代理人和公民在日常生活中对法律所作的解释。杨某对"尸体"的解释是任意解释。A 项正确。

比较解释是指根据外国的立法例和判例学说对某个法律规定进行解释，杨某对"尸体"的解释不符合此种情况。B 项错误。

文义解释是指根据语法规则对法律条文的含义进行分析，以说明其内容的解释方法。杨某从"尸体"的字面含义出发进行解释，属于文义解释。C 项正确。

杨某对"尸体"的解释是任意解释，非法定解释。D 项错误。

第五编　法的价值

第二十一章
法的价值

知识结构图

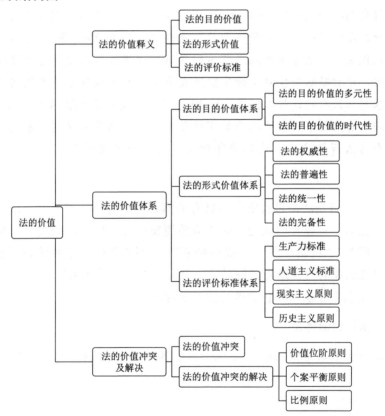

知识解析

一、法的价值释义

法的价值可以从以下三种角度来理解：

1. 法的价值是法律在发挥其社会作用的过程中能够保护和增加的那些价

值，即法的目的价值。法律能保护或推动人权、秩序、自由、正义和效率等诸种价值，人权、秩序、自由、正义和效率等诸种价值就是法的"目的价值"。

[案例]"同命不同价"[1]

2005 年 12 月 15 日的一场车祸，让年仅 14 岁的重庆市江北区某中学女生何某和另外两个同伴离开了人世。一辆大货车将一辆三轮车轧在了下面，三轮车上的何某和两个朋友被当场轧死。然而，何某的两名城镇户口的女同学的家人得到 20 万元赔偿，而户口在江北农村的何某家人仅得到 5 万余元的赔偿。为什么会出现这种"同命不同价"的现象？因为 2003 年 12 月 4 日通过的最高人民法院《关于审理人身损害赔偿案件适用法律若干问题的解释》中明确规定：死亡赔偿金按照受诉法院所在地上一年度城镇居民人均可支配收入或者农村居民人均纯收入标准，按 20 年计算。该解释自 2004 年 5 月 1 日起施行，而所有交通事故中的人身损害赔偿都得遵照该规定执行。最高人民法院的这个司法解释违反了法的平等价值，是我国当时城乡二元社会现状的反映。

2. 法的价值是法律自身所应当具有的值得追求的品质和属性，即法的形式价值。比如，一般人们认为，法律应该逻辑严谨，应当简明扼要，应当明确易懂。那么，"逻辑严谨"、"简明扼要"、"明确易懂"这些法自身在形式上应当具备的和值得肯定的"好品质"就是法的"形式价值"。

3. 法的价值指法律所包含的价值评价标准。

二、法的价值体系

法的价值体系是由占统治地位的社会集团所持有的一组价值所组成的系统。

（一）法的目的价值体系

法的目的价值具有以下属性：

1. 法的目的价值的多元性

法的目的价值具有多样性、多元性，很难一一列举出来。法的目的价值

---

〔1〕 参见朱力宇主编：《法理学原理与案例教程》，中国人民大学出版社 2010 年版，第 224 页。

的多元性，源于人的需求的多样性和法所调整的社会关系的多样性。

2. 法的目的价值的时代性

由于社会生活条件不断发展变化，不同时代的社会价值观也不可能完全一致，法的目的价值也就具有了时代性：如一般来讲，古代法更强调秩序价值，近现代法更偏重自由价值。

[案例] 纽伦堡审判[1]

1949 年 11 月 20 日，针对 23 名德国纳粹党匪首的审判在纽伦堡举行。在公诉人对他们的战争犯罪进行指控时，这些战犯们无一例外地回答说：自己只是依法奉行上级命令而行事。面对纳粹战犯们的种种狡辩，国际法庭的公诉人、美国杰克逊大法官严厉地指出："有一个不容否认的事实是：纳粹党徒，在一个相当大的范围里对人类犯下了前所未有的残酷罪行！谋杀、拷打、奴役、种族屠杀这些行为，不是早已被全世界的文明人认定是一种罪行吗？我们的提议，就是要惩罚这些罪行！"杰克逊法官接着说：德国法西斯党的种族屠杀、践踏公民权利的"法律"与"法令"，是与人类最基本的道德与人性完全相悖的，任何一个有良知的人都不会执行这样的"恶法"，而这样的"恶法"亦不能成为任何人拿来为自己的犯罪行为进行辩护的理由。最终，这 23 名战犯中 11 人被判处绞刑，其余被告被判无期、20 年与 10 年徒刑不等。纽伦堡审判，在很大程度上就是法官运用道德规范和正义观念对纳粹战犯罪恶行为的清算和审判。

[案例] 重庆彭水诗案[2]

重庆市彭水县教委人事科科员秦中飞因写了《沁园春·彭水》，一夜之间成为当地的"名人"。这首词写道：

"马儿跑远，伟哥滋阴，华仔脓包。看今日彭水，满眼疮痍，官民冲突，不可开交。城建打人，公安辱尸，竟向百姓放空炮。更哪堪，痛移民难移，图增苦恼。

官场月黑风高，抓人权财权是绝招。叹白云中学，空中楼阁，生源痛失，

---

〔1〕 参见余定宇：《寻找法律的印迹：从古埃及到美利坚》，法律出版社 2017 年版，第 199~205 页。

〔2〕 参见高其才：《法理学》，清华大学出版社 2015 年版，第 19~20 页。

老师外跑。虎口宾馆,尽落虎口,留得沙陀彩虹桥。俱往矣,当痛定思痛,不要骚搞!"

词中提到的"马儿跑远、伟哥滋阴和华仔脓包"被指映射彭水县原县委书记马平、现任县长周伟和县委书记蓝庆华。

有民警报告公安局领导后,局领导又报告县委领导。县委领导认为当时是换届敏感期和抗旱关键时期,为防止事态扩大,同意对此事展开调查。2006年8月31日,秦中飞被彭水县公安局传讯调查。9月1日,秦中飞因涉嫌诽谤罪被刑事拘留。9月11日以涉嫌诽谤罪被逮捕。此外,县公安局还调查了100多名接收并转发这条短信的人,使得"秦中飞短信事件"越闹越大,彭水人"谈词色变"。

2006年9月19日,重庆彭水人李星辰在其博客上发表了署名文章《现代文字狱惊现重庆彭水》,引发了全国网民的关注,秦中飞也迅速成为话题人物。网民们通过各种途径,向重庆市有关部门反映情况,质疑彭水县公安局的行为。在舆论的关注下,这一事件在9月27日发生了戏剧性的变化,秦中飞被"强行保释"。

2006年10月24日,彭水县公安局以彭公字[2006]第4号作出撤销案件决定书,对公安机关办理的秦中飞涉嫌诽谤一案,因发现不应对秦中飞追究刑事责任,根据《刑事诉讼法》第130条之规定,决定撤销此案。彭水县公安局预审科姚科长通知秦中飞,公安局已经撤销了对其"取保候审"的决定,承认了诽谤案属于错案,对给秦造成的伤害表示道歉。彭水县检察院主动提出申请国家赔偿问题。按照《国家赔偿法》的规定,错羁押一天赔偿上年度全国职工日平均工资(2005年度为73.3元/天),秦中飞被关押了29天,10月25日下午拿到2125.7元的国家赔偿金。

此案中,秦中飞的词针砭时弊,后经调查,秦中飞词中提到的内容基本属实,"彭水诗案"是粗暴压制言论自由的典型案例。我国《宪法》规定,公民有言论自由,对于任何国家机关和国家工作人员,有提出批评和建议的权利。

(二) 法的形式价值体系

法的形式价值包含着许多具体的内容,例如法律的公开性、稳定性、连续性、严谨性、实用性、明确性、简洁性等等。对于一个正在走向法治的社会而言，法的诸种形式价值中，有四种价值显得特别重要，这就是法的权威性、普遍性、统一性、完备性。

（三）法的评价标准体系

法的评价标准也就是在法律上对各种事物进行价值判断时所遵循的准则。我国当前法治建设中，应坚持以下评价标准和原则：

1. 生产力标准

一种行为是应予保护还是应予禁止，一项具体的法律措施是应予肯定还是否定，首先要根据其是否有利于我国的社会生产力的进步、是否有利于我国的综合国力的提高、是否有利于我国人民生活条件的改善而定。在一般情况下，生产力标准是通过法的目的价值来体现的，强调效率（或效益）这种价值实质上就是生产力标准的体现。

2. 人道主义标准

人道主义标准，就是以人为本、以人为中心，提倡关怀人、爱护人、尊重人，关注的是人自身的幸福，维护人的尊严及权利，重视人类自身价值的实现。

[案例]"撞了白撞"规则

1999年8月，沈阳市人民政府发布了一部政府规章《行人与机动车道路交通事故处理办法》。其中规定，在行人闯红灯、不走人行横道线、在机动车道内行走、进入封闭式机动车专用道路和在机动车道内逗留等五种情形下，行人与机动车之间发生交通事故，机动车无违章行为的，行人负全部责任。该规定被人们称为"撞了白撞"规则。

2000年3月11日，中国政法大学的舒国滢教授在《工人日报》发表"人本的秩序"一文，对"撞了白撞"规则进行了批评。该文认为，秩序只是我们的法律要实现的一种价值，秩序应建立在"事物的性质"和人的本性基础之上，是一个服务人的手段。法治必须是建立在对人的平等的关怀与尊重的基础之上的。以人为本的秩序，应该体现在我们的决策和行为过程之中。假如我们的立法者和执法者都能够持守以人为本的秩序观念，那么我们就会改变自己的工作态度和作风，主动采取措施改善国民遵守秩序的外部环境和条件（包括人口的控制、文化的教育、社会福利的保障、城乡差别的缩小、交通设施的完善，如此，等等），而不是把在道路交通乃至整个社会活动中出现的成本和负担过多地转嫁给社会或每一个具体的当事人。[1]

2003 年 10 月 28 日，第十届全国人民代表大会常务委员会第五次会议通过的《道路交通安全法》直接否定了"撞了白撞"规则。对"撞了白撞"规则的否定，体现了法律对人生命（健康）的尊重与关怀，是人道主义原则的反映。

3. 现实主义原则

对法律现象进行价值评价必须从社会实际出发，法律的价值评价标准的具体内容也必须根据现实需要的变化而加以充实和调整。

4. 历史主义原则

对历史上出现过的各种法律现象进行价值评价时，必须持一种历史主义的态度，即要站在历史发生的当时用历史的眼光来看待该种法律现象，而不是站在现在用现在的眼光来看待该法律现象。

在法的价值体系中，法的目的价值总是居于主导地位，形式价值和评价标准都是为一定的目的价值服务的，目的价值最集中地体现着法律制度的本质规定性和基本使命。

三、法的价值冲突及解决

（一）法的价值冲突

法的价值冲突的原因：

1. 人类生活需求的多样性决定了法的价值目标的多元化。

2. 人类社会利益主体的多元化使法的价值冲突变得更为常见和复杂。

（二）法的价值冲突的解决

法的价值冲突存在于法律运行的各个环节，法的价值冲突的情形也较为复杂。在解决法的价值冲突问题方面，一般认为应遵循以下几个原则：

1. 价值位阶原则

不同位阶的法的价值发生冲突时，应选择高位阶的价值。一般而言，自由、正义、平等高于秩序、安全与效率。

---

〔1〕 参见舒国滢：《在法律的边缘》，中国法制出版社 2000 年版，第 20～23 页。

2. 个案平衡原则

处于同一位阶的法的价值发生冲突时，应综合考虑主体之间的特定情形、需求和利益，兼顾各方的利益。

3. 比例原则

即使某种价值的实现必然会以其他价值的损害为代价，也应当使此等损害降至最低限度。

[案例]　董小姐的手机[1]

2012 年，董小姐在英国拉夫堡大学读研究生。2012 年 6 月 8 日，董小姐在拉夫堡大学宿舍丢失一部 Iphone4 手机。董小姐立即报警，英国警察 20 多分钟后赶到现场审查，录口供。

2012 年 8 月，董小姐接到英国警方的电话说在另一个城市谢菲尔德二手市场找到她的手机，并抓获盗窃嫌疑人。但警察告诉董小姐，按照程序，手机需要在盗窃案审判后才能还给她，法庭审理此案可能需要董小姐出庭指认犯罪嫌疑人。

2012 年 9 月，董小姐结束学业返回中国，把邮箱地址留给英国警方。2012 年 10 月 29 日，董小姐收到英国莱斯特警方的邮件，告诉她手机盗窃案将在 2013 年 1 月 16 日在莱斯特皇家法院开庭，法庭希望董小姐能跨国出庭指认犯罪嫌疑人，英国警方将负担相关费用。

2013 年 1 月 16 日，董小姐从中国赶往英国莱斯特皇家法院出庭作证。英国警方没有透露董小姐此行花销的具体金额，但董小姐估计总花费在人民币 10 000 元左右。据董小姐称她买 Iphone4 手机花费折合人民币约 3000 元左右。

在英国从事法律事务多年的蒂娜女士对记者表示，在英国被盗物品价值多少不是警方处理案件的重点。维护司法公正，将以外国人为犯罪目标的犯罪分子绳之以法才是最重要的。按照相关规定，不管案件的受害者和目击者是否住在英国，都要被传唤出庭或通过录像出庭来协助案件侦破。董小姐这种情况，其费用将由英国警方报销。

此案中，当公正与效率这两种法的价值发生冲突不可兼得时，英国莱斯特警方选择了公正。

---

〔1〕　参见萧辉、韩旭阳："丢手机赴英作证费用英警方埋单"，载《新京报》2013 年 01 月 17 日。

相关司法考试真题

1. 法律格言说："法律不能使人人平等，但在法律面前人人是平等的。"关于该法律格言，下列哪一说法是正确的？（2014/1/9）

A. 每个人在法律面前事实上是平等的

B. 在任何时代和社会，法律面前人人平等都是一项基本法律原则

C. 法律可以解决现实中一切不平等问题

D. 法律面前人人平等原则并不禁止在立法上作出合理区别的规定

解析： 在事实上，每个人在法律面前不可能完全平等，正因为如此，我们才将"法律面前人人平等"作为一项法律原则来追求。A项错误。

在古代社会，法律一般确认人与人的不平等。B项错误。

法律也是有局限性的，法律解决不了所有的社会问题。C项错误。

法律强调人人平等，但也会在立法上作出合理区别的规定，如规定对社会弱势群体的特殊保护等。D项正确。

2. 临产孕妇黄某由于胎盘早剥被送往医院抢救，若不尽快进行刨宫产手术将危及母子生命。当时黄某处于昏迷状态，其家属不在身边，且联系不上。经医院院长批准，医生立即实施了刨宫产手术，挽救了母子生命。该医院的做法体现了法的价值冲突的哪一解决原则？（2015/1/9）

A. 价值位阶原则

B. 自由裁量原则

C. 比例原则

D. 功利主义原则

解析： 此题考查法的价值冲突的解决原则。一般来讲，法的价值冲突的解决原则包括价值位阶原则、个案平衡原则和比例原则。价值位阶原则是不同位阶的法的价值发生冲突时，应选择高位阶的价值。个案平衡原则是处于同一位阶的法的价值发生冲突时，应综合考虑主体之间的特定情形、需求和利益，兼顾各方的利益。比例原则是指即使某种价值的实现必然会以其他价值的损害为代价，也应当使此等损害降至最低限度。一般情况下，病人手术，病人或家属要在知情同意书上签字，这是病人或家属知情同意权的体现。此案中，病人昏迷，家属联系不上，若不尽快手术，会危及母子生命。为挽救

母子生命，院方在未获得病人家属同意的情况下实施了手术。此案中，在生命[1]价值与自由价值（知情同意权）冲突的情况下，医院选择了生命价值。生命价值要高于自由价值，该医院的做法体现了价值位阶原则。A项正确。B、D项为干扰项。C项与题意不符。

3. 某高校司法研究中心的一项研究成果表明：处于大城市"陌生人社会"的人群会更多地强调程序公正，选择诉诸法律解决纠纷；处于乡村"熟人社会"的人群则会看重实体公正，倾向以调解、和解等中国传统方式解决纠纷。据此，关于人们对"公平正义"的理解与接受方式，下列哪一说法是不准确的？（2011/1/5）

A. 对公平正义的理解具有一定的文化相对性、社会差异性

B. 实现公平正义的方式既应符合法律规定，又要合于情理

C. 程序公正只适用于"陌生人社会"，实体公正只适用于"熟人社会"

D. 程序公正以实体公正为目标，实体公正以程序公正为基础

解析： 处于大城市"陌生人社会"的人群会更多地强调程序公正，处于乡村"熟人社会"的人群则会看重实体公正。不能由此推导出——程序公正只适用于"陌生人社会"，实体公正只适用于"熟人社会"。该结论太过绝对。C项不正确。A、B、D理解正确。

4. 2008年修订的《中华人民共和国残疾人保障法》第50条规定："县级以上人民政府对残疾人搭乘公共交通工具，应当根据实际情况给予便利和优惠。残疾人可以免费携带随身必备的辅助器具。盲人持有有效证件免费乘坐市内公共汽车、电车、地铁、渡船等公共交通工具。盲人读物邮件免费寄递。国家鼓励和支持提供电信、广播电视服务的单位对盲人、听力残疾人、言语残疾人给予优惠。"对此，下列说法错误的是（   ）（2010/1/92）

A. 该规定体现了立法者在残疾人搭乘公共交通工具问题上的价值判断和价值取向

B. 从法的价值的角度分析，该规定的主要目的在于实现法的自由价值

---

[1] 生命也是一种重要的法的目的价值，而且是一种基础性的法的目的价值，生命都不存在了，谈何其他法的价值？

C. 该规定对于有关企业、政府及残疾人均具有指引作用

D. 该规定在交通、邮政、电信方面给予残疾人的优待有悖于法律面前人人平等原则

解析：该规定体现了立法者在残疾人搭乘公共交通工具问题上的价值判断和价值取向，体现了立法者对社会弱势群体利益的保障。A项正确。

从法的价值的角度分析，该规定的主要目的在于实现法的平等价值，保障残疾人和正常人一样平等乘坐公共交通工具。该规定在交通、邮政、电信等方面给予残疾人的优待有助于实现实质上的平等。B、D项错误。

法具有指引的规范作用。C项正确。

5. 关于法律与自由，下列哪一选项是正确的？（2008/1/2）

A. 自由是至上和神圣的，限制自由的法律就不是真正的法律

B. 自由对人至关重要，因此，自由是衡量法律善恶的唯一标准

C. 从实证的角度看，一切法律都是自由的法律

D. 自由是神圣的，也是有限度的，这个限度应有法律来规定

解析：法律保障自由，但自由不是无限的，自由也会受到法律的限制。A项错误。D项正确。

衡量法律善恶的标准包括公正、自由、平等等价值，自由不是衡量法律善恶的唯一标准。B项错误。

从实证的角度看，并非所有法律都是自由的法律。C项错误。

6. 论述题（2008/4/7）

提示：本题为选答题，请选择其中一问作答。答题时务必在答题纸对应位置上标明"问题1"或"问题2"。两问均作答的，仅对书写在前的答案评阅给分。

材料：

案例一：2005年9月15日，B市的家庭主妇张某在家中利用计算机ADSL拨号上网，以E话通的方式，使用视频与多人共同进行"裸聊"被公安机关查获。对于本案，B市S区检察院以聚众淫乱罪向S区法院提起公诉，后又撤回起诉。

案例二：从2006年11月到2007年5月，Z省L县的无业女子方某在网上从事有偿"裸聊"，"裸聊"对象遍及全国22个省、自治区、直辖市，在

电脑上查获的聊天记录就有 300 多人，网上银行汇款记录 1000 余次，获利 2.4 万元。对于本案，Z 省 L 县检察院以传播淫秽物品牟利罪起诉，L 县法院以传播淫秽物品牟利罪判处方某有期徒刑 6 个月，缓刑 1 年，并处罚金 5000 元。

关于上述两个网上"裸聊"案，在司法机关处理过程中，对于张某和方某的行为如何定罪存在以下三种意见：第一种意见认为应定传播淫秽物品罪（张某）或者传播淫秽物品牟利罪（方某）；第二种意见认为应定聚众淫乱罪；第三种意见认为"裸聊"不构成犯罪。

问题 1：

以上述两个网上"裸聊"案为例，从法理学的角度阐述法律对个人自由干预的正当性及其限度。

问题 2：

根据罪刑法定原则，评述上述两个网上"裸聊"案的处理结果。

答题要求：

（1）在综合分析基础上，提出观点并运用法学知识阐述理由；

（2）观点明确，论证充分，逻辑严谨，文字通顺；

（3）不少于 500 字，不必重复案情。

《刑法》参考条文：

※第 3 条 法律明文规定为犯罪行为的，依照法律定罪处刑；法律没有明文规定为犯罪行为的，不得定罪处刑。

※第 363 条（第 1 款）以牟利为目的，制作、复制、出版、贩卖、传播淫秽物品的，处三年以下有期徒刑、拘役或者管制，并处罚金；情节严重的，处三年以上十年以下有期徒刑，并处罚金；情节特别严重的，处十年以上有期徒刑或者无期徒刑，并处罚金或者没收财产。

※第 364 条（第 1 款）传播淫秽的书刊、影片、音像、图片或者其他淫秽物品，情节严重的，处二年以下有期徒刑、拘役或者管制。

※第 301 条（第 1 款）聚众进行淫乱活动的，对首要分子或者多次参加的，处五年以下有期徒刑、拘役或者管制。

※第 367 条 本法所称淫秽物品，是指具体描绘性行为或者露骨宣扬色情的诲淫性的书刊、影片、录像带、录音带、图片及其他淫秽物品。

有关人体生理、医学知识的科学著作不是淫秽物品。

包含有色情内容的有艺术价值的文学、艺术作品不视为淫秽物品。

解析：（略）

第六编　法律与社会

知识结构图

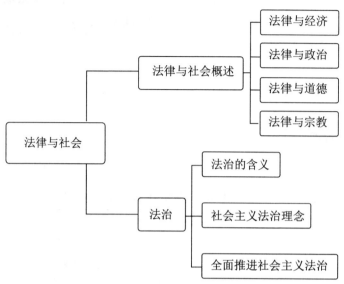

第二十二章

法律与社会概述

知识结构图

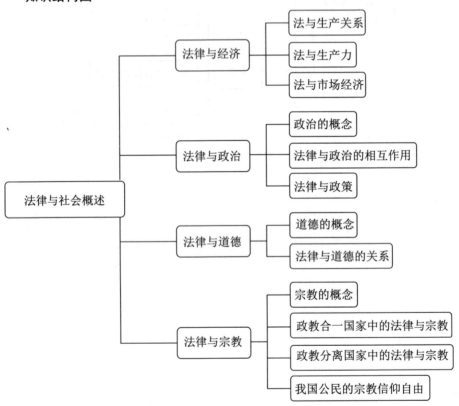

知识解析

一、法律与经济

"经济"通常是指特定社会的生产方式，即一定的社会生产力和人们在物质资料生产过程中所形成的一定的生产关系的统一。法与生产方式之间的关系也就是法与生产力、生产关系之间的关系。法是由生产方式决定的，其中生产关系直接决定法律，生产力间接决定法律。

（一）法与生产关系

生产关系是人们在生产过程中所形成的相互关系。与社会的上层建筑概念相对应，生产关系的总和构成一定社会的经济基础。

1. 经济基础对法具有决定作用

（1）经济基础的性质决定法的性质。

（2）经济基础的发展变化决定着法的发展变化。

（3）法的内容，即法所规定的权利义务和它们之间的相互关系以及权利和义务的社会价值，是由经济基础决定的。

经济基础对法的决定作用是从最终意义上讲的。法并不是从经济基础中直接地、自发地产生出来。经济基础对法的决定作用是通过人们有意识的活动实现的。

2. 法对经济基础具有反作用

（1）法对经济基础有指引和预测作用。

（2）对不利于、有损政治统治存在和发展的经济基础实行限制、削弱和废除。

（3）法对经济基础的反作用，有进步与否的区别。

（二）法与生产力

生产力是生产主体运用劳动工具作用于劳动对象获取物质资料的能力。生产力是最活跃、最革命的因素，通过决定生产关系间接地决定法律及其发展变化。法律对生产力的作用主要通过生产关系的中介，取决于它所维护的生产关系是否适应生产力发展水平。除了通过生产关系的中介之外，法与生产力也会发生某种直接关系，如当代作为生产力的科学技术的发展对法律有直接的影响，而法律则通过促进科学技术的发展，推广科学技术成果等方式，直接作用于生产力。

（三）法与市场经济

1. 市场经济需要法律的保障

（1）市场经济主体的行为和地位需要由法律来规范和确定。

（2）市场的规则和机制需要法律的保障。

（3）公平的市场秩序需要法律维护。

（4）法律是解决市场经济各种问题最有效、最公平的制度形式。

2. 法对市场经济的作用

(1) 法对市场经济的运行起引导作用。

(2) 法对市场经济的运行起促进作用。

(3) 法对市场经济的运行起保障作用。

(4) 法对市场经济的运行起必要的规制作用。

[案例] 在没有制度或制度不合理的情况下，勤劳并不能带来富裕[1]

美国耶鲁大学管理学院金融经济学教授、北京大学光华管理学院特聘教授陈志武先生在一篇文章中论证了一个和我们的常识、传统古训不同的观点。一般我们认为，富裕是勤劳带来的，只有勤劳才能致富。而陈先生却持不同观点，并在文中有如下论述。

有关统计表明，越勤劳的国家，人均 GDP 反而越低。当一国的制度机制不利于市场交易时，人们的相当一部分勤劳是为了对冲制度成本。

为了更形象地说明这一道理，我们不妨想象这样一种局面。假如郑州市要盖一栋特别的仿古中国戏剧大院，要用全国能找到的最好泥土烧出的青砖青瓦。结果其建筑公司找到江西景德镇，决定从景德镇买来 1000 万吨泥土，每吨售价为 100 元，共 10 亿元。

假设大家对法院解决合约纠纷的能力都不放心，由此导致的局面是，景德镇卖方在没有收到付款之前不肯发货，而郑州建筑公司又声明在没有收到货之前决不放款。怎么办呢？有两种选择：双方要么选择"绝对不跟陌生外地人交易"（那么跨地区交易无法进行，全国经济的发展会因此受阻）；要么通过某些运作上的安排来规避"交易制度风险"。

一种规避交易合约风险的办法是把这笔"大交易"分成 100 份"小交易"，每次运 10 万吨泥土，等两天将泥土运到郑州之后，郑州公司立即付给景德镇卖方 1000 万元。这样，即使哪一次郑州方不能付款，卖方最多损失掉 1000 万元，而不是整个交易的 10 亿元。但问题是，如果 100 次交货，而每次"小交易"需要两天时间才能完成，那么整个交易需要 200 天才能完成。相比之下，如果正式司法能够非常可靠地处理合约纠纷，那么双方就能以交易合约为准，签约即可发货，整个交易可在两天里完成，而不是要等 200 天。

---

〔1〕 参见朱力宇主编：《法理学案例教程》，知识产权出版社 2011 年版，第 125~130 页。

　　为了弥补这些制度成本、规避交易风险，人们不得不格外地勤奋、一天多工作几小时、少拿些收入，多把一些青春年华耗在饭局和没完没了的审批手续上。为什么我们一周7天都不分白天黑夜地工作，晚上十一二点还在通工作电话？这都是我们为制度成本付出的代价。

　　实际上，上述陈先生的观点并非全新的创造，而是制度经济学的基本观点。从法与经济的一般关系，从法学角度分析法与市场经济的关系，我们也能得出同样的结论。

　　一方面，交易双方对交易风险的恐惧实际上就是对交易运行中的财产权利保障的担心。也就是说要明确交换物的归属，这一点在本事例中没有疑义，这得益于法律对所有权的确认。另一方面，应确保交换过程中财产权利的安全，或者说法律应确认动态的交换过程中、交换的各个环节中财产权的归属，并以法律的强制力确保财产权的归属，在这方面，法律的缺失显现出来。正因如此，交换的顺畅性受到阻碍，交换成本也因此大大增加。用陈先生的话说就是："如果正式司法能够非常可靠地处理合约纠纷，那么双方就能以交易合约为准，签约即可发货，整个交易可在两天里完成，而不是要等200天。"

　　我们总是认为法律应能够促进经济的发展，提高效率。在这种考虑之下，有种种所谓为经济建设服务的法律出台。例如，我们常常看到的对某些重点企业、重点项目的特别保护。陈先生虚构的这个事例中的项目如果被列为重点项目的话，也会受到特别保护。陈先生所列举的种种问题也可能因特别保护而消失。但是应注意的是，这种特别保护并未降低整个社会的交易成本，反倒有可能给整个社会交易的运行带来混乱。这一事例的深刻性实际上在于它告诉我们，法律为经济建设服务不等于法律迁就某种经济活动的需要，而是应在把握法与市场经济的关系的实质的基础上，完善相关法律制度。如本事例中所涉及的主要就是交换过程中的法律制度，诸如合同制度，以及维护合同制度等法律制度的诉讼制度、仲裁制度等。这些无疑都可以提高整个社会的效率，即依照陈先生的思路，可以不那么勤劳，却有较高的收入。从这个意义上看，法律决不仅仅是为经济建设"保驾护航"，而是和市场经济紧紧扭结在一起，无论哪一方，离开另一方，都无法正常存在和运行。

　　最后，如果抓不住法与市场经济的关系的实质，则法律调整不但无益，反而会带来新的混乱。例如，对于吃喝风，我们曾投入大量社会资源，想出各种办法遏制，却总是收效甚微。究其原因正如陈先生在文中所分析的，当法律制度不能为我的交易安全和顺畅提供保障的时候，吃喝就成为必要的交易成本，实际上也成为辛勤劳动的一项内容。而勤劳，正如陈先生所言："当一国制度机制不利于市场交易时，其公民不仅必须更勤奋地工作，而且只能得到更低的收入。"

二、法律与政治

（一）政治的概念

马克思主义认为，政治是人类社会发展到一定阶段的产物，随着阶级的产生而产生，并随着阶级的消亡而消亡。政治同一定的生产方式相联系，它来源于经济，服务于经济。国家政权问题是全部政治的核心问题和根本问题。概而言之，政治就是为了维护或反对现行国家政权而进行的，处理阶级关系、政党关系、民族关系、国家关系以及其他有关社会关系的活动。

（二）法律与政治的相互作用

1. 政治对法律的主导作用

（1）政治关系的基本状况是法的状况的重要根据。

（2）政治可以影响和制约，甚至决定法的内容。

（3）政治的发展变化往往直接导致法的发展变化。

2. 法律对政治的影响

（1）协调政治关系。

（2）规范政治行为。

（3）促进政治发展。

（4）解决政治问题。

［案例］布什诉戈尔案[1]

2000年的美国总统大选在共和党候选人布什和民主党候选人戈尔之间展开。到11月7日全国投票结束时，根据当时的结果，戈尔在18个州和哥伦比亚特区赢得255张选举人票，布什在29个州赢得246张选举人票，都还没有达到获胜所需的270票。此时，还有三个州的票数统计正在进行中。在这三个州中，新墨西哥和俄勒冈加起来只有12票，无论谁获得都不影响大局，关

---

［1］　参见王彬主编：《法理学案例教材》，南开大学出版社2017年版，第132～134页。

键在于佛罗里达的 25 票，在佛罗里达州获胜的一方将赢得此次大选。佛罗里达州的计票结果表明，布什获得 2 909 135 选民票，戈尔获得 2 907 351 票，差距仅有选票总数的 0.0299%。而佛罗里达州选举法规定，如果两位候选人的得票差距等于或小于 0.5%，就必须重新机器计票一遍，而候选人也有权在 72 小时之内提出人工计票的请求，县选举委员会"可以"决定进行人工计票。

根据 11 月 8 日公布的机器计票结果，布什仅仅领先戈尔 327 票，只占到选票总数的 0.0056%。11 月 9 日，戈尔提出在 4 个县重新人工计票的请求。11 月 12 日，布什阵营向联邦地区法院提出申请，要求法院紧急停止 4 个县的人工计票，而联邦地区法院拒绝了申请，理由是这是州法管辖问题不属于联邦法院管辖范围。布什方面随即向联邦巡回上诉法院上诉，仍然被拒绝。同时，佛罗里达州州务卿哈里斯（共和党人）宣布 11 月 14 日为各县上报计票结果的最后日期，这显然不利于人工计票的各县。因此戈尔一方向州巡回法院提出申请，要求制止哈里斯签署正式选举结果，被拒绝后又上诉到佛罗里达州最高法院。佛罗里达州最高法院裁定：选举权是公民权利中最重要的权利，没有这项基本自由，一切其他自由无从保障，因此，在机器计票和抽样的人工计票结果存在误差的情况下，各县选举委员会有权决定进行人工计票，州务卿无权以结果过时这一制定法的僵硬规则凌驾于公民基本权利之上，因此各州可以在 11 月 26 日以前将人工计票结果上报到州务卿办公室。布什起诉到联邦最高法院要求撤销这一裁定。

到 11 月 26 日下午 5 点这一截止时间，只有一个县完成了人工计票并按时上报，哈里斯签署了正式选举结果，布什领先戈尔 537 票，而这个结果中不包括一个没有完成全部人工计票的县和一个在截止时间两小时后才报来的县（在这两个县已完成的人工计票中，戈尔超过了布什 383 票）。12 月 7 日，佛罗里达州最高法院做出了戈尔诉哈里斯案的判决，要求除已经完成人工计票的三个县以外，其余各县立即开始对本县的"少选票"进行人工重新计票。布什方面向联邦最高法院提出上诉。

12 月 9 日，人工计票在各县展开，此时布什的领先优势已经只剩下 154 票，而且随着人工计票的进行还可能继续减少。但在人工计票开始两小时之后，联邦最高法院就突然发出紧急停止令，要求立即终止人工计票。12 月 11 日，联邦最高法院进行了法庭辩论，此案被正式定名为布什诉戈尔案。

12 月 12 日，联邦最高法院做出了裁决：佛罗里达州最高法院的判决没有提供一个统一的计票标准，因此导致了对同等选票的不平等对待（只计算"少选票"）。因此，佛罗里达州最高法院关于恢复人工重新计票的裁决违宪。联邦最高法院以这一裁决决定了总统的归属。

本案常常作为经典的宪法案例被给予各种解释，而从法理学的视角来看，这个案例生动地反映出法律与政治之间的微妙关系。在法律与外部世界的关系当中，法律与政治的关系表现得最为紧密也最为复杂。

首先我们可以看到，这个案例中法律与政治已经体现出非常明显的分离。总统选举是一个政治过程，通过这个政治过程形成的决断，确认的正是权力的分配和归属。这一政治过程的运作以其自身的方式进行，更直接地表现出社会中的不同利益、立场与要求，明确地表现出人们对于权力归属的实质合理性判断。在这一过程中，法律并未介入，不干预人们的实质合理性判断。

而在选举出现争议的情况下，这一争议被引入到法律过程当中来加以解决。虽然人民对于谁是更合适的总统人选有着不一样的实质合理性判断，但是法律过程中并不对此直接表达看法，不干预实体问题。法律的介入表现出了自己非常谨慎的态度，仅仅是在已经有佛罗里达州的立法对于重新计票有具体规定时，法律才得以介入到争议的解决当中。而且，在整个法律过程中没有表达对于实质合理性的倾向性意见，而是围绕着非常技术化的重新计票问题，做出形式合理性的判断。无论是佛罗里达州最高法院还是联邦最高法院，所讨论的问题都是对于"少选票"是否应当进行人工的重新计票，将争议限制在这一非常小的范围之内，并未展开讨论对于几个县当中的少数选票所进行人工计票究竟是保障了公民的选举权，还是造成了对权利的平等保护的侵害，也没有将政治考量直接引入司法。

从这样的角度来看，本案生动地表现出托克维尔所做出的判断："在美国，几乎所有政治问题迟早都要变成司法问题。"法律与政治的分离，使得从政治问题向法律问题的转化成为一种精致的技术。那些更容易形成尖锐冲突的实质性问题分歧，被转化为容易进行理性计算和推理的形式性问题分歧，从而在法律的形式推理过程中加以和缓的解决。正如冯象的经典比喻："法律是政治的晚礼服。"法律的技术运作，可以成为对政治的包装，使政治冲突被看似中立的法律所掩盖。在现代社会中，法律对政治的包装有效地避免了政治冲突对社会的影响，使得社会能够更好地保持团结和稳定。

本案不仅反映出法律与政治的分离，从另一个视角来看，又反映了法律与政治不可避免的纠缠。这一案件的背景非常微妙，时任佛罗里达州长正是候选人布什的弟弟杰布·布什，佛罗里达州行政分支由共和党掌控，而民主党则在州立法分支占据优势，有7位大法官由民主党州长任命。因此，在佛罗里达州这一层面通过戈尔诉哈里斯案所展现出来的纠纷及其解决，不可避免地反映了不同分支背后党派政治的考量，佛罗里达州最高法院毫不掩饰自己对民主党一方的支持。而联邦最高法院对于此案的介入也是异乎寻常的。在历史上，联邦最高法院还从未介入过任何一州的计票事务，各州的选举由州法规定，因而由州法院解释。联邦最高法院之所以在本案中介入，共和党方面以及由共和党总统所任命的保守派大法官们起到了积极的推动作用。而在联邦最高法院对本案的审理过程中，9位大法官之间也表现出了明显的分歧，5位保守派大法官凭借相对于自由派大法官的人数优势，最终做出了有利于布什的裁定。这一判决从法律推理的角度而言，并未充分地对法律的平等保护原则在本案中的体现加以论证。肯尼迪大法官所起草的法律意见书，看起来并没有体现联邦最高法院确立可供普遍适用的法律原则这一职能，而更像是直接指定了胜利者。因此，本案过程与结果所表现出来的鲜明政治色彩，也使得联邦最高法院遭到了外界的许多批评，并造成联邦最高法院内部一定程度上的分裂，双方都认为对方试图"窃取大选结果"。

但是，本案所反映出的最高法院的政治考量，又并非只是出于党派利益。联邦最高法院的大法官们虽然并不掩饰自己的政治倾向性，但还是坚持对案件的政治后果从宏观层面做出审慎的判断。联邦最高法院的判决，终结了大选结果的不确定性，避免了旷日持久的争议导致大选之后迟迟不能确定下任总统所造成的混乱。如果联邦最高法院保持中立的话，那么有可能导致美国总统不能按期选出。而此时的副总统兼参议院议长正是戈尔本人，无法出任代总统。众议院新任议长丹尼斯·哈斯特尔特刚刚上任，由于代总统离任后不能恢复此前的职位，不愿意放弃议长位置去出任昙花一现的代总统。第四顺位是参议院执行议长、最资深的参议员斯德姆·塞蒙德，当时已经97岁高龄，并且也不会愿意辞职将参议院的控制权拱手让给民主党人。第五顺位是国务卿，但时任国务卿奥尔布兰特并不出生在美国，也不能担任总统。要一直排到第六位的财政部长萨默斯才能够代理总统，而此时萨默斯出任公职还仅仅只有一年时间，很难承担起超级大国代总统的职责。从这样的角度来看，总统就职的久拖不决，会对经济乃至国家安全带来极大的威胁。因此，最高法院强调的就是秩序，利用美国人对于法院和司法的信任，将政治问题淡化为一个价值中立的法律技术问题，从而维护了宪政的稳定。作为一种保守的力量，联邦最高法院实际上信奉了一个古老的信条："国不可一日无君"。桑斯坦评论说："从宪政秩序的角度来看，最高法院可能帮了国家的大忙；从法律推理来看，最高法院的这个决定很糟。一句话，最高法院的决定产生了秩序，却没有法律。"而波斯纳则概括说，这一决定是一个实用主义判决。作为首席大法官的伦奎斯特曾托人捎话给戈尔："戈尔先生，委屈你了，但我不能让美国陷入第二次内战。"而也正是从这样的政治考量出发，戈尔认可判决的合法性，接受了这一结果，在多赢得33.7万张选民票的情况下承认自己输掉了大选。

（三）法律与政策

政策通常是指政党、国家或其他社会组织在一定历史时期基于社会政治经济等形势的发展作出的政治决策和对策。在我国，权威性的政策有执政党的政策和国家的政策。这两种政策的来源和制定主体不同，党的政策来自共产党，国家的政策来自中央国家权力机关和政府，但很多政策往往既是党的政策又是国家的政策。

法律与执政党的政策的关系主要表现在下述几个方面：

（1）执政党的政策是立法的依据和指导思想。

（2）法律通常由党的政策转化而来。

（3）执政党的政策有利于推进法律的实施。

（4）法对执政党政策的制约。

［案例］从中共中央提出修改宪法的建议到全国人大正式通过宪法修正案[1]

新华网北京（2004年）12月22日电（记者倪四义、傅双琪）中共中央关于修改宪法部分内容的建议22日提交全国人大常委会讨论。建议提出，将"三个代表"重要思想写入宪法，同时在宪法中规定"公民的合法的私有财产不受侵犯"。

---

〔1〕 参见朱力宇主编：《法理学案例教程》，知识产权出版社2011年版，第130~132页。

中共中央政治局委员王兆国向十届全国人大常委会第六次会议作了关于修宪建议的说明。

根据建议，"三个代表"重要思想将与马克思列宁主义、毛泽东思想、邓小平理论一样，成为国家政治和社会生活的指导思想。

中共中央建议进一步完善对私有财产保护的规定。现行宪法规定："国家保护公民的合法的收入、储蓄、房屋和其他合法财产的所有权。""国家依照法律规定保护公民的私有财产的继承权。"中共中央建议，以上条款修改为："公民的合法的私有财产不受侵犯。""国家依照法律规定保护公民的私有财产权和继承权。""国家为了公共利益的需要，可以依照法律规定对公民的私有财产实行征收或者征用，并给予补偿。"

中共中央建议增加如下规定："国家尊重和保障人权""国家建立健全同经济发展水平相适应的社会保障制度"。其他建议修改的内容有：增加推动物质文明、政治文明和精神文明协调发展的内容；在统一战线的表述中增加"社会主义事业的建设者"；完善土地征用制度；进一步明确国家发展非公有制经济的方针。

中共中央还建议，将地方各级人大每届任期从3年到5年不等一律修改为5年。建议增加关于紧急状态的规定。建议修改的内容还涉及国家主席有关对外交往职权的表述以及国歌等事项。

王兆国说，修改宪法是国家政治生活中的一件大事，中共中央十分重视。这次修宪是经过充分发扬民主、广泛征求意见，经过半年多工作形成的。党内党外、社会各界通过各种方式提出了许多好的意见和建议。根据议程，全国人大常委会此次会议讨论中共中央建议后将形成全国人大常委会的议案，提请2005年召开的十届全国人大二次会议审议。

我国自1982年宪法颁布以来，先后于1988年、1993年、1999年和2004年进行了4次修改。[1]每次修改的过程基本相同：先由中共中央向全国人大常委会提出修宪建议，经人大常委会审议后形成正式的修宪议案，由人大常委会将修宪议案提请全国人大大会审议通过。由这个修宪过程可以看出，在正式进入法律程序之前，有一个由中共中央向全国人大常委会提出建议的过程。这典型地反映出在我国党的政策和法的相互关系。在中共中央确立了一

---

〔1〕 本书补充，1982年《宪法》于2018年进行了第5次修改。

项政策之后，这项政策并不当然地对所有的人产生约束力，而要通过宪法及其他法律，使之成为具有普遍约束力的法律规则。这就是中共中央向全国人大常委会提出修改宪法建议的意义所在。在这个过程中我们还可以看到，中共中央只能向有修改宪法提案权的全国人大常委会提出立法建议，而由有修改宪法提案权的全国人大常委会正式向全国人大提出修改宪法的提案，这也反映出党的政策和法律在产生程序方面的重大差别。

三、法律与道德

（一）道德的概念

道德是人们关于善与恶、正义与非正义、公正与偏私、光荣与耻辱等问题的观念以及同这些观念相适应的由社会舆论、传统习惯和内心信念来保证实施的行为准则、规范的总和。

[案例]　考验公民公共道德素质的共享单车[1]

2017 年 6 月 21 日，3Vbike 在微信订阅号上宣布，由于单车大量被盗，即日起停止运营，并提醒没有退押金的用户尽快申请退款。这是进入公众视野中的第二家倒闭的共享单车企业，和首家倒闭的悟空单车 5 个月的寿命相比，3Vbike 共享单车生存时间更短，仅仅只有 4 个月。

关于"猝死"的原因，3Vbike 创始人巫盛华在接受媒体采访时无奈地表示，最直接的原因就是大量共享单车被盗。按照他的说法，投入的 1000 多辆车中，只找回了几十辆，接近 100% 的单车消失。

巫盛华说，他们当时也想过车辆被偷盗，但是没想到会这么严重，接近 100% 的单车"消失"，远远超出他们的预计。当时觉得 20% 的损耗率就不得了了，结果投完一个月内就看不到车了。3Vbike 投出去的 1000 多辆车中，现在只找回了几十辆，多数都被盗走，或者被用户骑到诸如桥洞、小区内等偏僻角落。另外，他们的车辆丢失后报警，一些派出所都没有受理，偷个单车

---

〔1〕　参见"又一家共享单车倒闭！创始人承认是被偷光才停运的"，载 http://paper.chinaso.com/bkbl/detail/20170704/1000200033018061499148770131991823_ 3. html，最后访问日期：2018 年 7 月 4 日；张金梁："摩拜单车碰上英国'绅士'：照样嘿嘿嘿"，载 http://news. zol. com. cn/647/6472346. html，最后访问日期：2018 年 7 月 4 日。

事情太小了。

　　丢车、损坏、高报修一直是共享单车企业的梦魇，悟空单车创始人雷厚义也曾表示，在重庆投放了1200辆共享单车，最后找到的只有10%左右。现实的状况似乎能印证共享单车企业的说法，社交网络上关于将共享单车扛回家、加私锁、盗卖、肆意破坏的曝光、讨论一直热度不减。因此，有人称共享单车就是国民素质的照妖镜。

　　2017年6月13日，摩拜单车宣布登陆英国第二大城市曼彻斯特。在摩拜单车在曼彻斯特运营的前十天时间里，当地警方已经接到了将近20宗共享单车意外事件的报告，包括被盗、被破坏，在两宗案例中，单车被扔到了运河里。

　　除了英国，2017年年初摩拜和ofo相继进入新加坡市场，加之新加坡本土企业oBike加入竞争。共享单车数量激增的同时其被滥用和恶意毁坏案例的数量也一直在增加。6月份，一名14岁男孩将共享单车从30楼扔下，男孩在第二天被捕，他可以被判入狱六个月以上，或罚款高达2500新币。

　　作为共享经济的新形态，共享单车极大方便了人们"最后一公里"的出行。但共享单车被盗、被破坏现象背后，也折射出一些人公共道德和信用的缺失。

　　（二）法律与道德的关系

　　法律与道德的关系，是古往今来人们思考的一个永恒话题。西方的自然法学和分析法学曾就此命题展开了长期的争论。自然法学派认为法律应当体现道德的要求，制定法应当符合自然法，自然法学派主张"恶法非法"。但分析法学派则认为，"法律是什么"的问题与"法律应当是什么"的问题是互相分离的，法律与道德没有必然的联系，分析法学派主张"恶法亦法"。法律与道德的关系比较复杂，它们在大多数情况下是相互支持的，但是，在某些领域或某些情况下，两者之间也有可能出现很尖锐的矛盾与冲突。

　　1. 法律与道德相互关联、相互支持

　　（1）法律与道德都是由一定的物质生活条件所决定的，它们属于上层建筑的范畴，并为国家治理和经济建设服务。

　　（2）法律与道德在内容和取向上存在差异，但主要方面是相互渗透、相互交织。

（3）法律与道德在实施中相互扶持，在功能上形成互补。

2. 法律与道德的冲突

法律与道德的冲突一般可以分为两种情况：（1）某种行为是合法的，但为社会主流道德所不容；（2）某种行为违反了法律的规定，但在道义上却值得称道。在司法实践中，一般说来，法官在面对法律与道德冲突时，首先应该维护法律的权威，在确实出现法律规则有问题、无法适用于个案的特殊情况时，法官可以运用自由裁量权，通过引用法律原则进行辩证推理，尽量寻求一个可以兼顾的结论。

[案例]　赵娥复仇案 [1]

东汉灵帝光和二年（公元 179 年），有位本来弱不禁风的姑娘，完成了一件轰动全国的壮举，就是亲手掐死了一位须眉大汉，为父亲报了仇。她就是传统剧目中赞颂不绝的烈女赵娥小姐。

赵娥幼时，父亲赵安（不知何故）被一个叫李寿的人杀害。赵小姐有三个兄弟，曾立志为父复仇，但不幸因瘟疫一起亡故了。于是，复仇重任就落在赵娥这位弱女子身上了。赵小姐不顾乡邻的劝阻，发誓手刃仇人。终于有一天，她路遇李寿，她挥刀先砍李寿的马，使李寿坠马落地，然后又向李寿砍去。因用力太猛，砍在一棵树上，刀被折成两截。于是，她弃刀一跃骑到李寿的身上，死死掐住李寿的脖子，使其窒息而死。最后，她割下李寿的头颅，投案自首。

当时的法律禁止复仇，凡复仇而杀人者，要处死刑。赵娥投案自首，如依法律，不难处置，但却十分有趣地引起了一场不小的司法风波。受理此案的法官十分敬佩赵娥的"孝行"和勇气，竟在法庭上频频示意要赵娥逃走了事；自己也摘下乌纱帽、交出印信，准备逃走，因为他知道自己枉法放纵杀人犯，罪责难免。对于这位"好心"法官的这种处理方式，赵娥竟大为不满，她说："匹妇虽微，犹知宪制，杀人之罪，法所不纵；今既犯之，义无可逃；乞就刑戮，殒身朝市，肃明王法。"就是要求法官依法处断，不必法外原情。法官无奈，乃命人强行将赵娥车载回家。法官的这种做法，受到了当时社会舆论的一致称赞。

---

〔1〕　参见范忠信等：《情理法与中国人》，北京大学出版社 2011 年版，第 73~75 页。

堂堂法官，因同情复仇，竟不顾国家法律，甘愿弃官不做并逃亡，也要放纵罪犯；区区文弱女子，因发誓复仇，竟不顾国家法律，私自持刀杀人。这是因为他们为一个共同的东西所驱使，这就是道德，特别是"孝亲"的道德。赵娥姑娘以"父之仇不共戴天"的道德为信念，杀死了父亲的仇人。虽然事后主动投案，请求制裁，但事前她已经藐视了法律，固执地认为遵守道德比遵守法律更重要；那位法官则认为如果对赵娥依法惩处，就有伤"孝"的道德，所以不惜弃官不做，也要违反法律。在他们内心的天平上，道德明显重于法律。他们的这种选择，代表了古代中国人关于法律与道德的关系的一般见解和心态。

法律与道德的冲突也给立法提出了难题：对于道德上的合理要求，能否将其直接转化为法律义务？对此，人们意见不一。有人主张法律必须支持道德，道德的要求重要到一定程度就必然要转化为法律要求。但也有人表示反对，认为这是法律道德化和法律万能论的危险尝试。

[案例] "沃尔芬登报告" [1]

在英国，自20世纪50年代初就发生了关于同性恋和卖淫的道德、宗教和法律争论。在这种情况下，1954年英国议会任命议员沃尔芬登为首组成一个特别委员会——"同性恋和卖淫调查委员会"（简称"沃尔芬登委员会"），去调查研究同性恋和卖淫问题，并就此提出法律改革的立法建议。1957年9月，沃尔芬登委员会向议会提交报告，建议改革有关同性恋和卖淫的刑法。建议的主旨是：不应继续把同性恋和卖淫作为犯罪惩罚，但应通过一项立法禁止公开卖淫。英国议会先后于1959年和1967年通过了沃尔芬登委员会的有关建议。

沃尔芬登委员会对它的法律改革建议进行了多方面的论证，其中有两点特别引起注意：一是刑法的作用是"维护公共秩序和体面，保护公民免受侵害，特别是为那些年轻、身心脆弱、没有经验或处于特殊的物质上、职务上或经济上的依赖地位而易遭受侵害的人提供足够的保障，以防止被他人剥削和腐化"。如果成年人是私下而且自愿地进行同性恋，就不存在公共秩序和体

---

〔1〕 参见张文显：《二十世纪西方法哲学思潮研究》，法律出版社1996年版，第420~421页。

面问题，因此，刑法不应再把同性恋作为犯罪。二是"法应该给予个人就私人道德问题作出选择和行动的自由。""干预公民私人生活或试图强制特殊的行为模式，对于实现上述目的来说，并非必要"。卖淫和同性恋实质上都是私人道德，故无禁止的必要。

沃尔芬登委员会的这两个立论涉及到了法的作用是什么；道德的社会作用是什么；有无一个私人道德的王国；国家、法和社会可否或应否干预公民的"私人道德"；法可否强制推行社会公认的道德等一系列重大的法学、哲学、社会学以及伦理学问题，因此在英国各界引起了强烈的反响和争论。一时间，从学术期刊、大众报纸到电台、电视台，到处都有关于这些问题的文章和评论。这些问题更是法学界的兴奋点。英国高等法院法官德富林和牛津大学法理学教授哈特还围绕着这些问题进行了辩论。

四、法律与宗教

（一）宗教的概念

宗教是一种以神为核心，以生与死、今生与来世、此岸与彼岸的关系为主题的哲学思想、文化现象、意识形态和社会规范体系。

（二）政教合一国家中的法律与宗教

政教合一国家的法律与宗教的关系是法律的宗教化和宗教的法律化。法律的宗教化是指法律依靠宗教神学的辩护和支持，从而获得一种宗教性或神圣性，以作为法律合法性的终极根据。宗教的法律化是指宗教规范被赋予法律效力并成为法律规范。

（三）政教分离国家中的法律与宗教

在政教分离国家，一般情况是法律与宗教相分离，法律和宗教各自回归本身。宗教不干涉法律事务，在法律范围内活动；法律不干涉宗教事务，保证宗教信仰自由。

（四）我国公民的宗教信仰自由

在我国，宗教信仰自由是公民的一项基本权利。《宪法》第 36 条规定："中华人民共和国公民有宗教信仰自由。任何国家机关、社会团体和个人不得强制公民信仰宗教或者不信仰宗教，不得歧视信仰宗教的公民和不信仰宗教的公民。国家保护正常的宗教活动。任何人不得利用宗教进行破坏社会秩序、损害公民身体健康、妨碍国家教育制度的活动。宗教团体和宗教事务不受外国势力的支配。"

[案例]　法国的"头巾法案"[1]

2004年2月10日，法国国民大会以494票赞成、36票反对、31票弃权的压倒性多数票，一读通过了政府提出的一个在国内引起广泛争论，甚至也引起国际争议的法案。该法案严禁在公共场所佩戴明显的宗教标志，包括穆斯林头巾、犹太教小帽、基督徒的大型十字架等。公立学校学生违反此法者，可能被学校开除。该法案涉及宗教信仰自由和平等权的冲突问题，涉及宗教标志饰物所包含的政治含义，更大的问题是政教分离问题。法国很早就有法令禁止公立学校布道。法国人崇尚自由和平等，将平等、自由放在根本位置。他们认为，如果允许佩戴宗教标识的饰物，会对其他人的宗教平等权造成侵害。这个法案通过的前后，都引起了强烈的反响，反对抗议活动持续了很长时间。

在法国，一些妇女习惯总戴着一块头巾，围住脖子和耳朵、嘴，更有甚者连眼睛也一起蒙上。1989年，几名头戴伊斯兰头巾的女学生，在法国一所中学被禁止入校，引起了穆斯林社会的强烈抗议。这是此类事件引起公众关注的最早纪录。2003年秋天，在法国外省的一个中学里，4名女学生由于不听校方的劝阻，不愿意在校园里摘掉头巾，而被学校开除。由此引发了法国全国有关政教分离、民族团结和统一的大争论。

2003年7月3日，针对法国社会中不断发展的社团主义倾向，法国总统希拉克主持仪式成立了调查政教分离原则执行情况的专家委员会。委员会由包括各种宗教身份的20名有威望的专家和学者组成。希拉克要求委员会在年底前提交一份法国社会执行政教分离原则的报告，并对更好地执行政教分离原则提出建议。希拉克在成立仪式上指出，政教分离原则是宪法规定的，但这一原则的执行在法国一些部门和学校开始遇到困难。他强调，法国社会承认文化和宗教的多元化，并把它视为实现民族团结的基础。

2003年11月，由社会学专家贝尔纳·斯达西担任主席的"政教分离专家

---

[1]　参见刘作翔：《权利冲突：案例、理论与解决机制》，社会科学文献出版社2014年版，第107~109页。

调查委员会"，将他们通过六个月的调研工作得出的报告，呈交法国总统希拉克。报告指出，包括学校、政府机关及其他公共场所的工作人员，均应坚持中立性原则，不宜让公然故意带有宗教或政治色彩的标志出现。同时，报告建议把一个伊斯兰教节日算作学校假日。

法国是一个以天主教为主的国家，但伊斯兰教和犹太教也有很大势力。法国拥有500万穆斯林，是西欧穆斯林人口最多的国家。在这样一个多宗教、多民族的国度里，为防止族群主义倾向抬头，强调宗教宽容、政教分离等原则具有重要意义。1905年，法国通过了《世俗法》，确立了政教分离原则，要求公立学校一律世俗化，现有社会宗教体系就是借此而建立的。

根据《斯达西报告》而提出的法案，2004年2月10日在国民议会得到顺利通过。与以往政府提出的有关社会、经济、生活方面的改革草案在国民议会的遭遇不同的是，无论是执政的右翼政党还是在野的左翼联盟，都对这个草案投了赞成票。法案随后被送交参议院审议，然后在3月中旬由国民议会最后批准。

该法案的一条关键性规定在该年9月份新学年开始时正式实施。这条规定严禁学生在公立中小学穿戴明显反映自己宗教信仰的标志、服饰。允许佩戴不显眼的、比较含蓄的宗教标记，如伊斯兰手链或小十字架等。该法案还规定所有学生都要学习官方规定的课程，任何学生不得以宗教为由，反对教学内容或逃课。

民意调查显示，超过60%的法国人都赞成该法案。其中，教师中支持这一法案的比例高达70%。持反对态度的人则认为，一块头巾里没有那么多的政治、宗教含义；法国有关政教分离、国家世俗化的法律已经足够多，更多的法律不仅不会消除公共结构内宗教标志的负面影响，反而会令问题更复杂化，加重校园中的宗教排斥现象，甚至造成更大的社会分裂；重新另外立法会破坏现存社会宗教体制，一些实际问题可以通过行政规定来解决，不一定非要立法。

法国穆斯林社会的宗教领袖总体上支持政府的法案，认为这有助于遏制激进的伊斯兰教派。穆斯林大众中则有比较强烈的反对声音。国际社会对此法案反应强烈的也有不少。教皇保罗二世公开批评法国。47名美国国会议员致信法国驻美大使，称法案威胁了法国青少年的宗教权利。马来西亚首都科伦坡的法国使馆前出现了抗议人群。即使在法案通过之前，除了在法国以外，在英、德、比、荷等欧洲国家，都曾有穆斯林走上街头示威。

相关司法考试真题

1. "法学作为科学无力回答正义的标准问题，因而是不是法与是不是正义的法是两个必须分离的问题，道德上的善或正义不是法律存在并有效力的标准，法律规则不会因违反道德而丧失法的性质和效力，即使那些同道德严重对抗的法也依然是法。"关于这段话，下列说法正确的是（　　）（2015/1/90）

A. 这段话既反映了实证主义法学派的观点，也反映了自然法学派的基本立场

B. 根据社会法学派的看法，法的实施可以不考虑法律的社会实效

C. 根据分析实证主义法学派的观点，内容正确性并非法的概念的定义要素

D. 所有的法学学派均认为，法律与道德、正义等在内容上没有任何联系

解析： 在法律与道德关系问题上，实证主义法学派和自然法学派观点截然相反。实证主义法学派认为法律与道德之间不存在必然的联系，"恶法亦法"；自然法学派认为法律与道德之间存在必然的联系，"恶法非法"。这段话反映了实证主义法学派的观点，A、D 项错误，C 项正确（内容正确性是道德的要求）。B 项为干扰项，与这段话没什么逻辑联系，且 B 项观点错误，社会法学派恰恰是强调法的社会实效的。

2. 公元前 399 年，在古雅典城内，来自社会各阶层的 501 人组成的法庭审理了一起特别案件。被告人是著名哲学家苏格拉底，其因在公共场所喜好与人辩论、传授哲学而被以"不敬神"和"败坏青年"的罪名判处死刑。在监禁期间，探视友人欲帮其逃亡，但被拒绝。苏格拉底说，虽然判决不公正，但逃亡是毁坏法律，不能以错还错。最后，他服从判决，喝下毒药而亡。对此，下列哪些说法是正确的？（2013/1/52）

A. 人的良知、道德感与法律之间有时可能发生抵牾

B. 苏格拉底服从判决的决定表明，一个人可以被不公正的处罚，但不应放弃探究真理的权利

C. 就本案的事实看，苏格拉底承认判决是不公正的，但并未从哲学上明

确"恶法非法"这一结论

D. 从本案的法官、苏格拉底和他的朋友各自的行为看，不同的人对于"正义"概念可能会有不同的理解

解析：法律与道德之间有时也会发生冲突。A 项正确。

苏格拉底认为，守法即正义，即使所遵守的法律是恶法。苏格拉底虽然遭受不公正的处罚，但是他仍然坚守内心的信仰，不放弃追求真理的权利。B、C 项正确。

本案的法官认为，苏格拉底构成犯罪。苏格拉底和他的朋友则认为判决是不公正的。这表明不同的人对于"正义"概念可能会有不同的理解。D 项正确。

3. 王某参加战友金某婚礼期间，自愿帮忙接待客人。婚礼后王某返程途中遭遇车祸，住院治疗花去费用 1 万元。王某认为，参加婚礼并帮忙接待客人属帮工行为，遂将金某诉至法院要求赔偿损失。法院认为，王某行为属由道德规范的情谊行为，不在法律调整范围内。关于该案，下列哪一说法是正确的？（2016/1/14）

A. 在法治社会中，法律可以调整所有社会关系

B. 法官审案应区分法与道德问题，但可进行价值判断

C. 道德规范在任何情况下均不能作为司法裁判的理由

D. 一般而言，道德规范具有国家强制力

解析：法的作用范围不是无限的，也并非在任何问题上都是适当的。应当看到，对不少社会关系、社会生活领域、社会问题，采用法律手段是不适宜的。例如，涉及人们思想、认识、信仰、情感等属于私人生活范畴的问题，就不宜采用法律手段。A 项错误。

法官审案应依据法律，法官应区分法律与道德。任何一个案件的审理，都离不开事实判断和价值判断。B 项正确。

法官审案应依据法律，依靠正式法的渊源。但在司法过程中，出现没有正式法的渊源或适用正式法的渊源会导致与公平正义原则冲突时，法官也会考虑非正式法的渊源，会考虑道德、习惯、政策等因素。纽伦堡审判、东京审判，法官在很大程度上就是运用道德规范和正义观念对纳粹战犯罪恶行为的清算和审判。C 项错误。

一般而言，道德规范不具有国家强制力。D 项错误。

4. "一般来说，近代以前的法在内容上与道德的重合程度极高，有时浑然一体。……近现代法在确认和体现道德时大多注意二者重合的限度，倾向于只将最低限度的道德要求转化为法律义务，注意明确法与道德的调整界限。"据此引文及相关法学知识，下列判断正确的是：（   ）（2010/1/91）

A. 在历史上，法与道德之间要么是浑然一体，要么是绝然分离的

B. 道德义务和法律义务是可以转化的

C. 古代立法者倾向于将法律标准和道德标准分开

D. 近现代立法者均持"恶法亦法"的分析实证主义法学派立场

解析："一般来说，近代以前的法在内容上与道德的重合程度极高，有时浑然一体。"A、C项错误。

"近现代法在确认和体现道德时大多注意二者重合的限度，倾向于只将最低限度的道德要求转化为法律义务"。B项正确。

近现代并非所有的立法者均持"恶法亦法"的分析实证主义法学派立场。D项错误。

5. 奥地利法学家埃利希在《法社会学原理》中指出："在当代以及任何其他的时代，法的发展的重心既不在立法，也不在法学或司法判决，而在于社会本身。"关于这句话涵义的阐释，下列哪一选项是错误的？（2009/1/7）

A. 法是社会的产物，也是时代的产物

B. 国家的法以社会的法为基础

C. 法的变迁受社会发展进程的影响

D. 任何时代，法只要以社会为基础，就可以摆脱立法、法学和司法判决而独立发展

这是奥地利法学家埃利希《法社会学原理》一书的核心观点，A、B、C项理解正确，D项理解错误。法以社会为基础，并不意味着法可以摆脱立法、法学和司法判决而独立发展。

6. 2007 年 8 月 30 日，我国制定了《反垄断法》，下列说法哪些可以成立？（2009/1/54）

A.《反垄断法》的制定是以我国当前的市场经济为基础的，没有市场经济，就不会出现市场垄断，也就不需要《反垄断法》，因此可以说，社会是法

律的母体，法律是社会的产物

B. 法对经济有积极的反作用，《反垄断法》的出台及实施将会对我国市场经济发展产生重要影响

C. 我国市场经济的发展客观上需要《反垄断法》的出台，这个事实说明，唯有经济才是法律产生和发展的决定性因素，除经济之外法律不受其他社会因素的影响

D. 为了有效地管理社会，法律还需要和其他社会规范（道德、政策等）积极配合，《反垄断法》在管理市场经济时也是如此

解析：法律的内容是由社会的物质生活条件决定的，《反垄断法》的制定是我国市场经济发展的需要，法律是社会的产物。A项正确。

经济会对法产生影响，法对经济有积极的反作用。B项正确。

经济是法律产生和发展的决定性因素，但并不能排除其他社会因素对法律的影响。C项错误。

法的作用具有局限性，只有把法的调整机制与其他社会调整机制（道德、政策等）有机结合起来，才能充分发挥法的作用。D项正确。

7. 关于法与宗教的关系，下列哪种说法是错误的？（2006/1/2）

A. 法与宗教在一定意义上都属于文化现象

B. 法与宗教都在一定程度上反映了特定人群的世界观和人生观

C. 法与宗教在历史上曾经是浑然一体的，但现代国家的法律与宗教都是分离的

D. 法与宗教都是社会规范，都对人的行为进行约束，但宗教同时也控制人的精神

解析：在现代，也存在着政教合一的国家，在这些国家中，法律与宗教存在着密切的联系，一些宗教信条也具有法律效力。C项错误。A、B、D项理解正确。

8. 孙某早年与妻子吕某离婚，儿子小强随吕某生活。小强 15 岁时，其祖父去世，孙某让小强参加葬礼。小强与祖父没有感情，加上吕某阻拦，未参加葬礼。从此，孙某就不再支付小强的抚养费用。吕某和小强向当地法院提起诉讼，请求责令孙某承担抚养费。在法庭上，孙某提出不承担抚养费的理

由是，小强不参加祖父葬礼属不孝之举，天理难容。法院没有采纳孙某的理由，而根据我国相关法律判决吕某和小强胜诉。根据这个事例，下面哪些说法是正确的？（2006/1/54）

A. 一个国家的法与其道德之间并不是完全重合的

B. 法院的判决结果表明：一个国家的立法可以不考虑某些道德观念

C. 法的适用过程完全排除道德判断

D. 法对人们的行为的评价作用应表现为评价人的行为是否合法或违法及其程度

解析： 本题中，小强不参加祖父的葬礼是不符合道德的，但依照法律不能因此剥夺其抚养费。A项正确。

法院的判决依据法律作出，对于某些道德问题，法律可以不予规定。B项正确。

法律与道德的关系比较复杂，有的法律规定与道德要求是一致的，有的法律规定与道德要求是冲突的。因此，不能笼统地认为"法的适用过程完全排除道德判断"。C项错误。

法律对人的行为具有评价作用，D项是对法的评价作用的解释。D项正确。

第二十三章

法 治

知识结构图

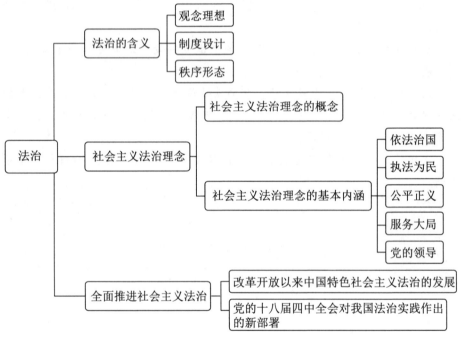

知识解析

一、法治的含义

法学界一般认为，法治最初起源于古希腊，其法治思想对西方法律文化和法治传统的形成和发展产生了深远的影响。古希腊著名哲学家亚里士多德坚定地认为"法治应当优于一人之治"[1]，并对法治作出了经典的界定：

---

〔1〕〔古希腊〕亚里士多德：《政治学》，吴寿彭译，商务印书馆 1965 年版，第 167~168 页。

"法治应包含两重意义：已成立的法律获得普遍的服从，而大家所服从的法律又应该本身是制订得良好的法律。"[1]近代西方资产阶级法治理论在很大程度上就是以古希腊法治传统形成和发展起来的。

我国早在先秦时期就由法家提出并推行过"以法治国"的"法治"。"以法治国"的"法治"是法家法律思想的核心，也是法家与儒家进行论争的焦点。法家的"法治"要求"不别亲疏，不殊贵贱，一断于法。"这种"法治"根本不同于后来资产阶级提出的与民主制相联系的近现代"法治"。

法治是人类文明的重要成果，是迄今为止人类驯服国家权力的最有力工具。"法治"一词的内涵非常丰富，本书认为，它至少包含以下几方面的含义：

（一）法治是一种观念理想

即法治是以观念的形态存在，是人们对法在社会中运行过程及其效果的深刻思考。观念理想形态的"法治"萌发久远。在西方，古希腊、古罗马时代，法治思想已很发达，亚里士多德关于法治的界说对后世西方的法治理论影响深远。而在中国春秋战国时期，管仲的"以法治国"、商鞅的"刑无等级"、韩非子的"法不阿贵"等法治思想，仍然影响着我们今天的法治建设。当代中国，社会主义法治理念也是观念理想形态"法治"的体现。

（二）法治是一种制度设计

这种制度设计是人们现实生活的需要。在现实社会中，法治必须具体化为一系列的法律制度，包括立法、执法、司法、守法、法律监督等方面的法律制度。人们通过这种制度设计，小到调整人们的行为，大到治理国家、管理社会。当前，"依法治国"方略和"依法办事"原则都是建立在制度设计形态法治的基础之上的。

（三）法治是一种秩序形态

一种法律运行的良好结果。秩序形态的"法治"是人类有史以来最高"级别"的法律秩序，法治意味着一种法律主导的秩序，一种新的社会生活模式。"法治描述了这样一种社会状态，在这个社会状态中，法律约束住了国家的权力，权利在人与人之间得到和谐的配置。"[2]

---

〔1〕 ［古希腊］亚里士多德：《政治学》，吴寿彭译，商务印书馆1965年版，第199页。

〔2〕 徐显明："和谐社会中的法治"，载《文汇报》2006年11月5日，第6版。

在近现代社会，法治的三种形态并不是孤立存在的，而是存在一种前后相继、内在统一的关系。作为秩序形态的"法治"的实现取决于作为观念理想形态的"法治"的发达以及作为制度设计形态的"法治"臻于完善。法治的各存在形态的关注点是不同的。观念理想形态的"法治"关注价值，制度设计形态的"法治"青睐规范，而秩序形态的"法治"则倾心于法的实效。从"法治"的这三种存在形态的产生来看，其存在历时性，但在现代社会又存在共时性，三种形态彼此作用、相互影响，各个形态在与其他形态的互动中不断完善。各个法治形态之间不断磨合、整合，相互适应，相互依存，共同组成一个"法治"共同体。"法治"的三种存在形态之间的这种亲密关系符合人类社会发展的内在需要。

二、社会主义法治理念

（一）社会主义法治理念

社会主义法治理念是关于社会主义法治的理想、信念和观念的总和，是社会主义法治的内在要求、精神实质和基本原则的概括和反映，是在建设中国特色社会主义历史进程中形成的法治理念，是指导我国建设社会主义法治国家的思想观念体系，反映了社会主义法治的性质、功能、价值取向和实现途径，是社会主义法治体系的精髓和灵魂，是当代中国立法、执法、司法、守法和法律监督的指导思想。

社会主义法治理念由依法治国、执法为民、公平正义、服务大局、党的领导五个方面的主要内容组成。

（二）社会主义法治理念的基本内涵

1. 依法治国

依法治国是社会主义法治的核心内容，是中国共产党领导人民治理国家的基本方略。依法治国，就是广大人民群众在党的领导下，依照宪法和法律规定，通过各种途径和形式管理国家事务，管理经济文化事业，管理社会事务，保证国家各项工作都依法进行，逐步实现社会主义民主的制度化、法律化，使这种制度和法律不因领导人的改变而改变，不因领导人的看法和注意力的改变而改变。依法治国理念包含着人民民主、法制完备、树立宪法法律权威、权力制约等内容。

2. 执法为民

执法为民是社会主义法治的本质要求，是执政为民理念的具体体现，其基本内涵包括以人为本、保障人权、文明执法等内容。以人为本是执法为民的根本出发点，保障人权是执法为民的基本要求，文明执法是执法为民的客观需要。

3. 公平正义

公平正义是社会主义法治的价值追求。公平正义是社会主义法治建设的根本目标，是新时期广大人民群众的强烈愿望，是立法、执法、司法工作的生命线。公平正义理念的基本内涵包括法律面前人人平等、合法合理、程序正当、及时高效等内容。

4. 服务大局

服务大局是社会主义法治的重要使命。社会主义法治的重要使命是服务党和国家大局，这是社会主义法律的本质和法治工作的性质所决定的，是社会主义国家建设和法治实践的经验总结。服务大局要求牢牢把握大局，紧紧围绕大局，切实立足本职，全面保障服务社会主义经济建设、政治建设、文化建设、社会建设以及生态文明建设，建设富强、民主、文明、和谐、美丽的社会主义现代化强国。

5. 党的领导

党的领导是社会主义法治的重要使命。坚持党的领导是我国《宪法》确立的一项基本原则，是党的先进性决定的，是人民的历史选择，也是法治建设任务的艰巨性决定的。党的领导，主要是思想领导、政治领导和组织领导。

社会主义法治理念不是一个封闭、静止的思想体系，它的形成、发展与实践都具有充分的开放性。随着社会主义法治的不断完善，社会主义法治理念的内涵也将更有时代性，更具规律性，更富创造性，不断借鉴与吸收人类法治文明的优秀成果。可以说，正是这种广泛吸收、兼容并蓄、与时俱进的特性，才使社会主义法治理念能够始终指导中国的法治实践，始终保持旺盛的生命力。

三、全面推进社会主义法治

（一）改革开放以来中国特色社会主义法治的发展

改革开放以来，党和国家高度重视中国特色社会主义法治的发展。1978

年 12 月，在为党的十一届三中全会作准备的中央工作会议上，邓小平指出："必须使民主制度化、法律化，使这种制度和法律不因领导人的改变而改变，不因领导人的看法和注意力的改变而改变。"[1] 这表明当时的领导人厉行法治的决心。党的十一届三中全会公报对这种法治愿景予以确认，"为了保障人民民主，必须加强社会主义法制，使民主制度化、法律化，使这种制度和法律具有稳定性、连续性和极大的权威，做到有法可依，有法必依，执法必严，违法必究。"党的十一届三中全会公报中的法治要求随后被我国现行《宪法》所确认，《宪法》序言庄重表明："本宪法以法律的形式确认了中国各族人民奋斗的成果，规定了国家的根本制度和根本任务，是国家的根本法，具有最高的法律效力。全国各族人民、一切国家机关和武装力量、各政党和各社会团体、各企业事业组织，都必须以宪法为根本的活动准则，并且负有维护宪法尊严、保证宪法实施的职责。"现行《宪法》第五条规定，"一切国家机关和武装力量、各政党和各社会团体、各企业事业组织都必须遵守宪法和法律。一切违反宪法和法律的行为，必须予以追究。任何组织或者个人都不得有超越宪法和法律的特权。"《宪法》强调宪法、法律的至上性，这本身就是法治的本质要求。

1997 年，党的十五大宣布"依法治国，建设社会主义法治国家"的法治主张，并提出"加强立法工作，提高立法质量，到 2010 年形成有中国特色的社会主义法律体系。"1999 年，九届全国人大二次会议对《宪法》进行了修改，这次修宪正式把"依法治国，建设社会主义法治国家"写进了宪法。2004 年，"尊重和保障人权"被载入《宪法》。这些举措是中国坚定迈向法治的信心和决心的明确表达。2006 年，中央政法委将"社会主义法治理念"的内容首次表述为"依法治国、执法为民、公平正义、服务大局、党的领导"。社会主义法治理念的提出，极大地丰富了中国特色社会主义理论体系中法治思想的内涵，为我国的社会主义法治实践指明了正确方向。

2014 年，党的十八届四中全会通过了《关于全面推进依法治国若干重大问题的决定》，专门研究全面推进依法治国问题。这在党的历史上尚属首次。这表明党对社会主义法治建设的高度重视，也标志着我国社会主义法治建设迈上了新的台阶。

---

[1]《邓小平文选》（第 2 卷），人民出版社 1994 年版，第 146 页。

（二）党的十八届四中全会对我国法治实践作出的新部署

1. 全面推进依法治国的总体目标

全面推进依法治国，总目标是建设中国特色社会主义法治体系，建设社会主义法治国家。这就是，在中国共产党领导下，坚持中国特色社会主义制度，贯彻中国特色社会主义法治理论，形成完备的法律规范体系、高效的法治实施体系、严密的法治监督体系、有力的法治保障体系，形成完善的党内法规体系，坚持依法治国、依法执政、依法行政共同推进，坚持法治国家、法治政府、法治社会一体建设，实现科学立法、严格执法、公正司法、全民守法，促进国家治理体系和治理能力现代化。

2. 全面推进依法治国应坚持的原则

（1）坚持中国共产党的领导。党的领导是中国特色社会主义最本质的特征，是社会主义法治最根本的保证。把党的领导贯彻到依法治国全过程和各方面，是我国社会主义法治建设的一条基本经验。我国《宪法》确立了中国共产党的领导地位。坚持党的领导，是社会主义法治的根本要求，是党和国家的根本所在、命脉所在，是全国各族人民的利益所系、幸福所系，是全面推进依法治国的题中应有之意。党的领导和社会主义法治是一致的，社会主义法治必须坚持党的领导，党的领导必须依靠社会主义法治。

（2）坚持人民主体地位。人民是依法治国的主体和力量源泉，人民代表大会制度是保证人民当家作主的根本政治制度。必须坚持法治建设为了人民、依靠人民、造福人民、保护人民，以保障人民根本权益为出发点和落脚点，保证人民依法享有广泛的权利和自由、承担应尽的义务，维护社会公平正义，促进共同富裕。必须保证人民在党的领导下，依照法律规定，通过各种途径和形式管理国家事务，管理经济文化事业，管理社会事务。必须使人民认识到法律既是保障自身权利的有力武器，也是必须遵守的行为规范，增强全社会学法尊法守法用法意识，使法律为人民所掌握、所遵守、所运用。

（3）坚持法律面前人人平等。平等是社会主义法律的基本属性。任何组织和个人都必须尊重宪法法律权威，都必须在宪法法律范围内活动，都必须依照宪法法律行使权力或权利、履行职责或义务，都不得有超越宪法法律的特权。必须维护国家法制统一、尊严、权威，切实保证宪法法律有效实施，绝不允许任何人以任何借口任何形式以言代法、以权压法、徇私枉法。必须以规范和约束公权力为重点，加大监督力度，做到有权必有责、有权受监督、违法必追究，坚决纠正有法不依、执法不严、违法不究行为。

（4）坚持依法治国和以德治国相结合。国家和社会治理需要法律和道德共同发挥作用。必须坚持一手抓法治、一手抓德治，大力弘扬社会主义核心价值观，弘扬中华传统美德，培育社会公德、职业道德、家庭美德、个人品德，既重视发挥法律的规范作用，又重视发挥道德的教化作用，以法治体现道德理念、强化法律对道德建设的促进作用，以道德滋养法治精神、强化道德对法治文化的支撑作用，实现法律和道德相辅相成、法治和德治相得益彰。

（5）坚持从中国实际出发。中国特色社会主义道路、理论体系、制度是全面推进依法治国的根本遵循。必须从我国基本国情出发，同改革开放不断深化相适应，总结和运用党领导人民实行法治的成功经验，围绕社会主义法治建设重大理论和实践问题，推进法治理论创新，发展符合中国实际、具有中国特色、体现社会发展规律的社会主义法治理论，为依法治国提供理论指导和学理支撑。汲取中华法律文化精华，借鉴国外法治有益经验，但决不照搬外国法治理念和模式。

3. 全面推进依法治国的主要任务

（1）加强科学立法、民主立法，提高立法质量，完善以宪法为核心的中国特色社会主义法律体系。法律是治国之重器，良法是善治之前提。建设中国特色社会主义法治体系，必须坚持立法先行，发挥立法的引领和推动作用，抓住立法质量这个关键。要恪守以民为本、立法为民理念，贯彻社会主义核心价值观，使每一项立法都符合宪法精神、反映人民意志、得到人民拥护。要把公正、公平、公开原则贯穿立法全过程，完善立法体制机制，坚持立、改、废、释并举，增强法律法规的及时性、系统性、针对性、有效性。

（2）深入推进依法行政，加快建设法治政府。法律的生命力在于实施，法律的权威也在于实施。各级政府必须坚持在党的领导下、在法治轨道上开展工作，创新执法体制，完善执法程序，推进综合执法，严格执法责任，建立权责统一、权威高效的依法行政体制，加快建设职能科学、权责法定、执法严明、公开公正、廉洁高效、守法诚信的法治政府。

（3）保证公正司法，提高司法公信力。公正是法治的生命线。司法公正对社会公正具有重要引领作用，司法不公对社会公正具有致命破坏作用。必须完善司法管理体制和司法权力运行机制，规范司法行为，加强对司法活动的监督，努力让人民群众在每一个司法案件中感受到公平正义。

（4）增强全民法治观念，推进法治社会建设。法律的权威源自人民的内心拥护和真诚信仰。人民权益要靠法律保障，法律权威要靠人民维护。必须弘扬社会主义法治精神，建设社会主义法治文化，增强全社会厉行法治的积极性和主动性，形成守法光荣、违法可耻的社会氛围，使全体人民都成为社会主义法治的忠实崇尚者、自觉遵守者、坚定捍卫者。

（5）加强法治工作队伍建设。全面推进依法治国，必须大力提高法治工作队伍思想政治素质、业务工作能力、职业道德水准，着力建设一支忠于党、忠于国家、忠于人民、忠于法律的社会主义法治工作队伍，为加快建设社会主义法治国家提供强有力的组织和人才保障。

（6）加强和改进党对全面推进依法治国的领导。党的领导是全面推进依法治国、加快建设社会主义法治国家最根本的保证。必须加强和改进党对法治工作的领导，把党的领导贯彻到全面推进依法治国全过程。

［案例］农民收购玉米获刑案[1]

2017 年 2 月 17 日，内蒙古自治区巴彦淖尔市中级人民法院对最高人民法院指令再审的王力军非法经营案公开宣判，依法撤销原审判决，改判王力军无罪。

2014 年 11 月至 2015 年 1 月期间，王力军未办理粮食收购许可证，未经工商行政管理机关核准登记并颁发营业执照，擅自在临河区白脑包镇附近村组无证照违法收购玉米，将所收购的玉米卖给巴彦淖尔市粮油公司杭锦后旗蛮会分库，经营数额 218288.6 元，非法获利 6000 元。案发后，王力军主动到公安机关投案自首，并退缴获利 6000 元。

根据上述事实，巴彦淖尔市临河区人民检察院以非法经营罪对原审被告人王力军提起公诉，临河区人民法院于 2016 年 4 月 15 日作出刑事判决，以非法经营判处王力军有期徒刑一年，缓刑二年，并处罚金人民币二万元，其退缴的非法获利人民币六千元由侦查机关上缴国库。一审宣判后，王力军未上诉，检察机关未抗诉，判决发生法律效力。

2016 年 12 月 16 日，最高人民法院依照《刑事诉讼法》第 243 条规定的

---

〔1〕 参见"内蒙古农民王力军非法经营案再审改判无罪"，载 http://legal.people.com.cn/n1/2017/0217/c42510-29088624.html，最后访问日期：2018 年 2 月 17 日。

"最高人民法院对各级人民法院已经发生法律效力的判决和裁定，如果发现确有错误，有权提审或指令下级人民法院再审"，作出再审决定，指令内蒙古自治区巴彦淖尔市中级人民法院对本案进行再审。巴彦淖尔市中级人民法院依法组成合议庭，于2017年2月13日公开开庭审理了本案。庭审中，巴彦淖尔市人民检察院出庭检察员提出，王力军的行为虽具有行政违法性，但不具备与《刑法》第225条规定的非法经营行为相当的社会危害性和刑事处罚的必要性，不构成非法经营罪，建议再审依法判决；原审被告人王力军认为其行为不构成非法经营罪；其辩护人提出，王力军无证照收购玉米的行为不具有社会危害性、刑事违法性和应受惩罚性，不符合《刑法》规定的非法经营罪的构成要件，应宣告无罪。

巴彦淖尔市中级人民法院再审认为，原审被告人王力军于2014年11月至2015年1月期间，没有办理粮食收购许可证及工商营业执照买卖玉米的事实清楚，其行为违反了当时的国家粮食流通管理有关规定，但尚未达到严重扰乱市场秩序的危害程度，不具备与《刑法》第225条规定的非法经营罪相当的社会危害性和刑事处罚的必要性，不构成非法经营罪。原判决认定王力军构成非法经营罪适用法律错误，检察机关、王力军及其辩护人提出的王力军的行为不构成犯罪的意见成立，均予以采纳。故依法作出上述判决。

部分人大代表、政协委员、新闻媒体记者、社会公众以及王力军的家属等60余人旁听了该案的公开宣判。

合议庭在宣判后向王力军送达了再审判决书，并就判决生效后有权提出国家赔偿申请等问题向其做了解释说明。

判决宣布后，王力军和其辩护人均表示不再上诉。

一起基层法院判处当事人一年有期徒刑且为缓刑的小案件，经媒体披露，引起社会广泛关注，反映出一些地方的司法机关对非法经营罪的理解与适用存在严重问题。最高人民法院指令再审，有错必纠，通过该案进一步明确了非法经营罪的适用条件，防止非法经营罪的滥用，贯彻了《刑法》罪刑法定原则。此案也促使国家粮食收购政策的修改，2016年9月修订的《粮食收购资格审核管理办法》已经明确，"农民、粮食经纪人、农贸市场粮食交易者等从事粮食收购活动，无需办理粮食收购资格"。此案是个案推动法治进步的典型案例。

相关司法考试真题

一、选择题

1. 关于对全面推进依法治国基本原则的理解，下列哪些选项是正确的？（2015/1/51）

A. 要把坚持党的领导、人民当家作主、依法治国有机统一起来

B. 坚持人民主体地位，必须坚持法治建设以保障人民根本利益为出发点

C. 要坚持从中国实际出发，并借鉴国外法治有益经验

D. 坚持法律面前人人平等，必须以规范和约束公权力为重点

解析：依据《中共中央关于全面推进依法治国若干重大问题的决定》，全面推进依法治国应坚持的原则有坚持中国共产党的领导、坚持人民主体地位、坚持法律面前人人平等、坚持依法治国和以德治国相结合、坚持从中国实际出发。A、B、C、D 四项均正确。

2. 相传，清朝大学士张英的族人与邻人争宅基，两家因之成讼。族人驰书求助，张英却回诗一首："一纸书来只为墙，让他三尺又何妨？万里长城今犹在，不见当年秦始皇。"族人大惭，遂后移宅基三尺，邻人见状亦将宅基后移三尺，两家重归于好。根据上述故事，关于依法治国和以德治国的关系，下列哪一理解是正确的？（2016/1/2）

A. 在法治国家，道德通过内在信念影响外部行为，法律的有效实施总是依赖于道德

B. 以德治国应大力弘扬"和为贵、忍为高"的传统美德，不应借诉讼对利益斤斤计较

C. 道德能够令人知廉耻、懂礼让、有底线，良好的道德氛围是依法治国的重要基础

D. 通过立法将"礼让为先"、"勤俭节约"、"见义勇为"等道德义务全部转化为法律义务，有助于发挥道德在依法治国中的作用

解析：在法治社会，良好的道德氛围有助于法律的实施，但认为"法律的有效实施总是依赖于道德"就有些绝对，毕竟法律是靠国家强制力保证实施的，而非靠道德保障。A 项错误。

弘扬传统美德没错，但不应排斥正当的权利主张，"不应借诉讼对利益斤

斤计较"观点有误。B 项错误。

全面推进依法治国，应坚持依法治国和以德治国相结合的原则。良好的道德会对法治的实现起到支撑作用。C 项正确。

法律与道德之间还是有很大区别的，有些道德义务不宜也不应当转化为法律义务。D 项错误。

3. 依法治国是社会主义法治的核心内容。关于依法治国的理解，下列哪一选项是正确的？（2013/1/1）

A. 只需建成完备的社会主义法律体系即可实现依法治国

B. 依法治国仅要求运用法律约束国家机关和官员的权力，而无需约束公民的权利和自由

C. 依法治国要求在解决社会问题时应将法律作为主要的、排他性的手段

D. 依法治国就是人民群众在党的领导下，依照宪法和法律的规定，通过各种途径和形式管理国家事务、经济文化事务、社会事务，保证国家各项工作都依法进行，逐步实现社会主义民主的制度化、法律化

解析：依法治国的实现需要科学立法、严格执法、公正司法、全民守法等一系列环节，仅建成完备的法律体系是不够的。A 项错误。

依法治国需要约束国家机关及官员的权力，保障公民的权利和自由，但这并不意味着公民的权利和自由不受约束，公民行使权利和享有自由时，不得损害国家利益、社会利益和其他公民合法的利益。B 项错误。

法律的作用也是有局限性的，在解决社会问题时应将法律与其他社会规范结合起来，将法律视为解决社会问题的排他性的手段的观点是不正确的。C 项错误。

D 项为官方对依法治国含义的表述。D 项正确。

4. 某地公安、检察机关通过传统媒体和新兴网络平台"微博"、短信和QQ，提醒"微信"用户尤其是女性用户提高警惕，切勿轻信陌生"微友"，以免遭受不必要的伤害。关于执法机关的上述做法，下列哪一说法是准确的？（2012/1/7）

A. 执法机关通过网络对妇女和网民的合法权益给予特殊保护，目的在于保证社会成员均衡发展

B. 执法机关利用网络平台自觉接受社会监督，切实减轻了群众负担

C. 执法机关采取便民措施，寓管理于主动服务之中，体现了执法为民的理念

D. 执法机关从实际出发，主要是为了引导群众理性表达自己的社会主张和利益诉求

解析：社会主义法治理念中的执法为民中的"执法"是指广义的执法，既包括行政机关、法律授权的组织、行政委托的组织的执法，也包括司法。执法机关（公安、检察机关），通过传统及新兴媒体提醒女性提高警惕，以免受到不必要的伤害，是执法机关积极主动服务民众，是执法为民的体现。C项正确。

5. 对领导干部干预司法活动、插手具体案件处理的行为作出禁止性规定，是保证公正司法的重要举措。对此，下列哪一说法是错误的？（2015/1/5）

A. 任何党政机关让司法机关做违反法定职责、有碍司法公正的事情，均属于干预司法的行为

B. 任何司法机关不接受对司法活动的干预，可以确保依法独立行使审判权和检察权

C. 任何领导干部在职务活动中均不得了解案件信息，以免干扰独立办案

D. 对非法干预司法机关办案，应给予党纪政纪处分，造成严重后果的依法追究刑事责任

解析：党政机关让司法机关做违法、有碍司法公正的事，当然属于干预司法。A项正确。

司法机关不受干扰，可以确保司法权独立行使。B项正确。

领导干部在法定职责范围内了解案件信息，不属于干扰司法。C项错误。

对干预司法机关办案的，根据相关情况，要承担相应的党纪、政纪、法律责任。D项正确。

6. 增强全民法治观念，推进法治社会建设，使人民群众内心拥护法律，需要健全普法宣传教育机制。某市的下列哪一做法没有体现这一要求？（2015/1/7）

A. 通过《法在身边》电视节目、微信公众号等平台开展以案释法，进行

普法教育

B. 印发法治宣传教育工作责任表，把普法工作全部委托给人民团体

C. 通过举办法治讲座、警示教育报告会等方式促进领导干部带头学法、模范守法

D. 在暑期组织"预防未成年人违法犯罪模拟法庭巡演"，向青少年宣传《未成年人保护法》

解析： 为增强全民法治观念，通过法制电视节目、微信公众号、讲座、报告会、模拟法庭等形式宣传法律都是有效的普法途径。A、C、D项正确。

国家机关具有普法的责任，不能将普法工作全部委托给人民团体。B项错误。

7. 公平正义理念是社会主义法治的价值追求。下列哪一选项体现了公平正义理念？（2013/1/6）

A. 某市公安局对年纳税过亿的企业家的人身安全进行重点保护

B. 某法官审理一起医疗纠纷案件，主动到医院咨询相关的医学知识，调查纠纷的事实情况，确保案件及时审结

C. 某法院审理某官员受贿案件时，考虑到其在工作上有重大贡献，给予从轻处罚

D. 某县李法官因家具质量问题与县城商场争执并起诉商场，法院审理后认为无质量问题，判决无质量问题，判决李法官败诉

解析： 公安机关对某企业家的人身安全进行重点保护，违反了平等原则，对其他民众不公平。A项错误。

某法官主动咨询、调查案件事实，确保案件及时审结，体现了执法为民理念，而非公平正义理念。B项错误。

某法院考虑某官员在工作上有重大贡献从轻处罚，考虑了不相关因素，违反了司法平等原则。C项错误。

法院在审理李法官家具质量案件时，依法秉公办案，符合公平正义理念。D项正确。

8. 服务大局是社会主义法治的重要使命。下列哪一做法符合服务大局的理念？（2013/1/7）

A. 某市规定只有本地企业生产的汽车才能申请出租车牌照

B. 某省工商局开展为本省旅游岛建设保驾护航的执法大检查活动

C. 某县环保局为避免工人失业，未关停污染企业

D. 某法院拒绝受理外地居民起诉本地企业的案件

解析：服务大局不能违反法律。A、C、D 项均为基于地方保护主义的违法行为，A、C、D 项不符合服务大局的理念。

B 项中，某省工商局为推动本省旅游业发展而进行执法大检查是履行其法定职责。B 项符合服务大局的理念。

9. 坚持党对法治事业的领导，是我国社会主义法治的主要特色，也是我国社会主义法治的根本保证。关于党的领导的理念，下列哪一理解是错误的？（2014/1/8）

A. 坚持党对社会主义法治事业的领导是当代中国社会发展的必然结果

B. 我国法治事业，从总体部署到决策的具体实施，都是在党的大力推动下实现的

C. 只要抓住立法环节，把党的各项政治主张和要求上升为法律，就能全面实现党对社会主义法治事业的政治领导

D. 党带头遵守宪法和法律与坚持党对法治事业的领导是不矛盾的

解析：A、B、D 项理解正确。

党对法治事业的领导体现在法律运行的各个环节，仅仅强调立法环节是不够的。C 项错误。

二、论述题 （2015/4/1）

材料一：法律是治国之重器，法治是国家治理体系和治理能力的重要依托。全面推进依法治国，是解决党和国家事业发展面临的一系列重大问题，解放和增强社会活力、促进社会公平正义、维护社会和谐稳定、确保党和国家长治久安的根本要求。要推动我国经济社会持续健康发展，不断开拓中国特色社会主义事业更加广阔的发展前景，就必须全面推进社会主义法治国家建设，从法治上为解决这些问题提供制度化方案。（摘自习近平《关于〈中共中央关于全面推进依法治国若干重大问题的决定〉的说明》）

材料二：同党和国家事业发展要求相比，同人民群众期待相比，同推进

国家治理体系和治理能力现代化目标相比，法治建设还存在许多不适应、不符合的问题，主要表现为：有的法律法规未能全面反映客观规律和人民意愿，针对性、可操作性不强，立法工作中部门化倾向、争权诿责现象较为突出；有法不依、执法不严、违法不究现象比较严重，执法体制权责脱节、多头执法、选择性执法现象仍然存在，执法司法不规范、不严格、不透明、不文明现象较为突出，群众对执法司法不公和腐败问题反映强烈。（摘自《中共中央关于全面推进依法治国若干重大问题的决定》）

问题：

根据以上材料，结合全面推进依法治国的总目标，从立法、执法、司法三个环节谈谈建设社会主义法治国家的意义和基本要求。

答题要求：

1. 无观点或论述、照搬材料原文的不得分；

2. 观点正确，表述完整、准确；

3. 总字数不得少于400字。

解析：（略）

参考文献

［1］ 张文显主编：《法理学》，高等教育出版社 2011 年版。

［2］ 刘金国、蒋立山主编：《新编法理学》，中国政法大学出版社 2006 年版。

［3］ 舒国滢主编：《法理学》，中国人民大学出版社 2012 年版。

［4］ 舒国滢主编：《法理学导论》，北京大学出版社 2012 年版。

［5］ 李宏勃：《简明法理学》，北京大学出版社 2016 年版。

［6］ 朱力宇主编：《法理学原理与案例教程》，中国人民大学出版社 2010 年版。

［7］ 朱力宇主编：《法理学案例教程》，知识产权出版社 2011 年版。

［8］ 孙国华、朱景文主编：《法理学》，中国人民大学出版社 2015 年版。

［9］ 《法理学》编写组：《法理学》，人民出版社、高等教育出版社 2010 年版。（集体编者）

［10］ 高其才：《法理学》，清华大学出版社 2015 年版。

［11］ 马长山主编：《法理学导论》，北京大学出版社 2014 年版。

［12］ 张俊杰：《法理学案例教程》，人民出版社 2009 年版。

［13］ ［德］魏德士：《法理学》，丁晓春、吴越译，法律出版社 2005 年版。

［14］ 公丕祥主编：《法理学》，复旦大学出版社 2016 年版。

［15］ 张光杰主编：《法理学导论》，复旦大学出版社 2016 年版。

［16］ 王丽英主编：《案例法理学》，中国政法大学出版社 2014 年版。

［17］ 薄振峰、于泓主编：《法理学教学案例研析》，中国人民公安大学出版社 2014 年版。

［18］ 王彬主编：《法理学案例教材》，南开大学出版社 2017 年版。

［19］ 顾亚潞、张卓明：《法理学：案例与图表》，法律出版社 2010 年版。

［20］ 张文显：《二十世纪西方法哲学思潮研究》，法律出版社 1996 年版。

［21］ 刘全德主编：《西方法律思想史》，中国政法大学出版社 1996 年版。

［22］ 姚国建、秦奥蕾编著：《宪法学案例研习》，中国政法大学出版社 2013 年版。

［23］ 李显东主编：《民法总则案例重述》，中国政法大学出版社 2007 年版。

［24］ 王娣等编著：《民事诉讼法案例研习》，中国政法大学出版社 2013 年版。

［25］ 刘作翔：《权利冲突：案例、理论与解决机制》，社会科学文献出版社 2014 年版。

[26] 杨立新：《侵权责任法原理与案例教程》，中国人民大学出版社 2013 年版。

[27] ［英］马林诺夫斯基：《原始社会的犯罪与习俗》，原江译，法律出版社 2007 年版。

[28] ［美］罗维：《初民社会》，吕叔湘译，江苏教育出版社 2006 年版。

[29] 古棣、周英：《法和法学发生学———法和法学的历史探源》，中国人民大学出版社 1990 年版。

[30] 梁工：《圣经指南》，北方文艺出版社 2013 年版。

[31] 赵晓耕主编：《中国法制史原理与案例教程》，中国人民大学出版社 2006 年版。

[32] 由嵘主编：《外国法制史》，北京大学出版社 2003 年版。

[33] 蒋来用、高莉编著：《法学的故事》，中央编译出版社 2006 年版。

[34] 郑永流：《法律方法阶梯》，北京大学出版社 2012 年版。

[35] ［奥地利］鲁道夫·维瑟编著：《法律也疯狂》，林宏宇、赵昌来译，中国政法大学出版社 2011 年版。

[36] 李惠宗：《案例式法学方法论》，新学林出版股份有限公司 2009 年版。

[37] ［美］彼得·萨伯：《洞穴奇案》，陈福勇、张世泰译，生活·读书·新知三联书店 2012 年版。

[38] ［古希腊］亚里士多德：《政治学》，吴寿彭译，商务印书馆 1965 年版。

[39] 舒国滢：《在法律的边缘》，中国法制出版社 2000 年版。

[40] 范忠信等：《情理法与中国人》，北京大学出版社 2011 年版。

[41] 余定宇：《寻找法律的印迹：从古埃及到美利坚》，法律出版社 2017 年版。

[42] 白斌、高晖云编著：《厚大讲义真题卷·理论法》，中国政法大学出版社 2016 年版。

[43] 法律考试中心组编：《2014 年国家司法考试历年试题汇编及详解》，法律出版社 2013 年版。（集体编者）